ELDAR SULTANOW

SIE WERDEN MIT DEM NÄCHSTEN FREIEN CHATBOT VERBUNDEN

W0464666

REDLINE | VERLAG

SIE WERDEN MIT DEM NÄCHSTEN FREIEN CHATBOT VERBUNDEN

Wie KI unseren Alltag bereits beherrscht und wie man sie erkennt

ELDAR SULTANOW

Bibliografische Information der Deutschen Nationalbibliothek
Die Deutsche Nationalbibliothek verzeichnet diese Publikation in der Deutschen Nationalbibliografie. Detaillierte bibliografische Daten sind im Internet über https://dnb.de abrufbar.

Für Fragen und Anregungen
info@m-vg.de

Wichtiger Hinweis
Ausschließlich zum Zweck der besseren Lesbarkeit wurde auf eine genderspezifische Schreibweise sowie eine Mehrfachbezeichnung verzichtet. Alle personenbezogenen Bezeichnungen sind somit geschlechtsneutral zu verstehen.

Originalausgabe
2. Auflage 2024
© 2024 by Redline Verlag, ein Imprint der Münchner Verlagsgruppe GmbH
Türkenstraße 89
80799 München
Tel.: 089 651285-0

Alle Rechte, insbesondere das Recht der Vervielfältigung und Verbreitung sowie der Übersetzung, vorbehalten. Kein Teil des Werkes darf in irgendeiner Form (durch Fotokopie, Mikrofilm oder ein anderes Verfahren) ohne schriftliche Genehmigung des Verlages reproduziert oder unter Verwendung elektronischer Systeme gespeichert, verarbeitet, vervielfältigt oder verbreitet werden. Wir behalten uns die Nutzung unserer Inhalte für Text und Data Mining im Sinne von § 44b UrhG ausdrücklich vor.

Redaktion: Silvia Kinkel
Umschlaggestaltung: Sabrina Pronold
Umschlagabbildung: Shutterstock.com/M7Studio
Satz: Carsten Klein
Druck: GGP Media GmbH, Pößneck
Printed in Germany

ISBN Print 978-3-86881-964-9
ISBN E-Book (PDF) 978-3-96267-585-1
ISBN E-Book (EPUB, Mobi) 978-3-96267-586-8

Wir produzieren nachhaltig
www.m-vg.de

Weitere Informationen zum Verlag finden Sie unter
www.redline-verlag.de
Beachten Sie auch unsere weiteren Verlage unter www.m-vg.de

Inhalt

Vorwort

Da du dieses Buch aufgeschlagen hast, suchst du vielleicht nach einer Antwort, nach einem Rat oder vielleicht sogar nach einem Verbündeten auf einer Reise, die uns alle in unbekanntes Terrain führt.

»Sie werden mit dem nächsten freien Chatbot verbunden« ist mehr als nur ein Titel. Es ist eine Einladung, eine Expedition in die Welt der künstlichen Intelligenz. Eine Welt, die nicht mehr bloß Science-Fiction, sondern mittlerweile ein integraler Bestandteil unseres täglichen Lebens ist.

»Sie werden mit dem nächsten freien Chatbot verbunden« mag auf den ersten Blick humorvoll wirken, doch verbirgt sich dahinter eine tiefere Wahrheit. In einer Ära, in der die Grenze zwischen Mensch und Maschine immer mehr verschwimmt, begleiten, beraten und beeinflussen uns unbemerkt die Algorithmen. Das sind nicht irgendwelche Algorithmen, sondern solche, die intelligenter werden. Von Tag zu Tag. Dieses Buch ist nicht nur ein Augenöffner, wie KI unseren Alltag bereits durchdringt, sondern auch ein Werkzeugkoffer, um diese Technologie zu unserem Vorteil zu nutzen.

Dieses Buch ist auch eine Einladung zum Dialog. Es geht nicht nur darum, die Technologie zu verstehen, sondern auch darum, wie wir als Gesellschaft damit umgehen wollen. Welche ethischen Richtlinien brauchen wir und wie setzen wir diese um? Wie stellen wir sicher, dass der Einsatz von KI dem Wohlergehen aller und nicht nur wenigen Privilegierten dient? Dies sind keine leichten Fragen, aber sie sind entscheidend für das Versprechen eines besseren Lebens mit KI.

Ich möchte deinen Mut wecken, dich aktiv an der KI-Debatte zu beteiligen. Denn die KI-Revolution ist kein Zuschauersport, sie erfordert unsere aktive Teilnahme, unser kritisches Denken und unser Engagement. In diesem Buch findest du daher nicht nur Erklärungen und Anekdoten, sondern auch Reflexionsfragen und Handlungsimpulse, die dazu anregen, über die eigene Rolle in der sich verändernden Welt nachzudenken. Ich beende dieses Buch mit einem Gefühl der Hoffnung und Inspiration, weil KI das Potenzial hat, unsere Welt auf beispiellose Weise zu verbessern. Wir stehen an der Schwelle zu einem neuen Zeitalter der Intelligenz, und du bist Teil dieser aufregenden Reise.

Dein
Eldar Sultanow

Einleitung

Digitalisierung und KI sind stärker, als uns bewusst ist, in unserem Alltag angekommen und breiten sich rasend schnell weiter aus. Können wir das aufhalten? Nein. Das müssen wir auch nicht. Was wir jedoch müssen, ist, sie verantwortungsvoll einzusetzen für unsere wichtigsten Ziele. KI ist Teil meiner großen Hoffnung für eine bessere Welt, und zwar nicht für eine bessere Online-, sondern für eine bessere Offlinewelt. Klingt das komisch? Auch wenn es dir beim Lesen dieses Buches manchmal anders vorkommen mag, bin ich der festen Überzeugung, dass Maschinen per se gut sind: KI kann Großes leisten, um unseren Planeten zu retten. Sie kann helfen, den Klima- und Artenschutz zu verbessern, den Schutz der Wälder voranzubringen oder eine intelligente Kreislaufwirtschaft zu etablieren. Denn etwas zurückzugeben ist längst überfällig. Wir wären schließlich mit all unserem Fortschritt nicht da, wo wir heute sind, ohne den Planeten und das Leben dermaßen ausgebeutet zu haben. Die Fischbestände haben sich in den vergangenen 40 Jahren halbiert. Wir haben 20 Prozent der Pflanzendecke auf dem gesamten Planeten unwiederbringlich zerstört. In nur 50 Jahren hat die Menschheit den Bestand aller Säugetiere, Vögel, Fische und Reptilien um 60 Prozent reduziert (*FOCUS online*, 2018). Wir sind für diese irreversible Vernichtung verantwortlich – die Aussterberate ist heute bis zu 1000- mal höher als naturgegeben. Beispielsweise sind Pottwale sehr gefährdet. Mensch und Klimawandel beeinflussen ihr Wanderverhalten, verirrte Pottwale sind dem Tod geweiht. Ihre Flosse ist so einzigartig wie eine Signatur. Mit KI erkennen wir die Wale wieder und schützen sie. KI macht unseren Planeten wieder grün, nachhaltiger und besser. Mit KI erkennen wir Anomalien im Ozean und schützen die Arten. Mit KI schützen wir unsere Wälder. Mit KI schützen wir Bienenstöcke und vieles mehr. So wird jede in der Realwelt verbrachte Minute wertvoller.

Wer bin ich?

Heute entwickle ich KI-basierte Systeme für Nachhaltigkeit, wie zum Beispiel für den Artenschutz in einem globalen Technologie- und Beratungsunternehmen. Die Entwicklung von komplexen Softwarearchitekturen ist mein »täglich Brot«.

Angefangen hat es im Jahr 1999 mit dem Bundeswettbewerb Mathematik, Jugend forscht »Fachbereich Mathe/Informatik«, Abi 2000 mit Leistungskursen in Mathe und Physik – es dreht sich alles nur um eines: Computer und Zahlen. Heute lebe ich von der Softwareentwicklung, Data Science (Datenwissenschaft) und der Entwicklung künstlicher Intelligenz. Sosehr ich mich für den technischen Fortschritt begeistere und ihn aktiv mitgestalte, stimmt mich die aktuelle Richtung, in die sich die Menschheit bewegt, nachdenklich. Für einige ist KI besorgniserregend, für andere noch weit weg. Viele sprechen über KI und denken dabei an eine ferne Zukunft. Dabei ist sie längst da und umgibt uns, auf Schritt und Tritt, Tag und Nacht – auch jetzt und hier.

Warum dieses Buch?

KI ist bereits allgegenwärtig und meistens unsichtbar. Sie schleicht sich auf leisen Sohlen in unseren Lebensalltag und ernährt sich von Daten, ja, richtig gehört, du fütterst sie Tag für Tag mit Daten, genauer gesagt, mit *deinen* Daten. Ich auch, jeder von uns. Dass wir unbewusst und vielleicht ungewollt Datenspender sind, ist gar nicht mal das große Problem. Spannender ist, dass du KI schalten und walten lässt, ohne dass du es merkst. Ob du willst oder nicht, lässt du dich durch KI von der Entscheidung bis zum Handeln beeinflussen. In dem Moment, in dem du es mitbekommst, ist es bereits zu spät. Und das führt mich zu meinem Anliegen: Lasst uns vom passiven Konsumenten zum aktiven Gestalter unserer Erfahrungen werden: Mit diesem Buch lernst du, KI zu erkennen und zum eigenen Vorteil einzusetzen. So kannst du die noch ungeahnten Vorteile der künstlichen Intelligenz voll ausschöpfen.

Es ist mir ein großes Anliegen, dass jeder KI bewusst wahrnehmen und zu seinem Vorteil nutzen kann. Mit diesem Buch gebe ich dem Leser die neuesten Tools an die Hand.

KI ist wie Mikroplastik: Sie ist überall und keiner sieht sie. In einer digitalisierten Welt, in der sich künstliche Intelligenz ohne Stopptaste in unseren Alltag einklinkt, scheint es, als ob wir immer seltener selbstbestimmte Teilnehmer in einem ständig komplexer werdenden System sind. KI ist schon längst da – oftmals ohne explizite Kennzeichnung. Wenn du eine E-Mail, einen Text im Internet oder auch ein Buch liest, hat womöglich künstliche Intelligenz die Finger im Spiel. Du bemerkst es nicht. KI kann sogar mit dir telefonieren, und es ist dir oftmals nicht möglich, sie von einem Menschen zu unterscheiden.

Aber was wäre, wenn wir nicht mehr nur der unbewusste Datenspender, sondern der Nutznießer dieser revolutionären Technologie sein könnten? Wenn du jederzeit erkennst, ob du es mit einer KI zu tun hast oder nicht? Wenn wir den Spieß umdrehen und den Mitspieler KI souverän entlarven, uns vor ihm schützen oder, noch besser, ihn für unsere Zwecke einsetzen? Ich lade dich dazu ein, mit mir das Rätsel der künstlichen Intelligenz zu entschlüsseln, die Kontrolle über KI zu übernehmen und neue Wege zur Bereicherung und Gestaltung deines Lebens zu entdecken. Nutze die konkreten Hinweise und praktischen Tipps, um den Nebel zu lichten und die verborgenen Potenziale der KI für dich einzusetzen. Nutze die Tricks, mit denen wir KI im Alltag erkennen. Es sind unscheinbare Anwendungen in Geräten und Programmen. Also habe ich meine Sherlock-Holmes-Schirmmütze aufgesetzt und überraschende Hinweise aufgespürt, die dich zu den geheimen Verstecken der fleißigen Datensammler und -verarbeiter im Reich der KI führen.

Ich möchte dich dazu inspirieren, die Herausforderungen der KI-Ära anzunehmen und zu meistern und vom Datenspender zum maximalen Nutznießer von KI im Alltag zu werden. Nutze die Tools, die ich dir in diesem Buch zeige. Lasst uns unsere Lebensqualität durch KI-Anwendungen verbessern, unsere Effizienz steigern, Zeit sparen und mehr Zeit für uns selbst zurückgewinnen. Ich lade dich auf diese aufregende Reise ein, um zu entdecken, wie wir die Macht der KI für uns nutzen können, uns jedoch auch die Frage stellen: Ist unsere Lebenszeit in der realen Welt nicht besser aufgehoben?

Schon jetzt verbringst du viel unwiederbringliche Lebenszeit in der Digitalwelt. Wer nicht digital ist, ist nicht relevant. Zeig mir deine Followerzahl, und ich sage dir, wie wichtig du bist. Relevanz kannst du dir scheinbar kaufen. In der digitalen Welt vergleichen sich Menschen über Faktoren wie Likes und Kommentare. Und dabei geht es nicht um qualitativen Inhalt, sondern um Meinungsführerschaft. Alle reden von einer Freiheit, die es gar nicht gibt. Stell dir den digitalen Fortschritt wie einen enthusiastischen Trainer in der Welt der sozialen Medien vor: Er motiviert dich ständig, aktiv zu sein und neue Verbindungen zu knüpfen. Gleichzeitig beeinflusst er auf subtile Weise unser Leben – sowohl privat als auch beruflich. Er bringt uns dazu, neue Fähigkeiten zu entwickeln und an unsere vernetzte Welt anzupassen, und das mit einem Augenzwinkern. Dabei verlierst du echte Lebenszeit.

Vielleicht brauchen wir ein Korrektiv, wie, wo und wofür wir unseren Fortschritt in der Digitalisierung und bei der künstlichen Intelligenz einsetzen. Wir brauchen eine Richtung, und zwar keine, die sich von selbst ergibt, sondern eine, die wir bewusst wählen und dann auch einschlagen.

Richtungskorrektur im Tech-Hype

Die besorgniserregende Situation, in der sich die Menschheit befindet, bringen einige Beispiele auf den Punkt: Roboterhunde sollen einsame Menschen im Altersheim unterhalten. Sie sollen Demenzkranken in der Klinik Gesellschaft leisten und als Nächstes sterbende Patienten auf der Palliativstation betreuen. Es ist nachgewiesen, dass sie den Zustand der Patienten verbessern können. Das ist einerseits gut, als Ergänzung zu Menschen, aber wäre es nicht andererseits viel wichtiger zu überlegen, wie wir stattdessen Zeit gewinnen, um am Kranken- oder Sterbebett der Großmutter menschliche Wärme zu schenken?

Pärchen-Apps (sogenannte Sextracker) sollen dein Sexualleben organisieren. So müssen wir uns selbst keine Gedanken mehr machen, wir geben die Verantwortung einfach ab. All das ist längst keine Fiktion mehr, sondern bereits Realität. Aber nützen uns solche Funktionen wirklich? Bringen uns diese Apps zum Reflektieren, so wie angeleitetes Tagebuch-Schreiben? Machen uns manche Apps erst auf unser Bauchgefühl aufmerksam? Oder werden wir durch einen von KI festgelegten Handlungsplan fremdbestimmt?

Soziale Kompetenzen und Fähigkeiten im Umgang mit anderen Menschen (sogenannte Soft Skills) sind im Zeitalter der Digitalisierung das A und O. Das für deine greifbaren und messbaren Fachkompetenzen (Hard Skills) nötige Wissen gibt es mittlerweile kostenlos an jeder Ecke im Internet. Oder du fragst einfach den Chatbot ChatGPT. Für einen kurzen Moment denke ich: »Ein Glück, dass es noch Begabungen gibt, die mich als Mensch ausmachen – meine sozialen Fähigkeiten.« Falsch gedacht. Es ist nur eine Frage der Zeit, bis du dir wieder die Frage stellen darfst, was uns Menschen überhaupt noch einzigartig macht. Die künstliche Intelligenz befindet sich bereits an dem Punkt, Soft Skills zu lernen, Gefühle zu lesen und sogar auszusenden. Was hast du der KI dann noch voraus? Was zeichnet dich als Mensch aus, wenn die Technologie selbst das kann?

Was brauchen wir in der heutigen Zeit, in der es so leicht geworden ist, sich von der Begeisterung und dem Potenzial der künstlichen Intelligenz mitreißen zu lassen? Wie sorgen wir dafür, dass KI auf ethische und verantwortungsvolle Weise entwickelt und eingesetzt wird? Die Antwort von Rodrigez und Kannan (2023) ist verblüffend einfach: kritisches Denken. So lautet auch mein Appell: Kritisches Denken ist in der heutigen Zeit wie eine neue Währung, vielleicht bald die wichtigste, neben sauberem Wasser, frischer Luft und das Leben ermöglichende Temperaturen.

Jeder soll KI erkennen und für sich nutzen können. Wenn wir nicht wissen, wo KI im Spiel ist, können wir nicht beurteilen, wie vertrauenswürdig Akteure und Tools in unserer digitalen Umwelt sind. Vertrauen ist häufig ein Knackpunkt, wenn es um die Akzeptanz von KI geht. Wenn wir sowohl in der Gegenwart als auch in der Zukunft einen echten Wertbeitrag für unsere Gesellschaft liefern wollen, dann müssen wir anfangen, proaktiv und selbstbestimmt zu handeln. Wir müssen zum Dirigenten der KI-Sinfonie werden, statt nur ein Orchestermitglied zu sein. Nutze die künstliche Intelligenz geschickt, um deine eigene Lebensmelodie zu komponieren und dabei die Harmonie zwischen Technik und Alltag zu meistern. Nutze die Tools und Prinzipien, die ich dir in diesem Buch vorstelle, um menschliche und zutiefst ethische Werte zu bewahren.

Dieses Buch lüftet das Geheimnis, wie sich die KI klammheimlich in unseren Alltag einklinkt, wie ein freundlicher Nachbar, der überraschend zum Kaffee vorbeikommt. Ich zeige dir, wie du die Kraft der KI clever für dich einsetzen kannst, ähnlich einem erfahrenen Schachspieler, der strategisch seine Figuren bewegt, um das Spiel des Lebens zu meistern. Während du diese Zeilen liest, arbeitet die KI im Hintergrund, leise und diskret, wie ein unsichtbarer Helfer, der deine Entscheidungen unterstützt und deine Lebensqualität auf subtile Weise scheinbar ständig verbessert. Keine Sorge, ich zeige dir Wege, wie du die KI aus dem verborgenen Winkel des Unbewussten ans Licht des bewussten Wahrnehmens holst.

Wie KI unseren Alltag erobert

Tauche ein in eine Welt, in der dein Smartphone nicht mehr dein treuer Begleiter, sondern dein KI-Komplize wird. Entdecke, wie KI in Echtzeit deine Vorlieben versteht und dir passgenau Angebote präsentiert, die so unwiderstehlich sind, dass dich deine Kauflaune übermannt. KI-basierte Bots und Influencer sind dabei von Menschen kaum mehr unterscheidbar. Deshalb Vorsicht: Hinter den verführerischen Vorschlägen lauert die Frage »Wer kontrolliert wen?«.

KI hat sich auch zum Superhelden im Gesundheitswesen gemausert, vom kleinen Fitnesstracker, der mehr über unsere Schritte weiß als wir selbst, bis hin zur Diagnosestellung, bei der den Ärzten ein wenig auf die Finger geschaut wird. Autonome Fahrzeuge erobern die Straßen und Versorgungsdrohnen liefern Pakete aus. Kann KI uns vor Staus bewahren oder sind wir den Launen eines Algorithmus ausgeliefert? Dieses Buch gibt dir Werkzeuge an die Hand, um KI zu erkennen und zu verstehen. Entdecke die Hinweise im Alltag, die auf KI hindeuten, und lerne, wie du die Kontrolle über deine Daten behältst. Hinter all den fleißigen Datensammlern und den Informationen, die dir die Systeme appetitlich zubereiten und servieren, stehen Interessen von größeren Gruppen, die die Welt der Daten wie Schachmeister beherrschen. Erkenne sie und entscheide selbst.

Vom unbewussten Datenspender zum aktiven Nutznießer

Der zweite Teil dieser spannenden Reise enthüllt dir, wie du die künstliche Intelligenz geschickt als persönlichen Assistenten für deine Ziele einsetzt. Der Weg führt dich von der Ahnungslosigkeit des unbewussten Datenspenders zur bewussten Nutzung der Möglichkeiten, die künstliche Intelligenz bietet. Gestärkt durch die Fähigkeiten und das Wissen aus dem ersten

Hauptteil erhältst du nun den Schlüssel zur aktiven Steuerung deiner digitalen Welt.

Es geht darum, nicht nur Konsument zu sein, sondern die eigenen digitalen und realen Erfahrungen gezielt zu gestalten. KI bietet uns Werkzeuge, die weit über den bloßen Konsum hinausgehen. Eines dieser mächtigen Werkzeuge ist die Automatisierung, die dir wertvolle Zeit spart und deine Effizienz steigert. Lass die KI deine repetitiven Aufgaben wie E-Mail-Sortierung und -Beantwortung, Sprachübersetzungen oder Texterkennung und Korrektur erledigen. Nutze die gewonnene Zeit für dein strategisches und kreatives Schaffen.

Die Möglichkeiten der KI reichen jedoch weit über diese Art der Automatisierung hinaus. KI bietet zahlreiche Instrumente zur Verbesserung deiner Gesundheit und persönlichen Weiterentwicklung: von intelligenten Gesundheitsassistenten, die personalisierte Gesundheitspläne erstellen, bis hin zu Lernplattformen, die sich deinem individuellen Lernrhythmus anpassen. Künstliche Intelligenz ebnet dir den Weg zu einem gesünderen und erfüllteren Leben.

Diese transformative Kraft der KI eröffnet dir die Chance, deine Ziele in einer Art und Weise zu erreichen, die noch vor wenigen Jahren undenkbar schien. Wir stehen an der Schwelle zu einer Zukunft, in der wir die Kontrolle behalten und gleichzeitig die ungeahnten Vorteile der künstlichen Intelligenz voll ausschöpfen.

Wie weit wollen wir gehen?

Bei aller Euphorie sollten wir kurz innehalten und uns fragen, ob sich der Mensch womöglich in der Digitalisierung verliert und unbemerkt auf der Strecke bleibt. Die aktuellen Fortschritte von KI sind so gewaltig, dass sich immer mehr Menschen Sorgen machen – um die Gestaltung ihrer Zukunft, ihren Arbeitsplatz, ihren Stellenwert in der Gesellschaft, ihre Sicherheit unter den alles überwachenden Augen einer technologisierten, naturentfremdeten Welt. Immer mehr Menschen haben Angst vor der Konkurrenz namens Maschine. Und wir haben Fragen: Welchen Preis zahlen wir für die

Fortschritte? Endet der Mensch womöglich als Verlierer gegenüber der Technik? Wollen wir wirklich Roboterhunde, die sterbenden Patienten auf der Palliativstation zur Seite stehen?

Der dritte Teil dieses Buches richtet den Blick auf die Gefahren, die eine ungebremste Digitalisierung und die massiven KI-Fortschritte mit sich bringen. Viele Beispiele sind bereits jetzt real oder werden es in Zukunft sein. Um zu erkennen, wo wir derzeit stehen, müssen wir genau hinsehen. Der Status quo ist deutlich weiter, als ChatGPT vermuten lässt, und deutlich weiter als all das, was die Tagespresse weiß und schreibt. Spitzenforschung findet »im stillen Kämmerlein« statt. Die rasante Entwicklung bewegt sich in eine spannende Richtung und projiziert ein reales Bild von morgen. In diesem Bild sind die Maschinen uns Menschen sehr ähnlich und dennoch gibt es Grenzen zwischen Mensch und Maschine, und zwar solche, die noch lange bestehen werden – sosehr sich die Forschung auch bemüht, diese Grenzen aufzuweichen.

Digitalisierung treibt uns in eine Illusion der Perfektion, entfernt uns von der Akzeptanz unserer menschlichen Schwächen und lässt die Vorstellung entstehen, dass ausschließlich Rationalität und Effizienz entscheidend für unseren Erfolg sind. Neueste KI-Fortschritte machen Maschinen uns Menschen immer ähnlicher. Roboter qualifizieren sich für Aufgaben in der Pflege, für den Einsatz in Therapien, für die Reinigung sanitärer Anlagen oder sogar als Sexualpartner. Mal abgesehen von Datensicherheit und Privatsphäre: Wie weit soll das Ganze noch gehen? Umgekehrt macht die Vernachlässigung unserer Gefühle und Empfindungen uns zu Robotern, sprich wir werden den Maschinen immer ähnlicher. Maschinen könnten uns eine ganz andere Qualität von Zweiklassengesellschaft bescheren: Wer kann sich im Alter oder Krankheitsfall menschlichen Beistand leisten und wer bekommt Roboterhunde? Wer hält die Zügel der Technologie in der Hand, wer versorgt sie mit seinen Daten und entdeckt dabei eine Bindung, die fast so intensiv ist wie die zu unserem alltäglichen Begleiter, der sich »Handy« nennt? Die entscheidende Frage lautet: Ist das eine wünschenswerte Welt oder sind die ethischen Grenzen bereits überschritten?

Wege aus dem digitalen Labyrinth: Wie wir Menschlichkeit bewahren und das digitale Diktat geschickt umschiffen

Im vierten Teil navigieren wir gemeinsam durch das digitale Dickicht, um überspitzt formuliert das »digitale Eis« aufzutauen. Es geht darum, das Maximum aus dem echten, nicht-virtuellen Leben herauszuholen, als würden wir aus einem »digitalen Winterschlaf« erwachen. Es gibt einen Ausweg aus der Entmenschlichung und der digitalen Abhängigkeit, und zwar durch ein Gut, das uns elementar von den Maschinen unterscheidet. Mit unserer einzigartigen menschlichen Fähigkeit, echte Gefühle zu empfinden, haben wir gegenüber Maschinen immer die Nase vorn. Auch wenn Maschinen Emotionen erkennen und imitieren können, fehlt ihnen etwas – das echte Mitfühlen. Diese Kluft zwischen künstlicher und echter Empathie bleibt ihre Achillesferse und unsere menschliche Superpower. Und mithilfe dieser einzigartigen menschlichen Stärke werden wir in dem Spiel Mensch gegen Maschine triumphieren. Selbstverständlich reichen wir als Gewinner der Technik mit sportlicher Geste die Hand und passen nicht unser Verhalten im Optimierungswahn und falschen Glauben an einen Rationalitätsmythos den Maschinen an.

Dieses Buch ist eine Erinnerung daran, was uns als Menschen auszeichnet in einer Welt, in der Emotionen, Bedürfnisse und zwischenmenschliche Beziehungen manchmal hinten runterfallen. Wir sind nicht digital. Es geht nicht nur um Kennzahlen, Social-Media-Einfluss, Effizienz und Leistungssteigerung. Es geht um Sinn, um Erdung und eine Rückbesinnung auf die Freude an Erlebnissen in der echten Welt. Keine Maschine dieser Welt, wie ausgeklügelt und fortgeschritten ihre künstliche Intelligenz auch sein mag, kann Menschlichkeit kompensieren und zu einem erfüllten Leben beitragen. Ein wirklich erfülltes Leben finden Menschen nicht in der digitalen Welt allein. Sogar ein Techie wie ich braucht mehr als Pixel und Bytes, damit sein Herz höherschlägt – manchmal.

Dieses Buch ist wie ein Trainingshandbuch für das Leben im Zeitalter der Maschinen und zeigt, wie wir im Beruf, auf dem Arbeitsmarkt und im Privatleben den Robotern und Algorithmen ein Schnippchen schlagen können. Vielleicht macht Regulierung von KI an einigen Stellen Sinn, vor allem für einen sinnstiftenden Einsatz von KI, um große Herausforderungen zu meistern, von der Klimakrise über den Welthunger bis zum Artensterben. Maschinen sollen uns Arbeiten abnehmen, die uns Zeit für echte soziale und menschliche Interaktionen rauben – sei es in der Pflege, im Krankenhaus, im öffentlichen Sektor, letztlich in der Wirtschaft gemeinhin.

Das Buch ruft zum Handeln und Erhalt unserer Menschlichkeit in der mehr und mehr technologisierten Welt auf. Es zeigt Wege für den Einsatz von Maschinen auf, die die zwischenmenschliche Interaktion in den Vordergrund stellt, statt sie wegzurationalisieren. Das Buch spornt und leitet Menschen an, auf humane Fähigkeiten zu setzen, auf Fähigkeiten, die Maschinen nicht besitzen. Maschinen sind nicht in der Lage, Potenziale in anderen Menschen zu entfalten oder Unternehmertum auszuprägen. Genau das sind die Fähigkeiten von Menschen, in die ich Hoffnung stecke, dass sie die Welt dort »entdigitalisieren«, wo es dringend nötig ist. Wir müssen zwischen gutem und schlechtem Technologieeinsatz unterscheiden, seine Folgen tiefgreifend beurteilen und uns als Botschafter einflussreich dafür oder dagegen positionieren.

Wir brauchen ein Manifest für die Menschlichkeit in einer digitalen Welt. Denn Menschlichkeit ist wichtiger denn je. Gute Ansätze gibt es bereits. Zum Beispiel stellen Nida-Rümelin und Weidenfeld mit ihrem Buch *Digitaler Humanismus* ein technik- und zugleich menschenfreundliches Konzept vor, das Mensch und Maschine auf würdevolle Weise in Einklang bringt. Der digitale Humanismus stellt unsere Würde als menschliches Wesen online und offline wieder her.

Gamechanger Offline-Wildnis

»Eldar, jahrelang machst du KI, Tech und all dieses Zeug, und jetzt fängst du an, uns davor zu warnen? Was ist los mit dir?«

Um das zu verstehen, muss ich auf ein Schlüsselerlebnis zurückgreifen. Im Jahr 2015 flog ich auf die Philippinen, ins vom Taifun zerstörte Gebiet Biri: 14 Stunden Flug, 22 Stunden Busfahrt und anschließend nachts noch eine Überfahrt mit der Fähre. Ich sag es mal so: Die Sitzabstände entsprechen nicht dem europäischen Standard, Hühner und Schweine waren übrigens auch mit an Bord. Endlich angekommen, muss ich ziemlich mitgenommen ausgesehen haben. Und dann passierte etwas Unvergessliches: Menschen, die noch viel mitgenommener aussahen als ich, in zerfetzter Kleidung, winken mir aus den Trümmern ihrer Häuser zu, mit einer Schüssel Reis in der Hand. »Hier gibt's Essen« für den fremden Mann. Abends kommt ein Einheimischer namens Rudy vorbei und sagt: »Ich lade euch auf eine Flasche Reiswein ein. Nur die Flasche fehlt noch.«

In dem Moment habe ich mich geschämt. Jahrelang habe ich »Probleme« gelöst wie: »Wie mache ich eine Website schneller?«, »Wo muss der Link hin, damit mehr Leute für noch mehr Umsatz klicken?« Und jetzt stand ich vor elementaren Problemen, die man mit «Metaverse« bestimmt nicht lösen kann. Es gab kaum Decken, Betten schon gar nicht. Ich schlief auf einer Tür und konnte es mir aussuchen: Lege ich mich auf die Decke drauf, damit es weicher ist, oder decke ich mich damit zu, um nicht von

Mücken zerstochen zu werden? Und was ging mir nachts durch den Kopf? Du kannst nichts haben und das Leben ist so intensiv wie nie.

Mir wurde klar, wie viel Zeit ich in dieser Tech-Blase verbracht hatte und wie lebensfern die Probleme waren, die ich löste.

Und immer schießt mir dieselbe Frage durch den Kopf: Was macht unser Leben intensiv? Wollen wir als Helden oder zumindest als Beobachter von Heldentaten in die Geschichte eingehen, oder uns mit einem Platz in der »Langeweile-Lounge« begnügen, wo unsere Taten uns zu Zuschauern des Alltäglichen machen? Und mein Tun? Es ist manchmal so emotionslos und unauffällig, dass es fast schon ein eigenes trockenes Stand-up-Comedy-Programm verdient.

Was bedeutet »Held sein«? Was ist das, das die Antwort auf folgende Frage am Ende unseres Lebens bestimmt: Hattest du bis Anfang 30 ein wildes Leben, das sich normalisiert hat? Na ja, dann kannst du dich nicht beschweren. Oder war alles von Anfang bis Ende einfach nur genial?

Ist es Einfluss, ist es das Erlebnis, Angst überwunden und Grenzen gesprengt zu haben, ist es unternehmerischer Erfolg, ist es Bestätigung, ist es das Gefühl, über jede Herausforderung erhaben zu sein, sind es Kontrasterlebnisse?

Auf den Philippinen ist mir zumindest klar geworden, was es nicht ist: Routinen, Komfort und Technologie. Technologie macht alles bequem für uns: Der Thermomix kocht für dich, Alexa fährt morgens um sieben Uhr die Jalousien hoch und es gibt Drohnen – kein Witz –, die mit aufgespanntem Regenschirm über deinem Kopf fliegen, damit du während eines Wolkenbruchs weiter beidhändig WhatsApp-Nachrichten tippen kannst. Im Zeitalter von Lieferando und mindestens zwei Autos in jedem vierten Haushalt hört sich das an wie »das Jahrhundert des perfekt gemachten Nestes«. Fortschritt bringt Wohlstand und Komfort, das stimmt. Das Leben mag früher nicht unbedingt besser, aber auf jeden Fall intensiver gewesen sein. Und wenn wir schon bei Verschwendung sind: Was sollte mehr vermieden werden als ein Leben, das die Würze der Intensität vermissen lässt?

Technologie macht unser Leben einfacher, bequemer, aber auch langweiliger. Sie ist wie ein Buschmesser, das auf deiner Dschungel-Safari die

Zweige aus dem Weg räumt. Oder noch besser formuliert: wie eine gut ausgebaute Autobahn für die Reisegruppe »Erste Welt« – breit, komfortabel und mit vielen interessanten Zwischenstopps.

Und das war es dann mit der Offline-Wildnis. Dabei brauchst du genau das: Erlebnisse. Dann denke ich an meine Jugend zurück: diese intensive Safari durch die Premieren meines Lebens: Das erste Mal knutschen, das erste Mal besoffen, die erste Schaumparty, meine erste Langzeitbeziehung (drei unvergessliche Wochen). Es hagelte Premieren. Und ab 30? Dann hören die Premieren auf: sechs Jahre lang dieselbe Bürotür geöffnet, die gleiche Rolltreppe genommen, der gleiche Bürostuhl: höhenverstellbar, ergonomisch, mit Doppelarmlehne, Rückenverstärkung und mittelhartem Federkern. Geht es noch langweiliger?

Technologie und Routinen sind bequem – keine Frage. Für ein intensives Leben brauchst du aber Erlebnisse, und zwar konträre Erlebnisse. Gegensätzlichkeit macht lebendig. Das Leben sprüht vor Intensität in jenen Momenten, in denen wir uns am Rande des Nervenkitzels bewegen, zum Beispiel beim täglichen Radfahren durch Frankfurt, wo du jedes Mal superfroh bist, lebendig auf der Arbeit anzukommen. Weit vor unserer Zeit war alles ein Erlebnis. Bei einer Kutschfahrt von A nach B war dein Leben in Gefahr. Du konntest überfallen, ausgeraubt, verschleppt, erdolcht werden. Da war Ankommen bereits das Ziel. Und heute? Mit Sicherheit kein Funkeln in den Augen des Kollegen im Einwohnermeldeamt, als wäre er begeistert von der alltäglichen Expedition in die Schreibstube.

Alles ist so bequem und unkompliziert geworden, dass das tägliche Abenteuer meistens auf der Strecke bleibt. In unserer sicheren Welt vergessen wir leicht, wie wertvoll und bemerkenswert das einfache Dasein ist, und brauchen gelegentlich eine kleine Erinnerung, um die Schönheit des Lebens zu schätzen.

Mein Augenöffner-Moment auf den Philippinen machte mir klar, wie lebendig und intensiv die Offline-Welt sein kann. Als würde ich plötzlich die Farbenpracht der Natur im Vergleich zu der aus Nullen und Einsen bestehenden Digitalwelt erkennen. Diese Erfahrung führte mir vor Augen, wie Bequemlichkeit die eigene Wahrnehmung des wirklich Aufregenden im

Leben dämpfen kann. Karl-Heinrich Bette (2004) nennt ein treffendes Zitat des französischen Extrembergsteigers Éric Escoffier: »Wir wollen Beute und nicht Rente!« Aber was ist denn mit »Beute« in diesen Tagen gemeint? Während die Wikinger Wild erbeuteten, um die Sippe zu ernähren, erbeute ich heute Klicks und Likes, um mein in Mitleidenschaft gezogenes Dopaminsystem zufriedenzustellen. Wir haben eine Digitalwelt geschaffen, in der eine rücksichtslose Aufmerksamkeitsökonomie (Attention Economy) herrscht. Die Währung in dieser digitalen Welt ist ein sehr wertvolles, durch unsere Lebenszeit stark begrenztes Gut, das wir nur einmal ausgeben können: Aufmerksamkeit. Und dieses Gut investieren wir und gleiten sanft in eine Art digitalen Überdruss hinein, verführt von dem Verlangen nach einer perfektionierten Onlineversion unseres Selbst. Diese digitale Welt hat die Anziehungskraft einer faszinierenden Fata Morgana, die es uns erschwert, den Weg zurück in die belebende Offline-Wildnis zu finden.

Wenn Offline-Wildnis der Ort ist, an dem soziale Interaktion nicht digitalisiert ist, an dem das elementar Menschliche wie Emotionen, Bedürfnisse und Kreativität durch KI weder erkannt noch beeinflusst oder gar emittiert wird, wie viele dieser Orte gibt es noch in deiner unmittelbaren Umgebung? Die Coronazeit hat unser Sozialleben weiter verändert: Der einst übliche Small Talk zwischen Kellner und Gast wurde aufgrund der Ansteckungsgefahr zu einer echten Seltenheit. Noch gefährlicher waren Veranstaltungen mit vielen Menschen, und »sich die Hand zu geben« konnte das Todesurteil bedeuten. Es war nicht nur eine Zeit der Vergiftung des Soziallebens, sondern auch die Schaffung einer neuen Zweiklassengesellschaft: Wer die *Luca*-App besaß, konnte schnell und bequem im Restaurant Platz nehmen – die anderen nicht, und das war nur die Spitze des Eisbergs.

Nun will ich all das nicht komplett schlechtreden. Diese Apps sind wirklich hilfreiche Lösungen, die Menschen während der Coronazeit gut unterstützt, unnötigen Papierverbrauch vermieden und einen großen Beitrag zur Überbrückung dieser schwierigen Zeit geleistet haben.

Es geht vielmehr um Folgendes: Technologie ist unser Helfer, um die Offline-Welt zu bereichern und uns mehr Zeit zu schenken, die wir im echten Leben genießen. Sie ist wie ein persönlicher Assistent, der uns dabei unterstützt, dem realen Dasein mehr Aufmerksamkeit zu widmen. Technologie und künstliche Intelligenz sollen den Menschen die Zeit für echte soziale Interaktion freischaufeln und nicht wegnehmen, stupide Arbeiten abnehmen und Raum für Kreativität schaffen – ganz nach dem Prinzip »Take the robot out of the human work«. KI ermöglicht Menschen, bisher Unmögliches zu schaffen, zum Beispiel die Bekämpfung der Flussblindheit (*Deutsches Ärzteblatt*, 2021). Die Flussblindheit ist die zweithäufigste Ursache einer infektionsbedingten Erblindung, 30 Millionen Menschen sind infiziert, 99 Prozent davon in Afrika. Sie zählt zu den »Big Five«, also den fünf armutsassoziierten Tropenkrankheiten, die in Summe schon 90 Prozent ausmachen. Mit KI erkennen wir die Infektion früh und behandeln die Menschen, bevor es zu spät ist.

KI erobert unseren Alltag

In den vergangenen Jahren hat sich die KI still und heimlich in unsere täglichen Routinen eingeschlichen. Jetzt ist sie da und mischt sich auf ihre eigene, leichtfüßige Art in zahlreiche Aspekte unseres Alltags ein. Dieser Vormarsch von KI-Technologien hat unser Leben nicht nur effizienter, sondern noch komplexer gemacht, und er geschieht, ohne dass wir es wahrnehmen. Wir haben es mit einer schleichenden Präsenz zu tun: KI ist überall und nirgendwo. Sie ist mittlerweile in fast allen Aspekten unseres täglichen Lebens präsent, obwohl du es kaum oder gar nicht bemerkst.

Wann und wo passiert das?, fragst du dich. Wo ist es mir bewusst, wo nicht? Beginnen wir bei Tagesanbruch: im Morgengrauen, wenn der Wecker klingelt. Eine sanfte, aber künstliche Stimme weckt dich, informiert dich über die Wetteraussichten für den Tag und erinnert dich an deine Termine im Kalender. Diese Stimme ist die einer KI, dein persönlicher Assistent, der deine Tage strukturiert, deine E-Mails sortiert und deine Fragen beantwortet.

Künstliche Intelligenz ist schon lange kein futuristisches Konzept mehr, sondern allgegenwärtige Realität. Sie ist überall, in deinem Smartphone, in deinem Auto, in deinem Haus. Sie steuert unsere Suchmaschinen und unsere Social-Media-Feeds, verwaltet unseren Stromverbrauch, unterstützt bei medizinischen Diagnosen und sogar bei der Ausbildung unserer Kinder. Sie ist immer anwesend: Herzlich willkommen in einem neuen Zeitalter.

Was ist KI überhaupt?

Bevor wir richtig loslegen, möchte ich ein paar wichtige Begriffe erläutern, die dir helfen, KI besser zu verstehen. KI ist ein komplexes Thema. Um es dennoch möglichst illustrativ und verständlich rüberzubringen, greife ich auf die sinnvollen Analogien von Jessica Fritz zurück (Fritz, 2023).

Künstliche Intelligenz ist die Fähigkeit von Computerprogrammen, Aufgaben zu erlernen und auszuführen, die normalerweise menschliche Intelligenz erfordern. Diese Programme können Daten analysieren, Muster erkennen und Entscheidungen treffen. KI basiert auf mathematischen und statistischen Algorithmen und Modellen, die es Computern ermöglichen, menschenähnliche Denkprozesse zu simulieren, um die unterschiedlichsten Probleme zu lösen. Es gibt verschiedene Arten von KI, von einfachen regelbasierten Systemen bis hin zu komplexen Modellen wie neuronalen Netzwerken, die tieferes Lernen ermöglichen.

Die sogenannte »**allgemeine KI**« ist eine Form von KI, die theoretisch jede intellektuelle Aufgabe, die ein Mensch ausführen kann, erledigt. Stell dir ein Schweizer Taschenmesser vor, das über Hunderte von Werkzeugen und spezifischen Funktionen verfügt, um sich an jede Aufgabe oder Herausforderung anzupassen, der es gegenübersteht, genau wie ein Mensch in unterschiedlichen Situationen. Das klingt beunruhigend? Aktuell ist das noch Science-Fiction, so etwas gibt es *noch* nicht.

Beim »**Supervised Learning**«, also beim »überwachten Lernen«, trainieren Menschen Modelle. Bei dieser Methode erhält das Modell einen Datensatz, und das angestrebte Ergebnis steht bereits fest. Stell dir folgende Analogie vor: Du bringst jemandem das Kochen bei und gibst ihm ein Rezept. Du zeigst jeden Schritt bis zur Zubereitung. Wenn der Lernende etwas falsch macht, korrigierst du ihn sofort und zeigst ihm, was er falsch gemacht hat und wie er es richtig macht, bis das Gericht exakt so aussieht wie im Rezeptbuch.

Beim »**Unsupervised Learning**«, sprich beim »unüberwachten Lernen«, erkennt das KI-System Muster in Daten von ganz allein, das heißt ohne spezifische Anweisungen. Stell dir vor, du bist in einem fremden Land und versuchst, die Sprache zu lernen, indem du den Gesprächen der Einheimischen zuhörst. Du hast weder ein Wörterbuch noch einen Lehrer. Mit der Zeit beginnst du, Wörter und Phrasen zu erkennen und zu verstehen, basierend auf den Mustern und Kontexten, in denen sie verwendet werden. Dein neuronales Netz macht diese Verknüpfungen selbstständig und unbewusst, deinen bewussten Verstand musst du dafür nicht einsetzen.

Das **»Reinforcement Learning«** ist eine KI-Technik, mit der das Modell durch Belohnungen oder Bestrafungen lernt. Es ist wie beim Hundetraining. Wenn der Hund den Befehl richtig ausführt, bekommt er ein Leckerli, wenn nicht, wird ihm das Leckerli verwehrt. Der Lernprozess findet nicht in Stufen statt, wie früher beim Topfschlagen-Spiel, wo du den Hinweis »kalt«, »wärmer« oder »heiß« bekommen hast, sondern das Feedback lautet lediglich »richtig« oder »falsch«.

Sogenannte **»künstliche neuronale Netze (KNN)«** sind dem menschlichen Gehirn nachempfunden. Hierbei ahmen komplexe Algorithmen die Arbeitsweise des menschlichen Gehirns nach. Stell dir eine Fabrik vor, in der viele Arbeiter (Neuronen) in verschiedenen Abteilungen (Schichten) arbeiten. Jeder Arbeiter hat spezielle Anweisungen, wie er eine bestimmte Aufgabe (Datenverarbeitung) ausführt. Die Arbeiter passen ihre Techniken ständig an, basierend auf dem erhaltenen Feedback. Ziel ist es, am Ende der Produktionslinie das bestmögliche Produkt (Ergebnis) zu erhalten.

Sogenannte **»Bayes'sche Netzwerke«** sind wie detektivische Gedanken, die auf logischen Schlussfolgerungen basieren. Stell dir vor, du bist ein Ermittler, der versucht, ein komplexes Rätsel zu lösen. Du sammelst Hinweise aus verschiedenen Quellen und überlegst, wie diese zusammenpassen könnten. Genau wie in einem Bayes'schen Netzwerk werden diese Hinweise als Knoten dargestellt. Die Verbindungen zwischen den Knoten zeigen an, wie diese Hinweise miteinander in Beziehung stehen könnten. Mit jedem neuen Hinweis aktualisiert das Netzwerk seine Vermutungen und berechnet die Wahrscheinlichkeit verschiedener Szenarien, ähnlich wie ein kluger Detektiv: Er passt seine Hypothesen über den Täter ständig den neuen Informationen an. Bayes'sche Netzwerke sind wie ein intelligentes Denksystem, das uns dabei hilft, unbekannte Fakten aufgrund vorhandener

Informationen und Wahrscheinlichkeiten zu erraten, ähnlich wie ein erfahrener Detektiv ein komplexes Rätsel löst.

»Generative Adversarial Networks« sind zwei konkurrierende Netzwerke, von denen das eine Netz die Daten erstellt und das andere Netz unterscheiden soll: »künstlich oder echt?« also ob die Daten echt oder gefälscht sind. Es ist so, als würde ein Künstler ein Bild so lange fälschen, bis ein Kunstexperte nicht mehr erkennt, ob es das Original oder eine Kopie ist.

»Transfer Learning« ist eine KI-Methodik, die ein bereits trainiertes Modell für eine neue Aufgabe anpasst. Stell dir vor, du bist ein sehr guter Fahrradfahrer und willst nun Motorradfahren lernen. Viele der Fähigkeiten vom Fahrradfahren helfen dir, das Motorradfahren schneller und effizienter zu erlernen, als wenn du bei null anfangen müsstest.

»Generative KI« bezieht sich auf Algorithmen und Modelle, die in der Lage sind, neue, kreative Inhalte zu erstellen, sei es in Form von Bildern, Musik, Texten oder anderen kreativen Werken. Stell dir einen talentierten Künstler oder Musiker vor. Gib diesem Künstler Pinsel, Farben und eine leere Leinwand. Anstatt ein bereits existierendes Kunstwerk zu kopieren, verwendet der Künstler seine Vorstellungskraft und seine Fähigkeiten, um ein völlig neues Kunstwerk zu schaffen, das nie zuvor existiert hat. Genau wie generative KI basiert dieser kreative Prozess auf der Fähigkeit, Muster zu verstehen und sie auf innovative Weise neu zu kombinieren, um etwas Neues und Einzigartiges zu erschaffen.

Jetzt hast du einige Einblicke in die Arbeitsweise von KI erhalten. Und jetzt betrachten wir, wie und wo sie uns helfen kann.

KI – dein Freund und Helfer

KI hat in unserem Leben bereits vieles vereinfacht und verbessert. Sie befreit uns mehr und mehr von mühsamen repetitiven Aufgaben, die uns langweilen oder kostbare Zeit stehlen, und verschafft uns dadurch mehr Raum, uns den spannenden und kreativen Aufgaben zuzuwenden.

Wir nutzen KI bei unseren täglichen Aufgaben und Entscheidungsprozessen und lassen uns von ihr unterstützen. Das offensichtlichste aller Beispiele ist dein Smartphone. Wie oft hast du schon im Auto befohlen: »Mama anrufen!« Die intelligente Spracherkennung erlaubt dir, mit deinen Geräten zu sprechen. Siri, Google Assistant und andere Assistenten verstehen nicht nur deine Anfragen, sondern lernen auch durch deine Interaktionen mit ihnen ständig dazu, um zukünftig passgenauer auf deine Anfragen zu reagieren. So breitet sich künstliche Intelligenz in deinem Alltag aus. Dies passiert so automatisch, wie weitere Synapsen im Gehirn wachsen, wenn wir etwas Neues trainieren: ganz von selbst, während wir mit unseren Geräten sprachlich interagieren, ohne dass wir über die komplexen Algorithmen nachdenken müssen, die im Hintergrund daran arbeiten.

Weitverbreitet ist auch die Nutzung von Übersetzungsprogrammen. Viele Menschen verwenden solche Programme täglich, entweder im Beruf, aber ebenso für private Anliegen. Wenn du jemals eine App wie *DeepL*, *Microsoft Translator* oder *Google Translate* verwendet hast, dann hast du KI bereits in Aktion erlebt.

An dieser Stelle kannst du noch sagen: »Nein, ich benutze keine Übersetzungsprogramme.« Aber du hast bestimmt einen E-Mail-Account. Wenn dein E-Mail-Anbieter unaufgefordert Spam-Nachrichten in einen separaten Ordner verschiebt, dann ist das ein Zeichen dafür, dass KI am Werk ist. Und vielleicht begreifst du an dieser Stelle, dass es unzählige Beispiele gibt, um dich herum und mitten in deinem Leben. Ich will dir noch ein paar verraten.

Onlineshopping ist genial: Du kannst blitzschnell Produkte und Angebote vergleichen, sofort bezahlen, dir alles bequem nach Hause schicken lassen, deine Lieferung in Echtzeit nachverfolgen und am Ende das Paket relativ einfach retournieren, wenn du unzufrieden bist. Wenn du online auf die Suche nach Produkten gehst, schlagen dir Algorithmen Produkte vor, die auf deinen Vorlieben basieren. Wie ist das möglich? Der Ausgangspunkt sind deine getätigten Einkäufe und Suchanfragen. KI schlägt dir dann die Produkte vor, die dazu passen. Und was passiert? Du kaufst wieder. Wie oft habe ich mich selbst schon dabei erwischt. Wie funktioniert das genau?

Dahinter stecken ausgeklügelte KI-basierte Vorschlagssysteme (Recommender-Systeme), die große Mengen an Daten analysieren, um dein Verhalten zu verstehen und vorherzusagen, und die funktionieren besser als jede Wettervorhersage. Du wirst von Angeboten überrascht, die genau deinen Interessen entsprechen. Vermutlich bemerkst du das nicht einmal, es ist in deiner Welt einfach »ein Zufall« beziehungsweise lohnt kein Nachdenken. Jetzt weißt du: Hier ist KI am Werk.

Und KI ist durchaus beim Geldsparen hilfreich: Ein Beispiel ist unser Stromverbrauch. Der betrifft uns alle, Tag für Tag. Normalerweise akzeptieren wir unsere Stromrechnung als lästige Konstante. KI ermöglicht dir eine bewusstere, nachhaltige Energienutzung, was sich sofort auf deinen Geldbeutel auswirkt. KI kann auch den Energieverbrauch optimieren, indem sie vorhersagt, wann und wo Energie am effizientesten eingesetzt werden sollte. So reduzieren wir unseren Verbrauch, unsere Kosten und tragen gleichzeitig zur Bekämpfung des Klimawandels bei.

In der Medizin hat sich KI ebenfalls etabliert. KI-gesteuerte Algorithmen verarbeiten riesige Mengen an gesundheitsbezogenen Daten und helfen dabei, Krankheiten zu diagnostizieren, Behandlungen zu personalisieren und sogar Prognosen zu erstellen, also vorherzusagen, welche Patienten am wahrscheinlichsten auf bestimmte Therapien ansprechen. Das revolutioniert das Gesundheitswesen und verbessert die Lebensqualität vieler Menschen. Von der Diagnose per medizinischer Bildanalyse bis hin zu Gesundheitstracking und Präventionsangeboten ist vieles in der permanenten Weiterentwicklung: Radiologen verwenden KI-gestützte Bildanalysen, um schnell und präzise Diagnosen zu stellen. Ein solches System erkennt Anomalien, die das menschliche Auge kaum ausmachen kann, und die Genauigkeit der Diagnosen wird immer besser. KI rettet zunehmend mehr Menschenleben.

Kommen wir zum Verkehrs- und Transportwesen. Hier reguliert KI schon lange unseren Verkehrsalltag. Autonome Fahrzeuge und Verkehrsleitsysteme, Routenoptimierung und Verkehrsprognosen gehören ebenso wie Ampeln und Straßenschilder längst dazu. Autonome Fahrzeuge bahnen sich ihren Weg auf die Straßen und Versorgungsdrohnen liefern bald unsere Pakete aus. Auch hier stehen wir am Anfang der Entwicklung. Ende offen.

Wie sieht es bei unserem Geldsystem aus? Im Schatten der Börsenströme und Handelsdiagramme vollzieht sich eine ähnlich stille Revolution: Künstliche Intelligenz verändert bereits seit Jahren die Art und Weise, wie wir Finanzen handhaben. Bei Exchange-Traded Funds (ETFs) analysieren komplexe Algorithmen riesige Datenmengen, um den Index zu verfolgen und Investitionen zu optimieren. Blitzschnell reagieren diese automatisierten Systeme auf Marktschwankungen und maximieren so die erzielbaren Renditen. Im Aktienhandel analysieren Algorithmen historische Daten und erkennen Muster, die menschlichen Investoren entgehen. Diese Algorithmen treffen Prognosen und Entscheidungen über den Kauf oder Verkauf von Aktien – völlig autonom und genauer, als Menschen dies können. Dieser unsichtbare Einfluss von KI im Finanzsektor erhöht nicht nur die Effizienz im Handel, er führt auch zu treffsichereren Investitionsentscheidungen und erweitert den Zugang zu Finanzdienstleistungen für Menschen weltweit.

Auch in der Kunst haben KI-Systeme Fuß gefasst. Künstler verwenden Algorithmen, um einzigartige Kunstwerke zu erstellen, die von KI inspiriert sind oder mithilfe von KI-Techniken erstellt werden. Oft werden diese ausgestellt, ohne dass die Galerien ihre Besucher wissen lassen, dass die Kunstwerke von einem Algorithmus geschaffen wurden.

KI hat sich auch geschickt in den Bildungssektor eingefädelt und bringt eine spannende Wendung in die Bildung von Kindern, Studenten und Erwachsenen. Mit anderen Worten hat der Lehrplan einen neuen, technologisch versierten Kollegen bekommen. Immer mehr KI-basierte Lernplattformen analysieren den Lernfortschritt von Schülern. Basierend auf diesen Analysen passen die Plattformen den Lehrplan an die individuellen Bedürfnisse jedes Schülers an. Er lernt in seinem eigenen Tempo, da die KI erkennt, welche Bereiche er bereits beherrscht und in welchen er noch üben muss. Die KI kann Lernschwierigkeiten frühzeitig per Mustererkennung an den Daten aus dem Lernverhalten und den erreichten Testergebnissen ablesen. Die Plattformen bieten Schülern personalisierte Unterstützung, geben Feedback zu den Antworten, schlagen zusätzliche Übungen vor und erkennen, wenn ein Schüler Schwierigkeiten hat und zusätzliche Hilfe benötigt. Automatisierte Bewertungssysteme entlasten Lehrer, denn sie bewerten Essays, Tests und andere schriftliche Arbeiten. Sie analysieren nicht nur den Inhalt, sondern auch die Struktur und den Schreibstil. KI-Apps und Spiele fördern in der frühkindlichen Bildung die Sprachentwicklung. In der Ära von Onlinelernen und virtuellen Klassenzimmern können KI-Systeme mittlerweile den gesamten Unterricht organisieren und moderieren, stellen Lernmaterialien bereit und überwachen den Lernfortschritt.

Mittlerweile ist es kaum noch offensichtlich, wo sich KI überall eingenistet hat. Wer hätte vor ein paar Jahren gedacht, dass in der Bildung die Lernpläne von einer KI kommen? Wer hätte gedacht, dass KI in Verkehr und Transport nicht nur dem autonomen Fahren dient, sondern die Planung ganzer Logistikketten übernimmt und sogar die Feinabstimmung von Straßengebühren in elektronischen Mautsystemen? Für Menschen ist dadurch immer schwerer erkennbar, ob, wann, wie und wo ein Algorithmus etwas steuert. Aber wenn du in der Lage bist, dies zu erkennen, und dabei sogar den Algorithmus verstehst, kannst du das zu deinem Vorteil nutzen.

So erkennst du KI

KI ist hier und wird bleiben. Ihre schleichend invasive Präsenz verändert dein Leben auf vielfältige Weise. Auf den ersten Blick ist es gar nicht so einfach herauszufinden, wo KI am Werk ist und wo nicht. Nicht ohne Grund arbeiten daher verschiedene Länder unabhängig vom AI Act der Europäischen Union an einer Kennzeichnungspflicht für KI. So fordern auch in Deutschland einige Parteien, dass KI-Systeme, »die öffentlich zugänglich gemacht werden oder nicht rein privater Natur sind«, ihre generierten Inhalte kennzeichnen müssen.

Doch wie erkennst du KI, solange wir noch keine Kennzeichnungspflicht haben? KI arbeitet oft »unter der Haube«. Sie ist versteckt und arbeitet mit komplexen Informationssystemen zusammen. Eine klare Grenze zwischen künstlicher Intelligenz und »normalen« Softwareanwendungen ist schwer auszumachen. Die innere Arbeitsweise von KI-Modellen ist für den Laien häufig unverständlich. Zum Beispiel kennen vermutlich nur «echte« Experten den Unterschied zwischen intelligenten Geschwindigkeitsassistenten und einer simplen Geschwindigkeitsregelung.

Aufgrund der Fülle an Möglichkeiten, in der mittlerweile KI angewendet wird, ist es scheinbar unmöglich geworden, KI zu erkennen. Aber wenn du bemerkst, dass eine Anwendung in der Lage ist, zu lernen und sich an deine Vorlieben und Gewohnheiten anzupassen, dann ist das ein ziemlich sicheres Zeichen dafür, dass KI am Werk ist.

Aber warum sollten wir uns überhaupt die Mühe machen, KI zu erkennen? Nicht selten scheitern KI-Projekte an zu hohen Erwartungen und dem fehlenden Vertrauen in die Technik. Wir wissen gar nicht, wo, wie und zu welchem Zweck KI eingesetzt wird. Deshalb sind Aufklärung und die Schärfung unseres Bewusstseins vonnöten. Nur dadurch können wir eine ethische Verantwortung für uns und die Gesellschaft entwickeln. Das wäre der erste, entscheidende Schritt in eine neue Ära: eine, die von KI geprägt ist und zugleich den Menschen verantwortungsbewusst in den Mittelpunkt stellt.

Das kleine Wörtchen »smart« verrät viel

Wir kennen es alle: Spazieren wir durch den Elektronikmarkt oder shoppen online auf Amazon, springen uns förmlich die Produkte und Geräte mit der Bezeichnung »smart« ins Auge. Ein Smartphone, eine Smartwatch und ein Smart TV sind in unserem Wortschatz bereits fest verankert. Darüber hinaus gibt es eine (fast) unendliche Zahl an Smart-Geräten, die versprechen, unseren Alltag einfacher und effizienter zu gestalten. So sind bereits Geräte wie Thermostate, Lichter und sogar Kühlschränke mit dieser »Smart«-Technologie ausgestattet und können lernen, sich an deine Vorlieben und Gewohnheiten anzupassen, um Energie zu sparen und deinen Komfort zu verbessern. Sie lassen sich auf den Nutzer personalisieren und darüber hinaus sind sie über App-Schnittstellen aus der Ferne bedienbar und somit auch abschaltbar, wenn du gar nicht zu Hause bist.

Was aber heißt eigentlich »smart«? »Intelligent«, »genial«, »klug« und »technologisch fortgeschritten« sind passende Adjektive. »Smart« ist eine Funktionalität, die unseren Alltag erleichtert, indem unsere Geräte in einem Netzwerk miteinander kommunizieren. Smart-Geräte werden daher auch als Internet-of-Things (kurz IoT) bezeichnet, da sie den Zugang zum Internet ermöglichen. Eine Vielzahl dieser Geräte basiert unter anderem auf einer KI-Technologie, die es ermöglicht, Daten von Nutzungsverhalten zu sammeln.

Ein smarter Kühlschrank kann Daten über Uhrzeit, Dauer und Anzahl der Türöffnungen sammeln, um dadurch Energie zu sparen. In naher Zukunft nehmen die Möglichkeiten weiter zu: Mit Bilderkennung sollen Einkaufszettel, Rezepte und vieles weitere generiert werden können – und das ausschließlich auf Basis der Lebensmittel, die sich im Kühlschrank befinden.

In einem Gespräch über Datenschutz sagte eine Bekannte stolz zu mir: »Von mir gibt's kein Foto in den sozialen Medien!« Nach einem Themenwechsel zu Gesundheit erklärte sie mir den Unterschied zwischen Non-REM- und REM-Schlaf und zeigte dann stolz auf ihrer Smartwatch den Schlafwert »ausgezeichnet«. Funktionen von Apps können so attraktiv sein, dass selbst vorsichtige Menschen bereitwillig ins Daten-Sammeln einsteigen. Smart-Geräte sammeln permanent Daten, um damit ein KI-Modell zu füttern. Der Begriff »smart« ist häufig ein Indiz dafür, dass eine KI Verwendung findet, die Daten sammelt, um damit die Funktionalität und Benutzerfreundlichkeit eines Produktes zu steigern.

Ist es ein intelligenter Assistent, dann ist es KI

Intelligente Assistenten sind aus unserer heutigen Welt nicht mehr wegzudenken. »Intelligent« bedeutet oft, dass künstliche Intelligenz verwendet wird. Egal, ob es sich um persönliche Assistenten für Alltagsaufgaben, fortschrittliche Fahrassistenten oder Assistenten im Kundensupport handelt: Sie sind alle intelligent und erfassen Daten und helfen dabei, bestimmte Aufgaben auszuführen, die über simple Softwarebefehle hinausgehen. Sie erfassen unsere Stimmung, unser Verhalten sowie unsere Vorlieben und generieren intelligente Ton-, Bild- und Textausgaben, die interaktiv sind und der menschlichen Kommunikation nahekommen.

Beispiele für KI-gesteuerte Assistenten sind auf dem Markt in Hülle und Fülle vorhanden. Siri von Apple, Google Assistant oder Alexa von Amazon sind Beispiele für intelligente Sprachassistenten, die in unserem Alltag fest integriert sind. Sie funktionieren über Spracheingabe – auch natürliche Sprachverarbeitung (Natural Language Processing, kurz NLP) genannt.

Neben herkömmlicher Frage- und Antwortkommunikation sind die zukünftigen Potenziale intelligenter Assistenten nicht zu begrenzen. Sie können einfache Aufgaben übernehmen, wie etwa einen Arzttermin beim Dermatologen vereinbaren, Musik von unserem Lieblingssänger abspielen, ein Rezept auf Basis von ausgewählten Lebensmitteln erstellen und vieles mehr. Nicht nur über Sprache, sondern auch über die Eingabe von Text funktionieren intelligente Assistenten hervorragend.

Stell dir vor: Auf einer überladenen Onlineshopping-Plattform mit sinnlosen Gadgets und Luxusartikeln erscheint ein überambitionierter digitaler Assistent namens Emma. Du stöberst gelangweilt durch die Seiten. Plötzlich ploppt Emmas Sprechblase auf:

> *»Hey, ich bin Emma, dein persönlicher digitaler Assistent. Schön, dass du da bist. Wie kann ich deine Einkaufserfahrung unvergesslich machen?«*

Selbst wenn du die Absurdität der Situation erkennst, spielst du mit:

> *»Oh, ich suche dringend einen goldenen Toaster, der mein Brot mit Diamanten bestreut.«*

Dann sieht Emmas Antwort möglicherweise so aus:

> *»Natürlich. Unser exklusiver DiamantToaster 5000 macht dein Frühstück zum ultimativen Luxuserlebnis!«*

Du kannst mit ziemlicher Sicherheit davon ausgehen, dass es sich hierbei um KI handelt. Sie kennt alle Produkte auf der Website und wonach du suchst. Schnelle Antworten sind häufige Indikatoren für KI. Auffällig ist auch, wenn sich die Antworten vordefiniert anhören.

Aber Achtung: Ganz so stupide und vorgefertigt sind die Antworten oftmals nicht. KI-basierte Bots sind in der Lage, angepasster zu sein, als du vermuten würdest, und kennen beispielsweise das Wetter an deinem Ort, um dadurch gleich viel persönlicher zu wirken. Manche Websites nutzen hierfür die Standortfreigabe-Funktion. Im Browser erscheint dann eine Meldung:

> *»Die Website versucht, Ihre Standortdaten abzurufen. Wenn Sie einverstanden sind, wählen Sie ›zulassen‹ aus.«*

Intelligente Assistenten beschränken sich aber nicht auf Sprach- oder Chatassistenten. So sind in Autos zahlreiche intelligente Fahrerassistenzsysteme integriert. Moderne Autos bremsen automatisch, Spurhalteassistenten tracken die Umgebung in Echtzeit und selbstfahrende Autos toppen diese Autonomie in einem bisher nie da gewesenen Ausmaß. Diese Assistenten nutzen

KI-Modelle und Sensortechnologie, um die Fahrsicherheit zu verbessern und die Bequemlichkeit beim Fahren zu erhöhen. In den USA wird gerade über einen neuen Schlafwandler-Trend gewitzelt, aber auch ernsthaft diskutiert: Autonome Autos sind dank KI so fortschrittlich, dass immer mehr Fahrer gesichtet werden, die hinter dem Lenkrad einschlafen. Sie haben ein derart starkes Vertrauen in die autonome Fahrfähigkeit und dösen einfach weg, während ihre KI-Modelle die Straßen unsicher machen. Oder sollten wir sagen »sicher machen«? Die Straßen werden zum Laufsteg für die modischsten Schläfer des Landes. Schluss mit Schnarchen im Bett, die Coolen schlummern jetzt im Auto. Der KI-Beifahrer ist eben ein besserer Beifahrer als jeder Mensch. Ich sage nur eins: »Rechts frei?« Beifahrer-Antwort: »Frei…lich kommt was.« Warum sich auf den nervigen Beifahrer verlassen, der ständig missverständliche Informationen gibt, wenn du eine KI hast, die ruhig bleibt und den Weg kennt? Ein Nickerchen machen, während die Maschine fährt, ist jetzt angesagt. Warum ein teures Bett kaufen, wenn du einfach deinen Fahrersitz in ein gemütliches Schlafsofa verwandeln kannst? Mit fortschrittlichen KI-Systemen sind längere Autofahrten eine Einladung zum Entspannen. Ich zähle mich selbst zu den Cholerikern am Steuer, die Ampeln und Trödler nicht aushalten können. Aber mit KI wird die morgendliche Verkehrsschlange zum besten Freund. Ich stelle mir vor, ich wache auf und bin bereits fast bei der Arbeit. Wäre das nicht der Traum eines jeden Berufspendlers? Die Diskussionen sind entfacht, die Witze fliegen, aber eine Sache ist sicher: Die Straßen sind nicht nur für Autos, sondern auch für Schlafende da. Wer hätte gedacht, dass autonome Autos nicht nur die Art und Weise, wie wir reisen, sondern auch die Art und Weise, wie wir schlafen, revolutioniert?

Spaß beiseite. Natürlich sind autonome Fahrzeuge ein beeindruckendes Beispiel für technischen Fortschritt. Die Vorstellung, dass Autofahrer vor dem Lenkrad einschlafen, klingt zunächst amüsant und zeigt, wie weit wir gekommen sind. Jedoch dürfen wir nicht vergessen, dass menschliche Aufmerksamkeit und Eingreifen nach wie vor von entscheidender – lebenswichtiger – Bedeutung sind.

Das zeigt der bedauerliche Vorfall, bei dem ein selbstfahrender Tesla einen weißen Lastwagen vor einem Wolkenhimmel übersehen hat – mit tragischem Ausgang (*Die Welt*, 2016). Autonomes Fahren basiert auf KI, und KI garantiert eben keine hundertprozentige Fehlerfreiheit. Menschen spielen weiterhin eine wichtige Rolle (nicht nur) beim Autofahren. Die Kontrolle komplett abzugeben, birgt Risiken.

Es ist unerlässlich, dass Fahrer in autonomen Fahrzeugen wachsam bleiben und bereit sind, jederzeit einzugreifen. Die Mensch-Maschine-Interaktion bleibt ein Schlüsselfaktor. In einigen Fahrzeugen ist die KI mittlerweile so weit entwickelt, dass das Auto an der Ampel, die von Rot auf Grün umschaltet, trotzdem nicht losfährt, wenn du als Fahrer auf dein Handy guckst. Der intelligente Fahrassistent ist bereits so intelligent, dass er sich über deine Aufmerksamkeit auf den Straßenverkehr vergewissert.

Bleiben wir noch kurz bei dem persönlichen Assistenten. Denn hier setzt gerade eine bahnbrechende Entwicklung ein. Der technologisch fortschrittlichste seiner Art ist ein hologrammbasierter Assistent. Das ist eine atemberaubende Verschmelzung von KI und holografischer Technologie. Und so greift KI wie eine Krake in deine reale Welt, in dein tägliches Leben. Stell dir vor, du kommst nach Hause und anstatt auf irgendeines deiner Displays (Handy, Notebook, Smartwatch) zu starren, erwacht dein persönlicher Assistent in Form eines glänzenden Hologramms zum Leben. Dieses leuchtende, dreidimensionale Wesen ist nicht nur eine Ansammlung von Algorithmen, sondern auch eine künstliche Intelligenz, die so raffiniert ist, dass sie menschliche Emotionen und Nuancen versteht und selbst per Mimik und Gestik äußert. Dieser hologrammbasierte Assistent ist nicht bloß eine Figur aus Licht und Farbe, er ist dein vertrauter Begleiter, der nur darauf wartet, dir bei allem zu helfen: beim Organisieren deines Alltags, beim Einkaufen, als Dolmetscher bei der Kommunikation mit Menschen in beliebiger Sprache, beim Training und beim Lernen neuer Fähigkeiten.

So tief der Eingriff von künstlicher Intelligenz in deine Realwelt ist, so schier grenzenlos sind die Chancen, die diese Verschmelzung von KI und Hologrammtechnologie mit sich bringt. In der Medizin visualisieren hologrammbasierte Assistenten komplexe medizinische Daten in Echtzeit und helfen Ärzten dabei, präzise Diagnosen zu stellen. Auf interaktive und fesselnde Weise vermitteln sie in 3-D den Schülern, Studenten und Erwachsenen komplexe Konzepte. In der Geschäftswelt revolutionieren sie virtuelle Besprechungen, da Teilnehmer aus verschiedenen Teilen der Welt plötzlich in einem Raum zusammenkommen, als wären sie physisch präsent. Hologrammbasierte Assistenten überbrücken die Kluft, die Distanz und Zeitzonen zwischen den Menschen, sowohl in persönlichen Beziehungen als auch in internationalen Geschäftsverhandlungen. Sie übersetzen Sprache in Echtzeit, erklären kulturelle Unterschiede und fördern so das Verständnis und die Zusammenarbeit zwischen verschiedenen Kulturen. Dennoch gilt auch hier: schön, dass die KI auf diese brillante Art und Weise internationale Meetings ermöglicht, aber sie hört mit und vergisst nicht.

In dem Science-Fiction-Film *Passengers* transportiert das Luxus-Siedlerschiff »Avalon« mit halber Lichtgeschwindigkeit auf seiner 120 Jahre dauernden Reise Menschen zu einer neuen Koloniewelt, genannt »Homestead II«. An Bord sind die Passagiere in einen »Hyperschlaf« versetzt, sodass sie bis zum Reiseende keinen Tag altern. Das Blöde ist: Eine Fehlfunktion der Schlafkapsel weckt den Techniker James 90 Jahre zu früh. Nach langem Kampf mit seinem Gewissen holt er aus Verzweiflung und Einsamkeit die Journalistin Aurora Lane aus ihrem Hyperschlaf und lässt sie im Glauben, ihre Schlafkapsel habe ebenfalls versagt. Beide werden ein Paar. Nun zur KI:

Der Barkeeper-Roboter, ein Android namens Arthur, verrät der hübschen Aurora das Geheimnis des Technikers James. Der Android Arthur tut das, weil Aurora ihm gesagt hat, dass sie und James keine Geheimnisse voreinander hätten. Arthur vergewissert sich bei James: »Ist das wahr?«, woraufhin der bestätigt: »Du hast die Lady gehört.« Aus Arthurs logischer Sicht hat James Aurora bereits eingeweiht, und es gibt keinen Grund, nicht offen darüber zu plaudern. Dem Android war nicht klar, was ein Täuschungsmanöver ist, und er bringt James in eine schwierige Lage.

Was will ich damit sagen? Egal, bei welchen Aktivitäten oder Konversationen (wie geheim diese sind oder auch nicht), die KI hört alles und vergisst nichts. Zumindest nicht, wenn du dich nicht proaktiv darum kümmerst, wo und wie lange die Daten gespeichert bleiben.

Intelligente Hologramme bringen eine tiefgreifende Veränderung in der Art und Weise, wie wir miteinander kommunizieren und interagieren. Sie eröffnen neue Horizonte für die menschliche Kreativität und Zusammenarbeit. Intelligente Hologramme sind der »lebende« Beweis dafür, dass die Zukunft nicht auf uns wartet, sondern sich längst vor unseren Augen entfaltet. Es ist eine Zukunft, in der die Grenzen zwischen der digitalen und der realen Welt verschwimmen. Es ist eine Zukunft, in der hologrammbasierte Assistenten zu treuen Begleitern werden, die uns in unterschiedlichsten Situationen unterstützen.

Die technischen Lösungen sind konkret, sie sind bereits da. So entwickelt Gatebox holografische Assistenten als dreidimensionale Hologramm-Roboter in einem Glasgehäuse. Mit ihrer künstlichen Intelligenz interagieren sie mit uns, den Nutzern, führen Gespräche, setzen Erinnerungen, sagen das Wetter vorher und sind sogar emotional.

Und es geht noch weiter: *Exhibitry* ist eine Plattform zur Erstellung von 3-D-Hologrammen für unterschiedlichste Anwendungen wie zum Beispiel Produktpräsentationen im Einzelhandel, für Liveshows auf Messen und anderen Events oder für immersive Lernumgebungen in der Bildung.

KI-basierte Hologramme sind für jeden Endanwender verfügbar, und zwar über sein Smartphone. So aktiviert ein Gerät namens »Pyramidoid«, genau genommen eine mit Nanopartikeln beschichtete Pyramide, deinen persönlichen Holo-Chatbot direkt aus deinem Smartphone. Bald hat jeder seinen eigenen persönlichen Assistenten als Hologramm in der Tasche. Dank KI weiß der alles über dich.

Empfehlung und Personalisierung? Dann ist es KI!

Wie schon beschrieben, sind personalisierte Inhalte und Empfehlungen ein deutliches Anzeichen dafür, dass KI am Werk ist. Auf Plattformen wie Facebook, Instagram oder YouTube werden KI-Modelle mit deinen Daten gefüttert, um zum Beispiel Videos vorzuschlagen. Dafür werden Daten gesammelt, welche Videos du dir in der Vergangenheit angeschaut hast. Die durchschnittliche Betrachtungsdauer spielt dabei ebenso eine Rolle wie deine Abonnements von Kanälen, deren Videos du regelmäßig verfolgst. Darauf basierend kann dein individuelles Interessenprofil erstellt und mit relevanten Videos gematcht und klassifiziert werden. So werden die vorgeschlagenen Inhalte mit fortschreitender Zeit und Datenmenge kontinuierlich relevanter und immer spezifischer an deine persönlichen Neigungen angepasst.

Es passiert scheinbar »zufällig«, dass du beim Öffnen von YouTube das Gefühl hast, förmlich von einer Flut an interessanten Videos überrollt zu werden. Diese individuelle Anpassung der Empfehlungen wird erst durch künstliche Intelligenz möglich. Wenn dir auffällt, dass die vorgeschlagenen Inhalte immer relevanter und spezifischer für deine Interessen werden, dann ist das ein untrügliches Zeichen für KI. Personalisierte Empfehlungen und Vorhersagen, Werbung und andere für dich spannende Inhalte sind klare Indizien für den Einsatz von KI.

Die Automatisierungsmöglichkeit von KI macht künstliche Intelligenz in Foren oder sozialen Medien einsetzbar, um Inhalte zu moderieren. KI unterstützt Moderatoren, indem sie ihnen unerwünschte oder problematische Inhalte anzeigt. Der Moderator entscheidet dann: Inhalt löschen oder behalten. Dies wird wie immer erst durch eine große Menge an vorhandenen Daten möglich. So muss das KI-Modell zunächst lernen, welche Inhalte problematisch sind, um diese dann zu klassifizieren und schlussendlich zu kennzeichnen oder direkt selbst zu entfernen. Findest du auf sozialen Medien ausgeblendete Kommentare, kannst du davon ausgehen, dass einige davon aufgrund eines KI-Modells aussortiert wurden. TikTok betitelt diese Kommentare zum Beispiel als »*Ausgeblendete Kommentare sind ähnlich wie andere, die von unserer Community markiert wurden und Auswirkungen auf dein Wohlbefinden haben könnten*«. Fallen dir negative Kommentare auf, kannst du diese melden und so einem KI-Modell helfen, diese als problematisch zu klassifizieren.

Giganten wie Amazon nutzen KI, um personalisierte Produkte zu empfehlen. Wenn du bemerkst, dass die vorgeschlagenen Produkte immer genauer deinen Vorlieben entsprechen, dann ist das ein Hinweis auf KI. Durch die Analyse von vergangenen Käufen, den Suchanfragen oder Produktbewertungen kann KI mit immer höherer Genauigkeit vorhersagen, welche Produkte für dich interessant sind und welche dich am ehesten zu einem Kauf verleiten.

Für solche Anwendungsgebiete in der Wirtschaft werden Metriken wie die »Conversion Rate« verwendet. Diese gibt an, wie hoch der Anteil der Nutzer ist, die sich vom ersten Klick bis zum Kauf eines Produktes bringen lassen. Personalisierte Produktempfehlungen sind das perfekte Werkzeug, um diese Rate zu erhöhen. Die Tatsache, dass Empfehlungen im Laufe der Zeit immer besser werden, sind ein Indiz dafür, dass eine KI kontinuierlich dazulernt. Auf Zufall basierte Empfehlungen werden im Laufe der Zeit nämlich nicht besser, da sie nicht von unserem Verhalten – und somit unseren persönlichen Daten – lernen.

Wer schreibt oder spricht denn da: KI oder Mensch?

Stellst du die Frage »*Wer schreibt oder spricht denn da: KI oder Mensch?*« an ChatGPT, dann bekommst du die folgende Antwort:

> »*Das schreibt oder spricht ein Computerprogramm, das von OpenAI entwickelt wurde. Es handelt sich um eine KI (künstliche Intelligenz) namens GPT-3.5, die darauf trainiert wurde, menschenähnlichen Text*

zu generieren. Ich bin kein Mensch, sondern ein Computerprogramm, das auf Texteingaben reagiert und natürliche Sprache versteht und produziert. Wenn Sie Fragen haben oder Hilfe benötigen, stehe ich gerne zur Verfügung!«

Die Texte lesen sich wie von Menschenhand geschrieben, und doch war es kein Mensch, sondern eine KI, die in bemerkenswerter Qualität auf Knopfdruck die Texte erstellt. Nicht ohne Grund drängt sich die Frage auf, wie und ob es überhaupt noch möglich ist, den Unterschied zu erkennen. Man kann bereits Kurzgeschichten oder Gedichte verfassen, eine Produktbeschreibung für das eigene Onlineunternehmen formulieren, Reiseberichte über Urlaubsorte schreiben lassen und vieles mehr.

Aber es gibt Unterschiede. Einige KI-Texte sind seelenlos. Wenn ich einen echten und authentischen Reisebericht lese, dann kann ich die Gefühle des Schreibenden nachempfinden und mich förmlich in ihn hineinversetzen. Wir sind kreativ und haben eine emotionale Tiefe in unserem Leben, die sich auch in unseren selbst verfassten Texten widerspiegelt. Wir sprechen von persönlichen Erfahrungen, Gefühlen und Perspektiven, die eine KI nie erlebt. Wir sind so außergewöhnlich, dass sich das auch in unserer Ausdrucksform auswirkt. KI-Modelle werden durch Daten trainiert und fassen lediglich Informationen in Texten zusammen, die dadurch eine persönliche Note vermissen lassen. Repetitive, formale und emotionslose Texte, die den Eindruck erwecken, es gäbe keine erzählerische Ich-Perspektive, sind Indikatoren für eine KI. Und zu guter Letzt sind wir in der Lage, unseren Schreibstil zu ändern und uns auf eine bestimmte Zielgruppe, einen Zweck oder ein Thema zu fokussieren. Ein uniformer Schreibstil ist also ein weiterer Hinweis auf künstlich generierte Textinhalte.

Fortschrittlichere Bots sind jedoch darauf trainiert, eine Vielzahl von Stilen und Perspektiven zu adaptieren. Wenn du einen solchen Bot aufforderst, im Stil eines Dichters wie Schiller oder auch eines Rappers zu schreiben, analysiert die KI die charakteristischen Merkmale dieses Stils, wie Wortwahl, Satzstruktur und thematische Schwerpunkte, und versucht, diese in ihren Antworten widerzuspiegeln.

KI kann ihre Antworten auch auf Zielgruppen anpassen. Dies basiert auf dem Verständnis der KI für die Sprache und Interessen dieser Zielgruppen. Beispielsweise formuliert der Bot seine Antwort für Kinder anders als für Fachleute. KI kann auch aus verschiedenen beruflichen oder thematischen Perspektiven schreiben, indem sie relevante Fachbegriffe und Kontextinformationen einbezieht. Dies ermöglicht es ihr, Themen aus der Sicht eines Ingenieurs, eines Psychologen oder einer anderen Fachrichtung zu behandeln.

Diese Flexibilität ist das Ergebnis eines umfassenden Trainings mit einer breiten Palette von Texten und Schreibstilen. KI-Systeme wie ChatGPT sind darauf trainiert, Muster in diesen Daten zu erkennen und anzuwenden, was ihnen eine erstaunliche Anpassungsfähigkeit verleiht. Dazu musst du nur in den Prompts den gewünschten Schreibstil, die gewünschte Zielgruppe und Perspektive angeben, und schon schreibt die KI in diesem Stil, aus einer bestimmten Perspektive und für eine bestimmte Zielgruppe. Dadurch wird das Erkennen KI-geschriebener Texte etwas anspruchsvoller.

Texte können auch von KIs gesprochen, sprich verbal ausgegeben werden. Siri, Google Assistant und Alexa sind einige typische Beispiele. Und nicht immer wird uns klar kommuniziert, dass wir es mit einem intelligenten Sprachassistenten zu tun haben. Und woran können wir erkennen, ob gerade ein Mensch oder eine KI spricht?

Neben typischen Merkmalen wie der Tatsache, dass bei sprachlichen KIs keine Störgeräusche vorhanden sind, gibt es subtile Indizien, die uns bei normaler menschlicher Kommunikation gar nicht auffallen, aber in diesem Setting deutlich helfen. KI kann menschliche Emotionen immer besser imitieren. Und trotzdem ist es für die KI schwierig, diese in ihrer Audio-Ausgabe auszudrücken. Eine monotone und emotionslos klingende Stimme könnte also auf eine KI hinweisen.

Wir Menschen haben darüber hinaus den Tick, unlogische Pausen und Betonungen zu setzen. *»Also, ähm, gestern habe ich nach langer Zeit wieder Niklas getroffen, du weißt schon, der, der früher immer so abgefahren lustig drauf war.«* Diese Verschriftlichung eines ausgesprochenen Satzes verdeutlicht die nicht-lineare Form der Kommunikation, die sich in Denkpausen wie »ähm« und »Du weißt schon« darstellt. Diese Elemente sind Indizien dafür, dass wir es mit einem echten Menschen und nicht mit einer KI zu tun haben. Darüber hinaus kann auch ein wechselnder Tonfall ein Indiz für einen Menschen sein, da KI häufig eher mechanisch und gleichmäßig klingt. Kein Stottern oder Zögern und kaum Akzente oder Dialekte in der Aussprache sind weitere Indikatoren.

Achtung: Fake!

Die rasante Verbreitung von Fake News ist nicht nur beunruhigend, sondern auch gut dokumentiert. Eine Studie des MIT (Vosoughi et al., 2018) zeigte auf, dass Falschmeldungen, die ein Prozent aller Meldungen ausmachen, zwischen 1000 und 100 000 Menschen erreichen, während wahre Nachrichten selten mehr als 1000 Menschen erreichen. Dies zeigt deutlich die beispiellose Reichweite von Desinformation in unserer digitalen Ära.

Politische Gruppen, insbesondere aus dem rechten Spektrum, setzen dieses Phänomen gezielt zu ihrem Vorteil ein. Sie nutzen Fake News strategisch, um die öffentliche Meinung zu formen und Wahlen zu beeinflussen. Diese Falschinformationen sind mehr als nur fehlerhafte Berichte, in den Händen politisch motivierter Akteure werden sie zu Werkzeugen der Manipulation.

Die Mechanismen hinter der Verbreitung sind ebenso besorgniserregend. Neben menschlichen Akteuren (zum Beispiel Trolle, Fake-Accounts) kommen oft auch sogenannte Social Bots zum Einsatz (Fake-Accounts, die mit KI oder automatisierten Programmen in sozialen Medien betrieben werden), die liken, retweeten, texten und kommentieren können. Sie verstärken die Reichweite dieser Falschmeldungen in oft alarmierendem Maße.

Durch solche Fake News werden demokratische Prozesse, Institutionen und sogar die Ergebnisse von Wahlen infrage gestellt. Das Vertrauen in die Demokratie, in politische Parteien, Politiker und traditionelle Medien nimmt ab. Wenn der Unterschied zwischen wahr und falsch verschwimmt und subjektive Meinungen die gleiche Plattform und Reichweite wie wahre und überprüfbare Informationen erhalten, sind die Grundfesten einer informierten Gesellschaft in Gefahr.

Es ist wichtig, dass wir uns der Macht und der Gefahren von Fake News bewusst sind und uns aktiv dagegen wehren. Das bedeutet, unsere Medienkompetenz zu fördern, wieder kritischer zu denken und die Quellen stets zu überprüfen. Es ist unsere gemeinsame Verantwortung, für eine aufgeklärte und gut informierte Gesellschaft einzutreten.

Jedes Mal, wenn wir in sozialen Medien etwas teilen oder kommentieren, sollten wir innehalten und überlegen: Fällt dieser Beitrag möglicherweise unter Fake News oder Desinformation? Das bewusste Reflektieren und Hinterfragen von Inhalten trägt entscheidend dazu bei, der Verbreitung von Falschinformationen entgegenzuwirken.

Ein besorgniserregendes Beispiel für den Missbrauch von KI durch Kriminelle ist die Verbreitung von Deepfakes. Mithilfe von KI können Gesichter in Videos manipuliert werden, um Personen Dinge sagen oder tun zu lassen, die sie nie gesagt oder getan haben. Diese Technologie, die oft für betrügerische oder manipulative Zwecke missbraucht wird, ist ein beängstigendes Beispiel für die dunkle Seite der KI-Revolution.

Besonders gefährlich wird das durch die megaschnelle und virale Verbreitung von Informationen. Darunter fallen – nicht sonderlich verwunderlich – auch normal erscheinende Bilder, die per einfachem Klick an ein

Millionenpublikum versendet werden. Social Media ist in dieser Hinsicht Fluch und Segen zugleich: Nutzer schauen sich Posts an, und je nach Zustimmung werden diese mit einem einzigen Klick an die eigene Followerschaft weitergegeben. In Zeiten von KI können nicht nur Informationen, sondern auch Bilder die Tatsachen verdrehen.

Diese neue Form von Desinformation erfordert ein neues Maß an Aufmerksamkeit und das Hinterfragen von Bildern. Meistens werden eingebundene Bilder eben nicht auf ihre Echtheit geprüft oder kontextbezogene Informationen gesammelt, um den Wahrheitsgehalt eines Bildes überhaupt beurteilen zu können. Wir nehmen Bilder eher ganzheitlich und eben »mit nur einem Blick« wahr. Text dagegen erfordert eine kognitive Auseinandersetzung mit den Worten. Das ist bei Themen wie Diskussionen zu Reality-TV-Shows oder einem Fußballspiel der deutschen Nationalmannschaft weniger brisant. Handelt es sich jedoch beispielsweise um virale Bilder der Verhaftung Trumps, kann das zumindest aus politischer Sicht schwerwiegende Konsequenzen haben.

In einer Gesellschaft, in der auf Social-Media-Plattformen wie X (ehemals Twitter) mit aller Macht Reichweite generiert werden soll, um einen Teil der Werbeeinnahmen zu erhalten, sind die Publizierenden solcher Posts zuhauf vorhanden. Und mit Tools wie Midjourney lassen sich künstlich generierte Bilder erstellen, die in keiner Weise die Realität abbilden. Wie sollen und können wir damit umgehen?

Zunächst einmal müssen wir ein Bewusstsein schaffen, dass diese neue Art von Desinformation mittels Fake-Bildern überhaupt existiert. Besonders im Social-Media-Bereich dürfen wir nichts einfach so für bare Münze nehmen. Handelt es sich um eine Darstellung, die nicht verifiziert werden kann? Berichten vertrauenswürdige, seriöse und professionelle Onlinezeitungen von diesem Ereignis? Die Trump-Anklage genießt zum Beispiel weltweit Aufmerksamkeit und zugehörige Informationen lassen sich mit wenigen Google-Anfragen klären.

Um die Quelle zu verifizieren, ist bei KI-generierten Bildern auch die Rückwärtssuche hilfreich. Hast du als Nutzer von X zum Beispiel ein verdächtiges Bild, dessen Ursprungsquelle du verifizieren möchtest, dann kopiere das Bild und verwende die Bildsuche von Google. Lassen sich unterschiedliche Querverweise auf Deepfake-Generatoren beziehungsweise Fake-Foto-Identifikatoren oder weitere fragwürdige KI-Websites finden, dann ist die Echtheit des Bildes anzweifelbar. Du kannst auch schauen, ob das Bild schon in einem anderen Kontext verwendet wurde. Zum Beispiel verwenden Propagandisten manchmal Bilder aus einem älteren Krieg zur Desinformation bei aktuellen Ereignissen.

Ein Blick auf die Metadaten eines Bildes kann ebenfalls Hinweise zum Ursprung des Bildes liefern. Dort finden sich Informationen zum Ersteller, dem Aufnahmedatum, dem Standort und weitere Informationen, mit denen die Echtheit verifiziert werden kann.

Außerdem gibt es bereits einige Deepfake-Erkennungstools wie *FakeCatcher* von Intel oder *WeVerify*, die darauf spezialisiert sind, Deepfakes zu erkennen. Sie überprüfen Videos oder Bilder auf ihre Echtheit und erkennen sehr viele (allerdings nicht alle) Deepfakes.

Die genannten Tipps sind gut anwendbar, wenn genügend Zeit und Motivation vorhanden sind. Aber seien wir doch mal ehrlich: Wenige Bilder sind derart brisant, dass wir uns die Mühe machen würden, aufwendig zu recherchieren, um lediglich die Echtheit des Bildes zu verifizieren. Dafür sind wir viel zu bequem und konsumieren TikTok, X, Instagram und Co. in der Pause zwischendurch, so wie früher die Zigarette. In TikTok gibt es zum Beispiel bereits die Funktion, dass die Videos automatisch gescrollt werden. Allein die Tatsache, dass eine solche Funktion bei einem Social-Media-Giganten existiert, ist ein Zeichen für das Komfortbedürfnis und die kurze Aufmerksamkeitsspanne beim Großteil der Nutzer.

Ergo müssen wir als Nutzer ohne viel Aufwand feststellen können, ob ein Bild von künstlicher Intelligenz generiert wurde.

Ich muss an dieser Stelle anmerken, dass es Menschen alles andere als leichtfällt, perfekte KI-generierte Bilder als solche zu identifizieren. Wir können ein Bewusstsein dafür schaffen, dass immer mehr Bilder nicht zwangsläufig echt sind, und wir können uns in der Konsequenz entsprechend verhalten. Dazu zählt ein achtsamer Umgang mit Informationen, sodass wir diese nicht kritiklos weitergeben beziehungsweise fragwürdige Posts einfach teilen, ohne zu überlegen.

Ein paar Hinweise, anhand derer sich Bilder als KI-generiert entlarven, gibt es jedoch. Viele künstlich generierte Bilder wirken unnatürlich. Häufig visualisieren KI-generierte Bilder eine utopische oder dystopische Landschaft.

Dieses Bild generierte die KI von Adobe Firefly.

Dieses Bild generierte die KI von DALL·E.

Für beide Bilder lautet der Prompt, also die Texteingabe zur Bildgenerierung:

> *»Frühmorgendliche Fotografie mit natürlichem Licht eines Sonnenaufgangs in einer supermodernen, nachhaltigen Stadt mit einem nah aufgenommenen großen, grünen, überwucherten Wolkenkratzer und Frühnebel.«*

Bei Adobe Firefly habe ich die folgenden Stile ausgewählt: Foto, neblig, kühler Ton, dramatische Beleuchtung und Großaufnahme.

Derartige Darstellungen sollten uns stutzig machen. Denn eines ist klar: Von Hochhäusern, die von Pflanzen durchdrungen und in idyllischer, beinahe symmetrischer Form gebaut wurden, sind wir leider meilenweit entfernt. Einheitlichkeit ist im Allgemeinen ein verräterisches Kennzeichen von KI. Wolken sind selten völlig identisch, Bäume in Wäldern stehen in der Realität nicht in genau gleichem Abstand zueinander und Menschen in einer Menschenmenge haben alle den gleichen Gesichtsausdruck.

Häufig misslingt der KI auch die Darstellung von den Händen. Diese sind ungenau, verschwommen und haben mehr als fünf Finger an einer Hand. Ein weiterer Aspekt sind surreale und physikalisch unmögliche Situationen. Der Bundeskanzler läuft in Getto-Manier ohne Sicherheitsbeamte durch die Straßen? Das ist kaum vorstellbar.

Darüber hinaus muss auf Realitätsnähe geachtet werden: KI neigt zu übersättigten Farben und perfekten Beleuchtungen. Jeder von uns weiß, dass wir oft ein Selfie wiederholen, weil der Schatten genau eine Gesichtshälfte bedeckt oder weil wir eine ungünstige Perspektive gewählt haben.

In der Welt von Social Media liefern auch die Kommentare Indizien zur Echtheit des Bildes. Beschweren sich Nutzer über offensichtlich falsch dargestellte Informationen? Oder wird sogar ganz klar die Erstellung durch KI benannt? Mit diesen Informationen aus dem Kontext machen wir es uns einfacher, in der Social-Media-Welt mit KI-Bildern klarzukommen.

So erkennst du Spear-Phishing

Richtig knifflig wird es bei sogenanntem Spear-Phishing, den Unterschied zwischen echt und fake zu erkennen. Spear-Phishing ist eine besonders raffinierte Form von Cyberangriff, bei dem dich der Angreifer ganz gezielt mit personalisierten und täuschend echt wirkenden Nachrichten oder Kampagnen hinters Licht führt. Der Angreifer nutzt KI, um seinen Angriff so überzeugend und erfolgreich wie möglich zu gestalten. Er sammelt alles Auffindbare über dich, füttert damit eine KI und macht sich ein vollständiges Bild von dir: Was sind deine Vorlieben, Stärken, Schwächen, »Welche Leichen hast du im Keller?«, wie reagierst du auf etwas Bestimmtes und so weiter. Die E-Mail eines solchen Angreifers wirst du mit hoher Wahrscheinlichkeit nicht löschen. Und wenn du erst einmal darauf hereingefallen bist, kommst du den Forderungen des Angreifers nach, gibst vertrauliche Informationen heraus und bringst dich in große Gefahr.

Wie erkennst du einen solchen Spear-Phishing-Angriff? Zunächst einmal an den ungewöhnlichen Absenderadressen. Überprüfe immer den Ursprung der Nachricht, egal ob E-Mail oder Telefonnummer. Einige Angreifer nutzen sogenanntes E-Mail-Spoofing, das heißt die gefälschte Absenderadresse einer E-Mail, was das Ganze noch schwieriger macht. Besonders perfide ist eine gefälschte E-Mail mit deiner eigenen Adresse als Absender, in der dann der Angreifer sinngemäß schreibt:

> *»Wie du siehst, habe ich dir gerade von deinem eigenen Mail-Account eine E-Mail geschickt. Bitte halte dich jetzt nicht für schlau! Ich habe Zugang zu deinen Passwörtern und wenn du nicht bis morgen 16:00 Uhr mitteleuropäische Zeit dies und das tust, werde ich …«*

So weit, so gut, aber wie prüfe ich denn, ob jemand den Absender gefälscht hat? Nahezu jedes gängige E-Mail-Programm, nahezu jeder Provider, wie beispielsweise Gmail, bietet die Möglichkeit, sich den kompletten Mail-Header (die Kopfzeile der E-Mail) anzuschauen. Und das kann interessant sein, da diese Kopfzeile viele technische Details enthält: Informationen zum Absender und Empfänger der Nachricht, zum Zeitpunkt des Versands sowie zur Authentizität und zum Return-Path (Rückweg) der Nachricht. Ein starker Hinweis ist die fehlende *DKIM*, *SPF* oder *DMARC*-Authentifizierung. Diese Begriffe hören sich zwar kryptisch an, dennoch sind sie leicht zu überprüfen, denn in der Kopfzeile der E-Mail steht, ob die E-Mail diese Authentifizierungen durchlaufen hat oder nicht. In der Mail-Kopfzeile gibt es weitere Indikatoren dafür, dass jemand Schindluder treibt und den Absender gefälscht hat. Schau dir in der Kopfzeile den Return-Path (den für die Antwort vorgesehenen Rückweg) an. Er sollte mit der Absenderadresse übereinstimmen, wenn nicht, dann ist der Absender wahrscheinlich gefälscht. Ein weiterer Indikator sind ungewöhnliche Header-Felder, also ungewöhnliche Angaben in der Kopfzeile. So kannst du zum Beispiel am Feld *Received* sehen, ob die Nachricht durch verdächtige Server weitergeleitet wurde. Fortgeschrittene überprüfen (mit Tools wie *MX Toolbox*) auch die IP-Adressen im E-Mail-Header, um zu sehen, von welchen Servern die E-Mail stammt.

Leider machen Angreifer, die einen Spear-Phishing-Angriff auf dich ausführen, solche »Fehler« nicht. Diese Angreifer konstruieren ihre E-Mails technisch und formal korrekt. Um den Angriff als solchen zu erkennen, musst du genauer auf den Inhalt schauen. Und den wiederum hat eine KI so erstellt, dass er auf dich vertrauens- und glaubwürdig wirkt. Anhaltspunkte im Inhalt können leicht zu übersehende Rechtschreib- und Grammatikfehler sein. Professionelle Organisationen verfassen in der Regel fehlerfreie Nachrichten.

Sei immer dann skeptisch, wenn die Anfrage in der E-Mail darauf aus ist, dass du sensible, persönliche Informationen preisgibst. Sei skeptisch, wenn die Anfrage in dringlicher oder bedrohlicher Sprache formuliert ist. Sei skeptisch bei Nachrichten, die Druck auf dich ausüben, bei Nachrichten, die dich zu sofortigem Handeln drängen. Und jetzt das Wichtigste: Selbst wenn alles einigermaßen plausibel klingt, du den Absender aber nicht einordnen kannst, dann Finger weg von ungewöhnlichen Anhängen oder Links. Kommt die E-Mail von einer vertrauenswürdigen Quelle und ist dennoch verdächtig, dann kontaktiere die Person direkt über eine verifizierte Telefonnummer.

Es gibt KI-basierte Anti-Phishing-Systeme und -Anbieter sowie Schulungen, um genau solche ausgeklügelten Angriffe zu erkennen und zu blockieren. Halte dich daher über die neuesten Phishing-Techniken auf dem Laufenden, sensibilisiere dich und dein Umfeld für diese perfide Form eines Cyberangriffs.

Bots, Bots, überall Bots: So erkennst du sie

KI-Bots überfluten uns in der Social-Media-Welt. Sie imitieren den Menschen und sollen Reichweite und Aufmerksamkeit bringen. Sie sind damit eine der größten Herausforderungen von Social-Media-Plattformen. Ein Blick in die Kommentarfunktion von Instagram-Beiträgen reicht häufig aus, um den schieren Umfang dieser Bot-Armee zu begreifen. Schätzungen gehen von bis zu 95 Millionen Bot-Accounts auf Instagram aus.

Dass diese Tatsache nicht nur die Betreiber, sondern auch herkömmliche Nutzer beeinträchtigt, zeigt der Blick in die Kommentarsektion der *Tagesschau* auf Instagram. Dort beschweren sich Nutzer bei den Betreibern, dass Spam- und Sexbots die Kommentare überfluten und unlesbar machen. Kommentare sollen den Diskurs fördern, erst recht bei brisanten und gesellschaftlich relevanten Nachrichten. Mit der weiteren Eroberung durch KI wird sich dieses Problem intensivieren. So werben darüber hinaus Websites damit, deine Followerschaft weiter aufzubauen, indem KI-Bots deinem Account folgen, routinemäßig liken, kommentieren, Instagram-Nachrichten beantworten und vieles mehr.

Auf die Contentersteller und die Plattformbetreiber zu vertrauen, dass die Bots manuell über Filter und ausgereifte Softwareerkennungsfunktionen entfernt werden, ist nicht ausreichend. Denn die Bots sind trotzdem da. Wie kannst du also KI-Bots von menschlichen Nutzern unterscheiden? Heutzutage reicht es häufig aus, die Intention und den Inhalt eines Kommentars im Kontext des Posts nachzuvollziehen. *»Wow, was für ein toller Post! Mal abgesehen davon, wählt die AfD!«* – ein zugegeben unpassender Beitrag, den ich in der Kommentarsektion zu einem Post gefunden habe, in dem es um Waffenlieferungen an die Ukraine ging. Kein Eingehen auf den Post, eine völlig ohne Zusammenhang gestellte Frage: So schlecht imitiert nur eine auf mehrere Posts losgeschickte Bot-Armee einen Menschen.

Ein Blick auf das Profil kann erste Zweifel bestätigen: KI-Bots folgen häufig Tausenden von Accounts, verweisen auf dubiose Seiten in der Profilbeschreibung und haben kaum persönliche Interaktionen bei eigenen Posts im Kommentarbereich. Der Vergleich mit menschlichem Verhalten ist eine der wichtigsten Erkennungsmöglichkeiten, um einen KI-Bot aufzuspüren. Sie sind nämlich oft nicht in der Lage, einen Menschen exakt nachzuahmen.

Aber auch hier sei erwähnt, dass diese KI-Tools nicht »schlafen«, sich weiterentwickeln und menschliches Verhalten auf Social-Media-Plattformen immer besser nachahmen können. Das heißt, ein zweiter Blick lohnt sich: Ist es vielleicht kein Bot und doch ein Mensch? Sogar Bot-Detektoren (mit KI-Erkennungsmechanismen) liegen manchmal falsch und haben schon Accounts auf den Social-Media-Plattformen als Bot eingestuft, obwohl es sich um reale Personen handelte.

Verehrer(in) als Bot entlarven

»Sie liebt mich, sie liebt mich nicht, sie liebt mich …« Und wer ist »sie«? Sie ist ein Bot. KI-Bots sind in unserer Welt bereits so stark vertreten, dass uns teilweise gar nicht bewusst wird, wie einfach wir manipuliert und ausgetrickst werden können. Besonders im privaten und persönlichen Umfeld fühlen wir uns sicher, wenn wir mit Menschen interagieren. Trotzdem müssen wir uns ins Gedächtnis rufen, dass es in der digitalen Welt Menschen gibt, die einfache KI-Tools verwenden, um mit uns ein falsches Spiel zu treiben. So sind aktuell Betrugsmaschen auf Tinder bekannt geworden, in denen sich raffinierte Nutzer mithilfe von ChatGPT originelle Anmachsprüche erstellen lassen, um bei dem Gegenüber zu landen oder schneller zum ersten Date zu kommen. Sei es ein kurzes Gedicht, welches perfekt auf die Biografie des Profils abgestimmt ist oder besser denn je auf ein Profilfoto eingeht. Sich in Liebesdingen helfen zu lassen, ist nun zugegebenermaßen nicht besonders schlimm. Wir holen uns für jede Kleinigkeit Hilfe aus dem Internet, warum nicht auch hierfür?

Die Frage, die sich jeder stellen sollte, lautet: Wollen wir tatsächlich mit einer Lüge in eine Beziehung mit jemandem gehen, dessen Aufmerksamkeit wir nur durch die vermeintliche Kreativität eines künstlich generierten Textes erlangt haben? Lustigerweise weist die KI genau darauf hin, wenn man(n) versucht, einen solchen Text für das Tindern generieren zu lassen. So weist ChatGPT darauf hin, dass Ehrlichkeit das oberste Gebot auf dem Single-Markt sei. *»Es ist immer ratsam, im Onlinedating und in zwischenmenschlichen Beziehungen offen und ehrlich zu sein«*, so ChatGPT. Das wird den Nutzer einer solchen Technologie sicher nicht davon abhalten und uns nicht helfen, wenn es darum geht, einen künstlich generierten Text oder Onlinegesprächspartner zu erkennen, dessen Antworten nicht selbst verfasst sind, sondern von einem Chatbot stammen.

Es gibt jedoch Anhaltspunkte, die einen vermeintlichen (Trick-)Betrüger auffliegen lassen: Zum einen sind das sehr kurze Antwortzeiten, denn eine KI kann in Sekundenbruchteilen Antworten erstellen, und mit einer passenden technischen Schnittstelle lassen sich diese direkt in die Dating-App Tinder übertragen. Menschliche Antworten brauchen oft Zeit, wir überlegen und schreiben und ändern dann manchmal den Text mehrmals, bis wir ihn abschicken. Zum anderen sind aber auch extrem lange Antwortzeiten bei sehr einfachen Fragen ein Indikator für eine möglicherweise künstlich generierte Antwort: Ist dein Gegenüber bei jeder Frage direkt offline und kommt nach kürzester Zeit wieder online, um sie zu beantworten? Und kommt bei Fragen wie »Magst du Pferde?« dann plötzlich eine humoristische Anekdote, die wie auf magische Art einen Bezug zu ihm und dir herstellt? Bei zu häufiger Wiederholung basiert das selten auf Kreativität und sollte dich skeptisch machen.

Das Antwortverhalten zu analysieren, wie es bereits mit der Antwortzeit möglich ist, kann sich als hilfreich bei der Erkennung von KI erweisen. Antworten zu immer gleicher oder ungewöhnlicher Uhrzeit wie zum Beispiel nachts um drei Uhr sind möglicherweise Anzeichen dafür. Antwortet dein Gegenüber häufig in ähnlicher Art und Weise oder verwendet es oft ähnliche Satzstrukturen, so liefert dies zusätzlich ein Indiz für künstliche Intelligenz. Chatbots verwenden meistens Satzbausteine oder vordefinierte

Antworten. Auch völlig unpassende Antworten auf Fragen können ein Anhaltspunkt sein. Chatbots sind mächtige Tools, aber sie machen Fehler. Der Chatbot liefert Ausgaben zu Eingaben, die auf Textbausteinen basieren und mit denen das KI-Modell trainiert wurde. Erkennt der Chatbot also zunächst die Intention der Anfrage nicht oder versteht sie falsch, so kann ein einziges missverstandenes Wort zu einer völlig falschen Antwort führen. Fragst du also beim nächsten Mal deinen Tinder-Chatpartner, was er so Interessantes diese Woche erlebt hat, und er erzählt dir daraufhin von seinem Besuch beim amerikanischen Präsidenten, dann hast du die Antwort auf die Frage, ob dein Gesprächspartner KI verwendet.

Das Verhalten und die Texte zu analysieren, kann ebenfalls beim Aufspüren von »Bot-Meistern« unterstützen. Einen Chatbot so zu trainieren oder anzupassen, dass er auf den eigenen Schreib- und Sprachstil ausgerichtet ist, ist für viele Nutzer kaum möglich und zudem wenig von Interesse. Wird also ein plötzlicher Bruch von Schreibstil in der Konversation bemerkt, der den Ursprung bei einer persönlicheren Frage hat, so kann das wiederum ein Indiz dafür sein, dass der Nutzer diesmal nicht auf seinen Chatbot vertraut und diese spezielle Frage selbst formuliert hat. Auch ein Bruch bei der Verwendung von Emojis untermauert diese Annahme.

So erkennst du den KI-Enkel-Trick

Wir müssen sehr vorsichtig sein: Die obige missbräuchliche Nutzung von Chatbots bei der Partnersuche ist noch keine Straftat, solange es nur mit der Absicht passiert, das Singledasein zu beenden. Sind die Absichten jedoch krimineller Natur, kann es gravierende Folgen haben. Jeder von uns kennt das Gefühl, wenn plötzlich eine solche Nachricht auf dem Handy erscheint:

> *»Hallo, Mama, ich haben mein Smartphone in der Waschmaschine verloren :(Das ist meine nummer neue.«*

Hier erkennen auch Laien noch recht einfach, ob es sich um eine echte und authentische Nachricht von der Tochter oder dem Sohn handelt oder um einen Betrüger, der deine Daten abgreifen möchte.

Rechtschreib- und Grammatikfehler und unpersönlicher Schreibstil sind weitere Anhaltspunkte für eine berechtigte Skepsis gegenüber einer solchen Nachricht. Und notfalls sollte ein kurzer Anruf bei der alten Nummer Gewissheit bringen. Mit der stetigen Weiterentwicklung und Verbesserung von KI-Chatbots wird dies jedoch immer schwieriger. So können persönliche Daten wie Passwörter, PINs oder Ähnliches abgegriffen werden, indem durch einen (ausgereiften) KI-Chatbot ein echter Verwandter vorgetäuscht wird.

So erkennst du KI-generierte Profilbilder

Hin und wieder werde ich gefragt: »Wie erkenne ich, ob ein Profilbild echt oder von einer KI generiert ist?«

Kürzlich habe ich den professionellen Bildservice von *Secta Labs* ausprobiert, der mithilfe von KI wunderschöne Profilfotos verspricht. Das Versprechen lautet konkret »Von Selfies zu professionellen Fotos mit KI«. Neugierig, wie ich bin, habe ich sofort gekauft. Als Input habe ich 46 hochauflösende und hochqualitative Bilder (zu je ungefähr 10 Megabite) hochgeladen. Laut Serviceanforderung hätten 25 gereicht. Und ich muss sagen, es war kein leeres Versprechen, das Ergebnis ist beeindruckend.

Allerdings gibt es eine kleine, aber verräterische Schwäche: die Augen. Die KI hat Profilbilder nahezu, aber nicht ganz perfekt generiert. Das lustige Ergebnis? Eine Pupille ist etwas größer und zeigt nach links oben, während die andere kleiner ist und geradeaus schaut.

Generative KI ist in der Tat noch längst nicht perfekt. Natürlich gibt es Raum für Verbesserungen, und das ist auch gut so. Ich weiß, dass Unternehmen wie Nvidia in diesem Feld aktiv sind. So hat Nvidia mit seinem Produkt namens »Nvidia Broadcast« eine Lösung entwickelt, die per Korrektur der Pupillen einen (künstlichen) ständigen Augenkontakt in Videokonferenzen herstellt. Das heißt, die Videokonferenzteilnehmer müssen nicht mehr in die Webcam schauen, die ja meistens über dem Monitor angebracht ist, und trotzdem wirkt es im Video so, als würden alle in die Kamera schauen.

Dennoch, wenn du das nächste Mal vor der Frage stehst, ob ein Profilbild ein echtes Foto oder von einer KI erstellt ist, wirf einen Blick auf die Augen. Vielleicht findest du da die Antwort.

Seriöse Persönlichkeiten des öffentlichen Lebens verkaufen mit blecherner Stimme Dubioses

Eins vorab: Persönlichkeiten wie beispielsweise der vertrauenswürdige *Tagesschau*-Sprecher André Schünke haben es nicht nötig, etwas zu verkaufen, schon gar nicht irgendeine dubiose Anlageplattform mit einer Rendite, die dir monatlich bis zu 21 000 Euro verspricht.

André Schünke wurde Opfer einer raffinierten Täuschung, bei der KI-Betrüger ein Werbevideo auf Facebook veröffentlichten, das ihn als Fürsprecher eines Finanzproduktes darstellt (Schneider, 2023). Dieses Video war ein Machwerk skrupelloser Betrüger, zusammengeschnitten aus gestohlenen Ausschnitten aus der ARD-*Tagesschau*, aus denen mittels fortschrittlicher KI-Methoden ein verblüffend realistisches Video entstand. Dieselbe Masche haben Betrüger beim ZDF-Moderator Christian Sievers angewendet, der in einem Video, das Originalausschnitte vom *heute journal* enthält, für eine Cybertrading-Plattform wirbt (Schneider & Klein, 2023).

Diese Beispiele zeigen, wie wichtig es ist, sich der Fähigkeiten von KI bewusst zu sein, Quellen kritisch zu hinterfragen und auf Zeichen einer Manipulation zu achten. Wenn du überprüfst, woher das Material stammt, ist das meist schon die halbe Miete, denn offizielle Kanäle und vertrauenswürdige Quellen sind durchaus zuverlässig und ein recht sicheres Anzeichen dafür, dass der Inhalt nicht gefälscht ist, und schon gar nicht durch KI.

Wie erkennst du, dass doch KI im Spiel ist? Also zunächst ist es einfach nicht stimmig, dass diese Personen so etwas verkaufen. In solch untypischen Situationen sollte man grundsätzlich skeptisch sein. Außerdem werden in einer Nachrichtensendung in der ARD oder im ZDF keine Produkte beworben. Das passt einfach nicht. Warum eigentlich Nachrichtensprecher? Nun ja, sie sind nicht nur wegen der von ihnen ausgestrahlten Seriosität perfekte Opfer, sondern auch, weil es reichlich Audiomaterial von ihnen im Internet gibt, und zwar in hoher Qualität und ohne Hintergrundgeräusche. Betrüger nutzen diese hochwertigen Tonaufnahmen, um KI effizient und effektiv zu trainieren.

Und trotzdem gibt es auf KI deutende Anzeichen, auf die ich im Folgenden eingehe (siehe auch Schneider & Klein, 2023). Wenn die Lippenbewegungen nicht ganz synchron zur Audiospur sind, die Mundbewegungen teilweise mechanisch aussehen und nicht so richtig zum gesprochenen Text passen, dann ist das ein Grund, hellhörig zu werden. Das sind klare Anzeichen für KI-Manipulation.

Weitere gute Hinweise sind die schlechte Videoqualität, geringe Videoauflösung und Unstimmigkeiten im Hintergrund. Das Anfangsbild ist gestochen scharf, wird aber, sobald das Video beginnt, verwaschen. KI-Videos mit hoher Qualität sind noch eher selten. Aber auch zu scharfe, zu perfekte, übermäßig detaillierte Bilder und Videos »riechen geradezu« nach künstlicher Intelligenz. Neben Bildschärfe oder Überperfektion sind seltsame Muster auf der Haut oder in den Haaren sowie eine inkonsistente Beleuchtung weitere KI-bedingte Unregelmäßigkeiten.

Ungereimtheiten wie unnatürliche Mimik oder Gestik weisen ebenfalls auf Manipulation durch künstliche Intelligenz hin. Beispielsweise sind nicht stimmige Bewegungen oder Gesichtsausdrücke ein typisches Merkmal von KI-generierten Gesichtern.

Das gilt auch für Aussprachefehler. Klingt die Stimme teilweise seltsam, sind zum Beispiel kurze Wörter wie das Wort »bei« ungewöhnlich in die Länge gezogen, dann ist KI im Spiel, denn diesen Fehler macht KI sehr gern bei der Synthetisierung von Stimmen. Klingt die Stimme künstlich, blechern oder leicht verzerrt? Passen die Sprechweise oder der Tonfall nicht zum bekannten Stil der Person? Dann ist das ebenfalls ein Hinweis auf KI.

Nicht nur die Art des Sprechens, also der Ton, sondern auch das Gesagte weist auf künstliche Intelligenz hin. Das können merkwürdige Formulierungen sein wie etwa »Wir konnten unser Glück nicht fassen, bis wir den Gewinn auf unser Bankkonto überwiesen haben«. Häh? Abgesehen vom Inhalt als solchem würde ein derartiger Formulierungsfehler durch Christian Sievers in einer Nachrichtensendung kaum vorkommen (Schneider & Klein, 2023).

Wenn du in den Medien etwas bewanderter bist, hilft dir auch ein »Indiz für Fortgeschrittene«, um KI als Videomacher zu entlarven, nämlich in das Video hineingemogeltes Material, welches nicht in den Kontext gehört. Stammen etwa Bilder oder kurze Videoausschnitte von einer Aufnahme an einem anderen Ort oder zu einer anderen Zeit, ist das Video durch KI manipuliert, erst recht, wenn dieses Fremdmaterial technisch so gut integriert sind, dass du als Zuschauer glaubst, es stammt aus ein und derselben Kamera vom selben Drehort unter ein und derselben Regie.

Und wenn du keinen einzigen dieser Indikatoren findest, der auf KI hindeutet? Dann gibt es noch forensische Analysewerkzeuge, sprich Spezialtools, die darauf ausgelegt sind, KI-Manipulationen zu erkennen, indem sie auf bestimmte Muster in Text-, Bild-, oder Videodaten achten, die für Menschen schwer bis gar nicht erkennbar sind. Dazu später mehr.

So steuert die KI dein Fahrverhalten

Intelligente Routenplanung ist ein äußerst nützliches und effektives System, das dir helfen kann, möglichst schnell am Ziel anzukommen. Kennst du das: Du bekommst wegen angeblicher Staus eine alternative Route vorgeschlagen, und dann war da nix? Eine solch intelligente Routenplanung nutzt unterschiedlichste Daten wie zum Beispiel GPS-Signale, Mobilfunkdaten, historische und Echtzeitverkehrsdaten, Baustellenpläne, Wetter und viele weitere Daten, um dir eine optimale Fahrstrecke vorzuschlagen. Im Hintergrund arbeitet eine KI, die auf Basis dieser Daten die (vermutlich) schnellste und effizienteste Route ermittelt.

Solche unterstützenden KI-Navigationssysteme müssen auch als solches verstanden werden: Sie sind unterstützend und sollten nicht deine Erfahrungen und dein Wissen ausblenden. Ich schlage dir vor, alternative Routen bereitzuhalten und die Verkehrsbedingungen kontinuierlich auf Updates zu überprüfen, um wirklich »intelligent« und schnell an deinem Reiseziel anzukommen.

Diese Vorherrschaft von KI in der Verkehrsplanung und -regulierung kannst du für dich auf witzige Art nutzen. Mit einem Bollerwagen, gefüllt mit Handys einschließlich aktiviertem Google Maps, machst du die Straße für dich frei. Ein Mann hat genau das in Berlin bewiesen: Es funktioniert (Kannenberg, 2020). Hektischer Verkehr ist nervig. Du willst ihm entkommen und die Straßen für dich allein haben? Besorg dir einen robusten Bollerwagen – je größer, desto besser. Du wirst überrascht sein, wie viele Handys dort reinpassen. Schnappe dir so viele Handys wie möglich – von Freunden, Familie oder vielleicht sogar aus dem Fundbüro. Je mehr, desto überzeugender wird dein Stau. Starte auf jedem Handy Google Maps und wähle eine stark befahrene Hauptstraße aus. Und dann geht's los. Schiebe deinen Bollerwagen auf der gewählten Straße und lass dir Zeit. Jetzt heißt es abwarten und genießen. In ein paar Minuten wird Google Maps einen riesigen Stau melden, und du hast die Straße für dich allein. Setz dir eine Sonnenbrille und einen Hut auf, um unerkannt zu bleiben, erfreue dich an den Reaktionen der verwirrten Autofahrer. Diese Anleitung ist humoristisch gemeint, nimm sie nicht zu ernst. Ich bin kein Jurist, kann mir aber vorstellen, dass das Ausprobieren dieser Anleitung rechtliche Konsequenzen haben könnte.

KI-Transparenz: Was du nicht weißt, kann dir schaden

KI-Systeme zu erkennen und zu identifizieren, ist oftmals sehr aufwendig. Um Zeit- und somit Arbeitsaufwand zu sparen, lohnt es sich, bei Produkten, Websites oder Blogs ergänzende Informationen und das Kleingedruckte zu lesen. Wichtige Informationen können in den allgemeinen Geschäftsbedingungen oder den Datenschutzbestimmungen stehen.

KI-generierte Inhalte müssen nämlich von Unternehmen immer häufiger gekennzeichnet werden. Damit geben Unternehmen Einblicke in die Funktionsweise und den Zweck der künstlichen Intelligenz, um den Missbrauch solcher Systeme zu verhindern und den Verbraucher dahingehend aufzuklären, wie und warum KI eingesetzt wurde. Bei vielen Onlinediensten und Apps gibt es mittlerweile Transparenzrichtlinien, die erklären, wie KI in deren Diensten verwendet wird. Es ist wichtig, diese Richtlinien zu lesen, um zu verstehen, welche Art von Daten gesammelt wird, wie diese aufbereitet werden und Verwendung finden. Datenschutz und Privatsphäre sind als Prinzipien die wichtigsten Grundpfeiler. Prüfe also immer bei KI-basierten Diensten, wie und welche Daten gesammelt werden, aus welchen Quellen diese stammen und wie sicher die Speicherung und Aufbereitung ist. Nur so kannst du eine objektive Bewertung des KI-Systems vornehmen und eine fundierte Entscheidung treffen, ob du ein KI-Produkt oder einen KI-Service nutzen willst.

Transparenz schafft Vertrauen bei den Verbrauchern. In Zeiten zunehmender Digitalisierung unserer Daten müssen wir bewusste Entscheidungen treffen, wo und wann eine KI unsere Daten verwendet. Durch diese Vertrauensbildungsmaßnahme und Verantwortung seitens der Unternehmen sind wir besser informiert und können selbstbestimmt entscheiden, ob wir ein KI-System nutzen möchten.

Unternehmen, die KI in ihren Produkten verwenden, sind oft stolz darauf und teilen diese Informationen auch ganz offen auf ihren Websites und in ihren Produktbeschreibungen. Eine einfache Onlinerecherche über ein Produkt oder eine App kann dabei helfen herauszufinden, ob KI verwendet wird. Häufig berichten Unternehmen in Pressemitteilungen über Erfolge bei der Produktentwicklung oder teilen Informationen mit ihren Aktionären, die sich auf der Unternehmenswebsite wiederfinden lassen. Beliebte Begriffe und Buzzwords, auf die du achten solltest, sind unter anderem »KI (AI) beziehungsweise künstliche Intelligenz (Artificial Intelligence)«, »Machine Learning« oder »Deep Learning«.

Wer frisst denn aus dem Daten-Futternapf?

KI ernährt sich von Daten. Wenn Daten abgesaugt, gespeichert, aufbereitet und schlussendlich verwendet werden, kannst du immer davon ausgehen, dass eine KI ihren Hunger stillt. Datensammlung und -verarbeitung sind ein Indiz für KI. Dabei ist uns häufig gar nicht bewusst, dass diese Daten persönliche Informationen sind. Sie werden zum Beispiel aus Profilbeschreibungen entnommen. Sogar die Verweildauer auf einer Internetseite gibt Aufschluss über dich.

Das Internet quillt über von Möglichkeiten, bei denen Daten abgegriffen und gesammelt werden. Es ist als digitalisierte Demokratie für jedermann zugänglich und durch soziale Netzwerke deutlich näher an unser Privatleben gerückt. Es fällt uns schwer, jemanden zu ermitteln, der uns im Internet mit Hassnachrichten überschüttet, denn durch die Vielzahl an Fake-Profilen reicht häufig nicht nur der Blick auf das Foto oder die Profilbeschreibung aus, um einen Menschen zu identifizieren. Für Algorithmen hingegen ist das ein Kinderspiel. Sie sammeln so viele Daten, dass sie häufig besser über dich und dein Leben Bescheid wissen, als du denkst. Dir gefällt ein Fußballvideo des FC Bayern München und du likst es? Du bestellst auf Amazon Futter für deinen Hund? Du aktivierst regelmäßig über die Sprachfunktion deines Handys deinen Wecker um sieben Uhr morgens? Oder du teilst ähnliche Informationen in deinem kleinen Blog auf X?

Allein mit diesen Daten lässt sich ein Profil – auch Digital Twin genannt – erstellen. Dieses Interessenprofil lässt zum Beispiel darauf schließen, dass du ein Fußballfan bist, einen Hund besitzt und morgens für die Arbeit aufstehst. Auf diesen Daten basierend kann eine Plattform, die auf den ersten Blick kostenlos erscheint, ein äußerst lukratives Geschäftsmodell – namens Microtargeting – entwickeln. Das Gold der Neuzeit sind nämlich Daten: Sie werden an Unternehmen weiterverkauft, die darauf abgestimmte Werbung schalten. Dass du also zufälligerweise genau eine Werbung zum Lieblingsfutter deines Hundes erhältst, sobald dieses zur Neige geht, ist vermutlich nicht dem Zufall geschuldet.

KI wird diese Praxis der Datennutzung noch verstärken. Soziale Netzwerke verfolgen vordergründig das Ziel, die Verweildauer des Nutzers auf der Plattform zu maximieren. Das Tracken von Daten wie zum Beispiel die Verweildauer auf einem Post, die Zustimmung (Like), das Kommentieren und viele weitere Daten werden von Plattformen wie Facebook, X und Co. dauerhaft im Hintergrund gesammelt. Im Grunde wird versucht, unsere Emotionen zu beeinflussen: Denn negative Emotionen führen zu längerer Verweildauer. Wollen wir uns tatsächlich so manipulieren lassen? Eine KI verwendet dann diese Daten, um beispielsweise den bestmöglichen Post anzeigen zu lassen, mit dem du weiter online bleibst, mehr Werbung siehst und schlussendlich mehr Geld einbringst.

Wir sollten gerade deswegen unsere Daten nicht einfach so ins Internet lassen. Ein einfaches Video mit unserer Stimme reicht aus, um ein KI-Modell mit diesen und weiteren persönlichen Daten zu füttern und plötzlich ein Fake-Profil zu erstellen. Einen Fake nachzuweisen, wäre dann gar nicht mal so einfach. Sehen wir also das nächste Mal auf einem sozialen Netzwerk einen Post oder ein Profil, lasst uns versuchen, nichts für bare Münze zu nehmen. Autoren und Quellen zu prüfen, sollte das A und O sein. Wird von dieser Nachricht auch irgendwo anders berichtet? Was sagt unser persönliches Netzwerk zu einer Nachricht, die in die Welt gesetzt wurde?

Das Wichtigste aber zuletzt: Lassen wir uns nicht durch Posts emotionalisieren, damit Plattformen nicht noch mehr Daten abschöpfen können. Seien wir uns bewusst, was wir liken und wo wir kommentieren. Denn diese Daten kreieren eine digitale Kopie von uns – die die Plattformen liebend gern verwenden.

Holzhammermethode: KI-Erkennungstools

Sie sind unsere Beschützer geworden – die KI-Erkennungstools. Und sie werden dort immer wichtiger, wo künstliche Intelligenz und menschliche Kreativität so verschmelzen, dass wir gar nicht mehr wissen: Was kommt jetzt vom Menschen und was von einer KI? Diese KI-Erkennungstools sind wie Wächter im digitalen Universum, die uns helfen, zwischen der Wahrheit und der Täuschung zu unterscheiden. Auch sie werden ständig weiterentwickelt. Und wir brauchen die Raffinesse solcher Tools.

Es ist ein ständiger Wettlauf zwischen der Entwicklung von täuschend echten Ergebnissen künstlicher Intelligenzen und den Tools, die geschaffen werden, um diese zu erkennen. Diese Tools spielen eine entscheidende Rolle bei der Bewahrung der Integrität unserer digitalen Welt.

AI or Not (aiornot.com) ist ein fortschrittliches Werkzeug, das Bilder und Audio analysiert und feststellt, ob die Medien von einer KI oder von einem Menschen kommen. Es gibt auch Tools wie *AI Content Detector* von Copyleaks oder *GPTZero* (gptzero.me) oder den freien KI-Detektor von AIContentfy (aicontentfy.com), die anhand komplexer Algorithmen feine Nuancen menschlicher Sprache verstehen, um authentische von künstlichen Texten zu unterscheiden. Es gibt weitere Tools, die wie ein visueller Detektiv Bilder durchforsten und dir verraten, was echt und was künstlich ist. *Illuminarty* beispielsweise ist ein Tool, das darauf spezialisiert ist, Bildmanipulationen aufzudecken. Durch die Analyse von Pixeln und Metadaten erkennt *Illuminarty* Veränderungen in Bildern und bestätigt dir die Echtheit von Fotos und Grafiken. Die Bedrohung durch Deepfakes, also künstlich erstellte Videos oder Audios, die täuschend echt wirken, ist real. Der *Deepfake Detector* ist ein Tool, das solche Manipulationen erkennt. Es analysiert Gesichtsmerkmale, Stimmbänder und andere Parameter, um authentische von gefälschten Aufnahmen zu unterscheiden. Ähnlich funktioniert das Werkzeug *Fake Image Detector*, das ebenfalls auf die Erkennung gefälschter Bilder ausgerichtet ist. Durch die Untersuchung von Bildstrukturen, Lichteffekten und anderen Faktoren stellt es fest, ob ein Bild manipuliert ist oder nicht. So trägt das Tool dazu bei, die Verbreitung von gefälschten visuellen Inhalten zu bekämpfen. Das System *Hive Moderation* analysiert Medieninhalte, in dem es direkt mit den KI-Plattformen interagiert, welche Texte, Bilder und Videos erzeugen. Das *Hive Moderation*-System kommt großflächig in Social Media- und Community-Plattformen zum Einsatz, um diese frei von schädlichen oder irreführenden Inhalten zu halten beziehungsweise um automatisiert unangemessene oder gefährliche Inhalte zu erkennen und zu entfernen, bevor sie die Nutzer erreichen. Du kannst allerdings den *Hive AI Detector* als Erweiterung für Chrome (und damit auch für Edge) einfach in deinen Browser installieren, um Medieninhalte direkt auf ihre Echtheit zu prüfen.

Vom Datenspender zum Nutznießer

So, jetzt weißt du, wie sich KI von unseren Daten ernährt, wie du KI erkennen kannst und wo du besser aufpassen solltest. Aber was wäre, wenn wir nicht nur bewusst und aufmerksam sind, sondern den Spieß umdrehen? Ich möchte dir jetzt zeigen, wie du die KI für dich nutzen kannst, und das auch noch mit Genuss. KI eröffnet dir immense Möglichkeiten, mit denen du deinen Alltag in beeindruckender Art und Weise vereinfachen und dir ein schönes und genussvolleres Leben erschaffen kannst – von der Förderung deiner Kreativität über die Verbesserung deiner Lernfähigkeiten bis hin zur Unterstützung bei deinen täglichen Aufgaben. »The Sky is the Limit« kann durchaus auch auf die KI-Entwicklung und das noch zu erkundende Potenzial übertragen werden. Die Grenzen sind unendlich, bislang nicht bekannt und nicht im Ansatz definiert. Wir wissen nicht, welche neuen Anwendungsgebiete durch KI zukünftig erschlossen werden. Viele wissen noch gar nicht, was du jetzt weißt: wo heutzutage bereits KI angewendet wird. Also lass uns als nächsten Schritt gemeinsam das Potenzial dieser Technologie ausschöpfen.

Intelligente Haushaltshilfe

Lass dein Zuhause zu einem schlauen, intuitiven, auf dich maßgeschneiderten Wohnort werden – mit KI. Roboterstaubsauger, smarte Thermostate und automatisierte Beleuchtungssysteme sind erst der Anfang. Sie sind nicht einfach nur Geräte, sie sind deine persönlichen Helfer, die für dich arbeiten, wodurch du dein Leben mehr genießen kannst.

Stell dir vor, du betrittst dein Zuhause, und es fühlt sich an, als würde es dich kennen. Dank der fast magisch anmutenden Verknüpfung der KI mit deinem Leben versteht und berücksichtigt sie deine Gewohnheiten ganz automatisch, als hätte sie einen sechsten Sinn für deine Vorlieben entwickelt. Dein Roboterstaubsauger weiß, wann er aktiv werden muss, um deine Böden makellos sauber zu halten, ohne dass du einen Finger krumm machen musst. Das ist nicht nur Sauberkeit, das ist pure Bequemlichkeit.

Deine Haushaltshilfe KI kümmert sich auch um Energieeffizienz. Sie lernt deine Gewohnheiten, deinen Tagesrhythmus, deine Wohlfühltemperatur. Intelligente Thermostate analysieren das Wetter, Heizung und Kühlung passen die Temperatur so an, dass du immer das perfekte Raumklima hast. Das bedeutet nicht nur mehr Komfort, sondern auch Einsparung bei deinen Energiekosten.

Automatisierte Beleuchtungssysteme wissen, wann du Licht brauchst, und passen sich an deine Aktivitäten an – sei es zum Entspannen, Arbeiten oder Feiern. Die KI-gesteuerte Beleuchtung schafft für alle deine Wünsche und Ansprüche das passende Ambiente in jedem Raum. Von beruhigendem Blau bis zu belebendem Tageslicht.

Deine intelligente Haushaltshilfe ist gleichzeitig dein Wachhund und macht dein Zuhause sicher. KI-gestützte Sicherheitskameras erkennen Gesichter und warnen dich, wenn sich jemand Fremdes vor deinem Haus aufhält. Die KI lernt sogar, ungewöhnliche Aktivitäten zu erkennen, und benachrichtigt dich sofort, wenn etwas faul ist.

Dein Zuhause entwickelt sich mit dir, verwandelt sich in eine intelligente Oase, passt sich an und erleichtert dir das Leben. Das alles geschieht automatisch, damit du dich auf das Wesentliche konzentrieren kannst, nämlich dein Leben immer mehr zu genießen.

Dein Finanzprofi: KI für dein Geld

Ich bin absolut kein Freund von übertriebenem Werbegetöse, insbesondere nicht im Finanzbereich. Mal ganz ehrlich: Finanzielle Stabilität oder gar Freiheit ist keine Magie, sondern Mathematik, Wahrscheinlichkeitstheorie inbegriffen. Sprüche wie »Werde in sechs Wochen finanziell frei, und das ohne Stress« glaubt doch keiner mehr. Oder doch?

Finanzielle Stabilität beziehungsweise Freiheit ist das Ergebnis bestimmter Entscheidungen und Durchhaltevermögen. Ein Millionär braucht im Durchschnitt über 20 Jahre, um sein Vermögen aufzubauen. Es geht nicht darum, über Nacht reich zu werden, sondern langfristig zu denken und zu handeln. Schritt für Schritt, Tag für Tag. Und da kommt Mathematik ins Spiel. Vor Jahren gab es nicht die technologischen und KI-gestützten Möglichkeiten, die es heute gibt, um zielgerichtete finanzielle Entscheidungen zu treffen. KI ist die technologische Grundlage für smartes Geldmanagement und navigiert dich als Finanzprofi an deiner Seite durch den Dschungel des Finanzwesens. Finanz-Apps mit leistungsstarken Algorithmen, wie zum Beispiel *Mint*, *YNAB* und *PocketGuard* verfolgen deine Ausgaben, erstellen Budgets und schlagen Investitionsmöglichkeiten vor. Sie sind nicht nur Werkzeuge, sie sind deine persönlichen Finanzgurus, die dir helfen, Geld zu sparen, Schulden abzubauen und deine sichere finanzielle Zukunft aufzubauen.

Für die Haushaltsoptimierung analysiert künstliche Intelligenz deine zurückliegenden Ausgaben und schlägt dir ein optimiertes Budget vor. Per Mustererkennung priorisiert sie Investitionen und automatisiert deine Sparmaßnahmen. Die intelligente Ausgabenüberwachung geschieht in Echtzeit und warnt dich sofort, wenn du über dein Budget gehst. Sie gibt dir sogar personalisierte Tipps zur Reduzierung deiner Ausgaben. Die künstliche Intelligenz erstellt dir einen geeigneten Schuldenabbauplan auf Basis der Analyse deiner Finanzlage, und der KI-Algorithmus schlägt dir vor, wie viel du monatlich zurückzahlen solltest, um schneller schuldenfrei zu werden. Ebenso empfiehlt dir der Algorithmus passende Investmentstrategien ausgehend von deinen Zielen und deiner Risikotoleranz. Dabei hat er die aktuelle Marktanalyse stets in Echtzeit im Blick.

Das Ganze geht noch einige Schritte weiter, und zwar so weit, dass es aus meiner Sicht die ethische Vertretbarkeit verliert. Das Harmlose zuerst: Als Trader kannst du künstliche Intelligenz für dich nutzen und dir Kauf- und Verkaufsentscheidungen abnehmen lassen. Hedgefonds analysieren zum Beispiel Satellitenbilder zur Bestimmung der Auslastung chinesischer Fabriken und werten Zahlungsströme von Kreditkarten aus, um festzustellen, wo und wie viel die Menschen einkaufen (Baron, 2018). Und das geht noch weiter: KI kann das Meinungsbild zu einem Produkt, also die Kauflaune von Konsumenten im Internet, per Sentimentanalyse messen. Dies erfolgt anhand einer Methode, die herausfindet, ob ein Text positiv, negativ oder neutral klingt. Gehen wir jetzt noch einen Schritt weiter, zum Handel mit Optionen. So kann künstliche Intelligenz beispielsweise auf den Weizenpreis spekulieren, indem sie Faktoren wie Wetter, Dürre, Überschwemmungen oder Frost in ihre Analyse und Vorhersage einbezieht. In einem solchen Spiel tritt Hochtechnologie per Knopfdruck gegen hart arbeitende Bauern an.

Lernen mit KI

Personalisiertes Lernen verbessert die Lernergebnisse erheblich. Das ist nachgewiesen. Studien zeigen, dass Lernende, die adaptive Lernplattformen nutzen, im Durchschnitt 30 Prozent schneller lernen als diejenigen, die nicht-adaptiv lernen (Driesen, 2022). Auch steigern adaptive Lernplattformen die Schülerleistung in Schulklassen, denn individuell angepasste Lernmaterialien helfen Schülern, in ihrem individuellen Tempo zu lernen.

Das Ergebnis: bessere Ergebnisse. In Universitäten helfen adaptive Lernplattformen, die Studienabbrecherquote zu reduzieren, sprich die sogenannte Drop-out-Rate sinkt (Mirata & Bergamin, 2023). Äußerst effektiv sind adaptive Lernplattformen auch für erwachsene Lernende, sei es in der beruflichen Weiterbildung oder bei persönlichen Interessen. KI macht die Lernerfahrung von Menschen aller Altersgruppen auf diesen Plattformen persönlich, effizient und flexibel. Deshalb setzen auch immer mehr Unternehmen auf adaptive Lernplattformen, um die berufliche Weiterbildung ihrer Mitarbeiter zu fördern.

Beispiele sind die Lernplattformen *Khan Academy* und *Coursera*, die intelligente Algorithmen nutzen, um deinen Lernfortschritt und Lernstil zu analysieren und dir maßgeschneiderte Übungen und Kurse bereitzustellen. Aber das ist noch nicht alles. Generative KI steht dir als persönlicher Tutor zur Seite. Er beantwortet deine Fragen in Echtzeit und versorgt dich mit Lernmaterialien, die genau auf deine Bedürfnisse zugeschnitten sind, von individualisierten Übungen bis hin zu interaktiven Kursen.

Mit KI an deiner Seite wird Lernen nicht nur effektiver, sondern auch inspirierender. Auf einer passgenau für dich gemachten Wissensreise öffnet dein intelligenter Bildungsbegleiter einem Bildungserlebnis Tür und Tor, das dein volles Potenzial entfaltet.

KI macht dich zum Multisprachtalent

Generative KI entfaltet gerade in der Welt der Sprachkommunikation eine bemerkenswerte Innovation. Künstliche Intelligenz übersetzt nicht nur einfache Texte, sondern überträgt auch nahezu mühelos gesprochene und visuelle Inhalte in verschiedene Sprachen, ohne dass menschliche Übersetzer jede Phrase manuell bearbeiten müssen.

Gesprochene Worte übersetzt KI in Echtzeit. Tools wie *Google Translate*, *DeepL*, *Microsoft Translator* und *Amazon Translate* übersetzen Audio in verschiedene Sprachen. Das ist für den alltäglichen Gebrauch von unschätzbarem Wert. Im geschäftlichen und multikulturellen Umfeld ist es äußerst nützlich, wenn Sprachbarrieren kein Thema mehr sind.

Einen Schritt weiter geht das Tool *HeyGen*. Stell dir ein Video vor, bei dem du zum Beispiel im Interview oder in einem Onlinemeeting in die Kamera sprichst. *HeyGen* übersetzt dieses Videos per Mausklick ins Französische, Englische, Hindi oder in irgendeine andere Sprache und lässt es so aussehen, als würdest du diese Sprachen sprechen. Die KI klont deine Stimme und sorgt erstaunlicherweise auch noch dafür, dass deine Lippenbewegungen mit der Übersetzung synchronisiert werden.

Eine solche KI hat es in sich, denn selbst mit fortschrittlichsten KI-Techniken wie Deep Learning ist es alles andere als trivial, ein solches System zu konstruieren, das die Lippenbewegungen mit den gesprochenen Wörtern stets synchron hält, vor allem, wenn sich der Kopf bewegt, also der Sprechende nickt oder den Kopf zur Seite dreht.

Derartige Lösungen leisten einen bedeutenden Beitrag zur globalen Kommunikation. In einer Welt voller Vielfalt, Kulturen und Sprachen sind Missverständnisse, Vorurteile und Gewalt oft wie unüberwindbare Barrieren. Künstliche Intelligenz beseitigt Barrieren und verbindet Menschen aus verschiedenen Sprachräumen. KI baut mit neuen Sprachübersetzern die Brücke zwischen dir und mir und verbindet die Menschen immer stärker. Egal, woher du kommst, welche Sprache du sprichst oder was deine kulturelle Herkunft ist: Wir können ohne Sprachbarrieren kommunizieren und verstehen uns besser. Das schafft Raum für gegenseitige Akzeptanz und Respekt.

Bildung ist und bleibt der Schlüssel zur Überwindung von Vorurteilen und Förderung des interkulturellen Dialogs. Mit KI-gestützten Übersetzern bekommt jeder – aber auch wirklich jeder – diesen Schlüssel in die Hand.

Diese Übersetzer retten Leben. In Krisensituationen, bei Naturkatastrophen oder humanitären Notlagen übertragen Sprachübersetzer lebensrettende Informationen schnell und präzise. Sie verbinden uns Menschen auf der ganzen Welt, um globale Herausforderungen, den Klimawandel oder die Bekämpfung von Krankheiten anzugehen.

Die Zukunft gehört einer Welt, in der wir alle miteinander sprechen, uns verstehen und zusammenarbeiten können. Vielleicht macht künstliche Intelligenz uns die Kommunikation zu einfach und nimmt den Reiz, unterschiedliche Sprachen zu erlernen, aber die Vorteile überwiegen und die Chancen sind enorm.

KI für Selbstfürsorge und Persönlichkeitsentwicklung

Wie genial wäre es, wenn ich immer jemanden bei mir hätte, der aufpasst, dass ich mich nicht unnötig aufrege, der mich motiviert und anspornt oder bei nicht so guter Stimmung aufbaut? Der Kritiker im Kopf sagt: »Gibt's aber nicht – komm klar«, oder wie es so schön heißt: »Nobody cares. Work harder.« Oder gibt es da vielleicht doch etwas?

Stimmungstracker, zum Beispiel *SentireAI*, *Mind Health AI* oder *Mood-Sense AI* nutzen künstliche Intelligenz, um deine Stimmung und Gefühlslage zu überwachen. Sie analysieren dein Sprachmuster, deine Wortwahl und sogar die Sprechgeschwindigkeit und erkennen emotionale Belastungen, subtile Veränderungen in deiner Stimmung und bieten personalisierte Empfehlungen zur Selbstfürsorge. Diese reichen von Atemübungen und kurzen meditativen Praktiken bis hin zu Aktivitätsvorschlägen, die deine Stimmung heben und helfen, deinen Stress abzubauen.

Das bedeutet, diese KI-gestützten Werkzeuge zur Selbstfürsorge fördern das eigene emotionale Wohlbefinden und animieren dich dazu, ein bewussteres und ausgeglicheneres Leben zu führen. Diese Tools stärken deine emotionale Intelligenz und auch deine Resilienz, also die Fähigkeit, sich von Widrigkeiten zu erholen und aus Herausforderungen gestärkt hervorzugehen.

Dein Fitness- und Gesundheitscoach

Das neue Jahr beginnt mit guten Vorsätzen, besonders mit solchen zum Thema Gesundheit. Jeder wünscht sich, körperlich fit zu sein und mental gestärkt in den Tag zu starten. Bemerkenswert positiv: Das ist allgegenwärtig. Doch oft scheitert die Umsetzung an einem Punkt: dem inneren Schweinehund. Die Überwindung, sich aufzuraffen und den ersten Schritt zu machen, ist für viele (und ich bin da keine Ausnahme) eine echte Herausforderung. Doch was, wenn ich dir sage, dass die Lösung so nah ist wie dein Smartphone? Hier kommen Fitnesstracker wie zum Beispiel *Fitbit* und Gesundheits-Apps wie *MyFitnessPal* ins Spiel, die nicht nur deine körperliche Gesundheit, sondern auch deine mentale Stärke aufbauen.

Der Müßiggang beginnt im Kopf. Die Vorstellung, frühmorgens aus dem warmen Bett zu steigen und dich in sportliche Aktivitäten zu stürzen, erschient völlig abwegig, um es überspitzt zu formulieren. Doch der Weg zu einem gesünderen Lebensstil beginnt oft mit kleinen Veränderungen. Kalt duschen sieht wie eine klitzekleine Maßnahme aus, symbolisiert aber einen starken Willen, etwas verändern zu wollen. Es ist ein erster Schritt, der deinen Geist und Körper stärkt. Hier setzen Fitness-Apps und Tracker an.

Die Fitness-Apps bewirken wahre Wunder. Sie sind nicht nur einfache Tools auf deinem Handy. Sie sind KI-basierte persönliche Trainer mit penibel auf dich zugeschnittenen Plänen und Anleitungen, die auf dich und deine Sportart eingestellt sind, egal ob es nun darum geht, Gewicht zu verlieren, Muskeln aufzubauen oder einfach bloß fitter zu werden.

Eine Bitkom-Studie enthüllt faszinierende Ergebnisse: 69 Prozent der Nutzer berichten von Erfolg (Paulsen & Moritz, 2022). Das ist keine kleine Zahl. Es bedeutet, dass fast drei von vier Menschen, die Fitness-Apps verwenden, tatsächlich positive Veränderungen in ihrem Leben erzeugen. Diese Apps motivieren nicht nur, sondern messen auch deinen Fortschritt. Das Aufzeichnen deiner Fitnessaktivitäten und Fortschritte erschafft eine unglaubliche Triebkraft, indem du eine klare Sichtbarkeit darüber hast, wie weit und wie viel näher du deinem Ziel gekommen bist. Und ja – die Daten sind nicht nur auf deinem Handy oder auf deiner Smartwatch, sondern auf Servern gespeichert.

Es geht dabei nicht nur um physische Veränderungen. Regelmäßiger Sport und gesunde Ernährung, gefördert durch diese Apps, haben nachweislich positive Auswirkungen auf deine mentale Gesundheit. Körperliche Aktivität setzt Endorphine frei, die nicht nur Schmerzen lindern, sondern auch Glücksgefühle erzeugen. »Ein gesunder Geist in einem gesunden Körper« ist kein leeres Sprichwort, es ist wissenschaftlich belegt.

Künstliche Intelligenz verbessert Fitnesstracker dermaßen, dass sie hochspezifisch personalisierte Empfehlungen auf Basis deiner individuellen Gesundheitsdaten abgeben können. Algorithmen analysieren die Ausgangslage, wissen genau, wo du stehst, und entwickeln maßgeschneiderte Trainings- und Ernährungspläne. Mit Echtzeitanalysen optimiert der Algorithmus dein Training und erkennt frühzeitig Überlastungs- und Gesundheitsrisiken. Diese intelligenten Helfer sind Gesundheitswächter, die sogar unregelmäßigen Herzschlag erkennen. Je mehr Daten in diese Systeme weltweit eingespeist sind, desto genauer und präziser sind die Analysen, die Ernährungs- und Gesundheitsempfehlungen wie auch Sport- und Übungsanleitungen deiner Fitness-App. Hier gilt wieder: Viel bringt viel. Aber auch hier gilt: Jede Medaille hat zwei Seiten. Wie heißt es so schön? «Wer das eine will, muss das andere mögen.« Und ja, in diesem Fall ist es das massenweise Sammeln und Auswerten von Gesundheitsdaten: Das muss man mögen.

Ich komme noch einmal auf meine Bekannte zurück, die während einer Diskussion über KI und Privatsphäre stolz verkündete: »Von mir gibt es keine Bilder im Internet!«, und mir dann von ihrer Smartwatch erzählte, die ihre Schlafminuten aufnimmt. Dieser Moment schreit geradezu nach einem ironischen Kommentar, den ich mir nicht verkneifen kann: »Hast du deine Smartwatch auch am Handgelenk, wenn du anderen Aktivitäten im Bett nachgehst?« Schließlich landen diese sehr persönlichen Daten alle im Internet.

Ihr Blick wechselt von Begeisterung zu Überraschung, und dann bricht sie in schallendes Gelächter aus. Es scheint, als hätte die Ironie des digitalen Zeitalters sie plötzlich eingeholt – ein Moment, der uns alle zum Schmunzeln bringt und gleichzeitig verdeutlicht, wie selbstverständlich wir unsere Privatsphäre manchmal in die Hände von Technologie legen.

Werde mit KI ein Fünfsternekoch

Die Welt der Kulinarik ist für viele ein Ort der Freude und der Inspiration. Mein Stiefvater sagte ab und zu: »Essen ist der ›Sex der Alten‹.« Kochen ist eine Kunst, die nicht nur den Gaumen erfreut, sondern auch die Sinne belebt. Aber was, wenn du das nächste Mal vor dem leeren Kühlschrank stehst oder dich fragst, was du mit den verbliebenen Zutaten in deiner Küche zaubern kannst? Hier kommt künstliche Intelligenz ins Spiel, um dir zu helfen, zum Fünfsternekoch in deiner eigenen Küche zu werden.

Alles beginnt mit Bildern von Zutaten. Schnapp dir dein Smartphone und fotografiere, was du zur Hand hast. Das können Gemüse, Fleisch, Gewürze oder sogar Reste vom gestrigen Abendessen sein. Die KI extrahiert aus diesen Bildern die Zutateninformationen und schlägt unterschiedliche Rezepte, von klassischen Gerichten bis hin zu kreativen Variationen, vor. Das IBM-Tool *Chef Watson* tut genau dies und macht sich hierfür KI zunutze. Chef Watson analysiert Bilder von Lebensmitteln, identifiziert die Zutaten, erstellt anhand der erkannten Zutaten Geschmacksprofile und berücksichtigt deine Präferenzen und Einschränkungen wie Allergien oder diätetische Vorlieben.

Ein weiteres KI-Tool heißt *Whisk*. Es funktioniert über Bild-Uploads per Smartphone, erkennt ebenfalls Zutaten auf Basis von Bildern und generiert dazu passende Rezepte. Whisk ist eine Anwendung für Smartphones und sowohl auf iOS als auch auf Android-Plattformen verfügbar. Du nimmst Fotos von Zutaten, Lebensmitteln oder Lebensmittelverpackungen auf oder lädst sie aus deiner Galerie hoch, worauf die KI von Whisk automatisch Rezeptvorschläge macht. Auch Whisk berücksichtigt nicht nur die erkannten Zutaten, sondern auch deine diätetischen Vorlieben, Allergien, Ernährungseinschränkungen und Präferenzen. Whisk erstellt zudem eine Einkaufsliste der fehlenden Zutaten. Was für ein Luxus. Das Tool ist besonders nützlich, wenn du spontan kochen oder herausfinden möchtest, welche Gerichte mit den vorhandenen Zutaten umsetzbar sind.

KI-Kochassistenz-Apps arbeiten so, als würde ein erfahrener Küchenchef neben dir stehen und dich durch den Prozess führen. Die Schritt-für-Schritt-Anleitung beziehungsweise die Umsetzung der vorgeschlagenen kulinarischen Köstlichkeiten ist umfassend und auch für Nicht-Köche gedacht. Die Anleitung reicht vom Schneiden der Zutaten über die genaue Zubereitung bis zum Anrichten.

Egal, ob du die vegane Version eines klassischen Gerichts oder eine ungewöhnliche Gewürzkombination ausprobieren willst – die Möglichkeiten sind endlos. Die Zukunft des Kochens daheim ist KI-basiert. Künstliche Intelligenz macht dich zum Meisterkoch, lässt dich die Freude am Kochen und Experimentieren in der Küche neu entdecken. Abenteuerlustig erkundest du mit KI neue Geschmacksrichtungen, lässt dich von der Kreativität anderer inspirieren und verwendest gleichzeitig die Zutaten, die bereits da sind und nur darauf warten, aufgebraucht zu werden.

Karriere dank KI

Lass dich zur Führungskraft machen

Wir leben in einer Ära innovativer, authentischer und inspirierender Führungsstärke. Oftmals sprechen die Fachkreise von sogenanntem »SoulVenture Leadership«. Dabei geht es nicht nur darum, Teams zu führen, sondern auch darum, sich selbst als Führungskraft zu entwickeln. KI kann Großes leisten für diese aufregende Reise der persönlichen und beruflichen Entwicklung. Du fragst dich, wie das möglich ist? Nun, die Antwort liegt im innovativen Einsatz von KI als ultimativem Sparringspartner für Führung und Kommunikation.

Stell dir vor, du bekommst Feedback in Echtzeit zu deinen Führungsfähigkeiten, und zwar nicht von einem Menschen, sondern von einer KI. Diese KI analysiert deine Kommunikationsmuster, deine Entscheidungen und dein Teammanagement. Sie zeigt dir deine Stärken und Schwächen und gibt dir klare, präzise Empfehlungen, wie du dich verbesserst. Du wirst verstehen, wie du dein Team inspirieren, motivieren und in deinen Bann ziehen kannst. Du lernst, Konflikte konstruktiv zu lösen.

Innovative Plattformen wie *Cognician* helfen dir als angehende Führungskraft, in dialogbasierten Sitzungen deine Entscheidungsfindung zu verbessern und effektivere Kommunikationsstrategien zu entwickeln. Basierend auf KI und Verhaltenswissenschaften analysiert *LifeXT* deine individuellen Stärken und Schwächen. Das Tool *Turbine* kombiniert KI und Gamification, um dich als Führungsperson in einer simulierten Umgebung (ohne Konsequenzen) vor realistische Herausforderungen zu stellen, deine Entscheidungsfähigkeit zu verbessern sowie deine Fähigkeit, unter Druck zu handeln und Teamdynamiken zu verstehen. *F4S* vernetzt dich mit Führungskräften und nutzt KI, um relevante Ressourcen bereitzustellen und individuelle Bedürfnisse zu verstehen. Dieser Austausch in der Führungskräfte-Community lässt dich von den Erfolgen und Herausforderungen anderer lernen. Das Tool *Pluto* ist ein KI-basierter individueller Coach für Führungskräfte. Es überwacht deinen Fortschritt, gibt dir personalisiertes Feedback und spezifische Empfehlungen zur Weiterentwicklung deiner Führungsqualitäten.

Gib lästige Büroarbeit ab

Stell dir vor, du könntest morgens aufwachen und dich voll und ganz auf das konzentrieren, was wirklich zählt: dein Leben zu leben. Schluss mit der mühsamen Büroarbeit und langweiligen Routineaufgaben – jetzt übernehmen KI-Assistenten diesen Kram und lassen dich frei atmen. Nie wieder stundenlang E-Mails sortieren, denn KI analysiert eingehende E-Mails blitzschnell, sortiert sie nach Inhalt und gibt dir automatisch vorformulierte Antworten, die auf früheren Konversationen basieren. Kein lästiges Tippen mehr, sondern smarte Antworten im Handumdrehen. Nie wieder überfüllte E-Mail-Postfächer, nie wieder Stress wegen vergessener Termine.

Es gibt diverse KI-Tools, die lästige Büroarbeit automatisieren und dir organisatorische Aufgaben abnehmen. *Reclaim* (reclaim.ai) ist eine KI-App, die deine Terminplanung übernimmt und die beste Zeit für deine Meetings, Aufgaben, Gewohnheiten und Pausen findet. Das intelligente Mail-Verwaltungstool *SaneBox* analysiert E-Mails und verschiebt unwichtige Nachrichten in spezielle Ordner, um deinen Posteingang zu entlasten. Lass doch einfach deine Termine, egal, wie komplex sie sind, von solchen Tools organisieren. Sie finden den besten Zeitpunkt für alle Teilnehmer, senden automatische Bestätigungen und Erinnerungen, damit du nie wieder irgendwem hinterherlaufen musst.

Um mit Dokumentenwirrwarr in deiner Firma klarzukommen, kannst du die intelligente Lösung *M-Files* nehmen, denn sie nutzt generative KI-Technologie für das Erfassen von Dokumentenkontext und organisiert all deine Dokumente, Informationen und Wissen. Du kannst dem System in natürlicher Sprache Fragen zu deinen Datenbeständen stellen, Dokumente zusammenfassen und Informationen in andere Sprachen übersetzen.

Das Kundenservice-Tool *Zendesk* verwendet KI für die Automatisierung von Supportanfragen und Ticketing. Die Plattform für Kundenservice und Marketing namens *Intercom* setzt KI-gesteuerte Chatbots für die Interaktion mit Kunden ein.

Spracherkennung und Transkription funktionieren via Tools wie *Dragon NaturallySpeaking*, einer Spracherkennungssoftware, die gesprochene Worte in geschriebenen Text umwandelt. Die Transkriptionsdienste *Amberscript* und *Otter.ai* nutzten künstliche Intelligenz, um Audio- und Videoinhalte in geschriebenen Text und Untertitel umzuwandeln, um Gespräche sowie Meetings zu transkribieren und um Meeting-Zusammenfassungen und -Notizen zu erstellen. Protokollschreiber brauchst du nicht mehr.

Ob im Büro oder zu Hause: Dein Leben wird nicht nur einfacher, sondern auch stressfreier. Dein Kalender passt sich deinem Leben an – er optimiert deine Zeitpläne, priorisiert Aufgaben und berücksichtigt sogar den Verkehr und das Wetter, um den perfekten Zeitpunkt für deine Termine zu finden. Algorithmen arbeiten im Hintergrund, damit du dich auf die wichtigen Dinge im Leben konzentrieren kannst, zum Beispiel auf den Termin selbst. Das ist deine Chance, dich von den Fesseln der Routine zu befreien und das volle Potenzial deines Lebens auszuschöpfen.

Ein großer Teil der Büroarbeit ist Kommunikation. Und dieser Teil betrifft ja nicht einmal ausschließlich das Büro, sondern deinen gesamten Alltag. In der heutigen Welt sind wir Zeugen eines Phänomens, das eine Schattenseite der digitalen Kommunikation enthüllt: Spam, Hass und Gewalt. Millionen von Nutzern hinterlassen Kommentare unter Medienbeiträgen, und zwar jeden Tag. Millionen von Bots oder kriminellen Gruppen versenden jeden Tag Millionen von Spam- oder Phishing-Mails. Diese schiere Menge an Inhalten – ob im Postfach oder in den Social-Media-Apps – will keiner manuell überwachen und säubern.

Die Lösung: Künstliche Intelligenz erledigt das. KI-gesteuerte Kontroll- und Prüfalgorithmen betreten die Bühne und agieren als digitales Putzkommando. Diese intelligenten Systeme analysieren nicht nur oberflächliche Aspekte wie Formatierung und Betreff, sondern verstehen auch den Kontext und die Bedeutung hinter den Wörtern.

In deiner gesamten E-Mail-Kommunikation erkennen KI-Filter Spamverdächtige Muster, indem sie die Uhrzeit des Versands, den Betreff und andere relevante Informationen analysieren. Mein Tipp: Wenn doch eine Spam-Mail in den regulären Posteingang durchrutscht, dann lösche sie nicht gleich, sondern markiere sie als Spam – das macht den Filter jedes Mal ein Stück intelligenter.

Auf den großen Plattformen wie Facebook, Instagram oder X stellen sich KI-basierte Agenten dem Kampf gegen Hass und Hetze. Die *Perspective API* von Google erkennt per KI gewalttätige Inhalte und Hasskommentare und kommt auch bei großen Onlineplattformen wie zum Beispiel *The New York Times* zum Einsatz. Es gibt allerdings auch KI-basierte Apps wie *Bark*, *Safe Lagoon* oder *iKeyMonitor* für dein Smartphone (oder für das Smartphone deiner Kids), die darauf spezialisiert sind, unangemessene Inhalte in sozialen Medien und Messengern, einschließlich Hassreden und gewalttätiger Sprache, zu erkennen und zu filtern.

Trotz dieser Fortschritte bleibt die Herausforderung bestehen, toxische Inhalte angemessen zu erkennen. Selbst für erfahrene Juristen ist diese Einordnung oft schwierig. Ironie, die allzu oft als »Verpackung« für Hassrede missbraucht wird, stellt KI-Systeme vor eine besonders knifflige Aufgabe. Der feine Unterschied zwischen einem sarkastischen Kommentar und einer tatsächlichen Bedrohung ist eine Nuance, die menschliche Intelligenz durchaus erkennt, während KI noch lernen muss, sie zu verstehen.

Werde ein Meister der Kommunikation zu Hause und im Beruf

KI macht dich nicht nur zum Meisterkoch, sondern auch zum Kommunikationsmeister. Sie hebt deine Fähigkeiten, mit Sprache umzugehen, auf eine völlig neue Ebene. Sie zeigt dir, wie du Sprache verfeinerst, empathische Nachrichten formulierst und deine Körpersprache daran anpassen kannst, um von deiner Umgebung leichter und genauer verstanden zu werden.

In einer Welt, in der die Worte Macht haben und die Kunst des Sprechens oft den Unterschied zwischen Erfolg und Stillstand ausmacht, tritt eine revolutionäre Kraft hervor: künstliche Intelligenz (KI). In der Vergangenheit galten Kommunikations-, Präsentations- und Rhetorikfähigkeiten als angeborene Talente, doch jetzt, durch die Hilfe von KI, können selbst die schüchternsten Gemüter zu meisterhaften Rednern werden. Ein bahnbrechendes Tool, das diesen Wandel verkörpert, ist *EasySpeech*.

Traditionell galt die Kunst des Redens als ein Talent, das nur wenige privilegierte Menschen besitzen. Doch *EasySpeech*, angetrieben von der Energie der KI, hat diese Vorstellung auf den Kopf gestellt. Es ist wie ein virtueller Rhetorikmeister, der mit unermüdlicher Geduld und unendlichem Wissen ausgestattet ist. Diese intelligente Entität analysiert nicht nur jedes Wort, sondern auch den Tonfall, die Körpersprache und den Puls des

Publikums. Sie gibt Ratschläge, wie man die Botschaft klar und überzeugend vermittelt und wie man die Kunst der Kommunikation immer mehr verfeinert.

EasySpeech ist allerdings nicht allein in diesem jungen und wachsenden Markt, sondern wird von anderen mächtigen Helfern begleitet. *TalkMaster Pro* ist zum Beispiel ein Tool, das die Fähigkeiten in Gesprächsführung und Debattenkunst stärkt. Es simuliert verschiedene Diskussionsszenarien und gibt Feedback in Echtzeit. Durch kontinuierliche Übung mit *TalkMaster Pro* lernen die Menschen nicht nur, wie man in schwierigen Gesprächen standhaft bleibt, sondern auch, wie man andere durch kluge Argumentation überzeugt.

Und wenn es darum geht, rhetorische Fähigkeiten zu schärfen, wird *Rhetoricarsis* zum unsichtbaren Mentor. Diese KI-gesteuerte Plattform analysiert die Struktur und den Stil von Reden und bietet detaillierte Einblicke in rhetorische Mittel wie Anapher, Parallelsyntax und Chiasmus. Durch diese mikroskopische Analyse können Sprecher nicht nur überzeugender reden, sondern auch mit einer beeindruckenden Rhetorik, die Emotionen weckt und noch lange nachhallt.

In der Welt der Präsentationen bringt *SlideGenius* eine frische Brise algorithmusbasierter Kreativität. Diese Plattform nutzt KI, um atemberaubende Präsentationsfolien zu erstellen, die nicht nur ästhetisch ansprechend sind, sondern auch den Kern der Botschaft perfekt einfangen. Die visuelle Kommunikation wird so zu einem nahtlosen Erlebnis, das die Zuschauer fesselt und überzeugt.

In der Ära von *EasySpeech*, *TalkMaster Pro*, *SlideGenius* und *Rhetoricarsis*, unterstützt von KI, werden Menschen nicht nur zu Rednern, sondern zu Meistern der Kommunikation, Präsentation und Rhetorik. Ihre Worte werden nicht mehr von Unsicherheit oder mangelndem Selbstbewusstsein gedämpft, sondern von einer klaren, überzeugenden Kraft getragen. Es ist, als ob diese Tools nicht nur Sprache lehren, sondern auch das Selbstbewusstsein stärken. Sie verwandeln Menschen nicht nur in Redner, sondern in Meister der Rede – eine Evolution, die den Weg für eine neue Ära der überzeugenden Kommunikation ebnet.

Werde mit KI noch kreativer

Sich Textarbeit abnehmen lassen

»Manus manum lavat«, eine Hand wäscht die andere, sprich Freunde helfen einander. Und in diesem Sinne bat mich ein Freund, ihm zu helfen, einen Post für seine Social-Media-Plattform LinkedIn zu formulieren. Ein paar Textfetzen zu seiner Story hatte er mir über den Zaun geworfen. Er macht auch viel für mich und investiert dafür Zeit (hat aber weniger bis kaum Ahnung von IT). Mein Vorteil. Ich war wirklich im Stress, da ich gerade dringende Aufgaben erledigen musste. Was habe ich also gemacht? Ich fügte die Wortfetzen per Copy & Paste in ChatGPT ein und ergänzte: »Schreibe mir einen viralen Post zu folgendem Sachverhalt.« ChatGPT spuckte mir in Sekundenschnelle einen schön langen Text aus, geschmückt mit Emojis und Zwischenüberschriften. Ich war so gestresst, dass ich den Text ungeprüft an den Freund weiterleitete. Damit es nicht ganz so auffällt, tat ich das nicht sofort, sondern nach einer Stunde. Und jetzt kommt der Hammer. WhatsApp summte und mir war klar, jetzt kommt die Rückmeldung und ich kann mich warm anziehen. Stattdessen empfing ich eine Sprachnachricht von ihm, in der er sich bedankte: »Danke für diesen Mega-Post, ich habe nur zwei Kleinigkeiten rausgenommen, da es nicht ganz so war, wie du es geschrieben hast. Du hast echt was gut bei mir.« Wie geil ist das denn? Ich hoffe nur, dass er das hier nicht liest.Jeder von uns ist auf seinem Kreativitätsgebiet gut. So gibt es Menschen, die das erste Mal ein Musikstück hören und die Töne auf Anhieb am Klavier nachspielen können. Die anderen brauchen nur wenige Versuche, um beim Singen ihres Lieblingsstückes die Oktave zu treffen. Und dann gibt es Autoren, die uns mit ihren Geschichten fesseln können und uns diese hautnah nachempfinden lassen. Aber nicht jeder von uns ist mit solchen Gaben gesegnet. Einen schnellen Text verfassen, um den nächsten Arbeitsbericht an den Vorgesetzten zu schicken oder eine lustige Nachricht an Freunde, um deren Tag zu versüßen: KI-Werkzeuge übernehmen das und öffnen, selbst für Laien, das Tor zu einer neuen Welt der Texterstellung.

Generative KI-Tools wie *GPT-3* und *GPT-4* von *OpenAI* können beim kreativen Schreiben genutzt werden. Sie helfen dabei, Ideen für Geschichten zu generieren, Dialoge zu schreiben oder sogar komplette Romane zu erstellen. Als Inspirationsquelle genutzt, kann KI neue Impulse oder Anregungen für Autoren, Schriftsteller oder Journalisten liefern, die an einer Schreibblockade leiden. Du weißt nicht, wie du einen Text anfangen sollst? Du musst häufig das Schreiben abbrechen, weil du keine Ideen hast, wie du weiterschreiben sollst? Dann beschreib dein Problem in kurzen Worten einer generativen KI, die dir Impulse liefern kann, um deine Schreibblockade zu lösen. Dafür reicht es häufig aus, deinen Text in die KI zu kopieren und die KI zu beauftragen, diesen Text zu analysieren und Verbesserungspunkte und ergänzende Informationen zu liefern. Das kann kreativer Natur sein, sich aber auch in verbesserter Rechtschreibung und Grammatik widerspiegeln.

Das Folgende ist eine weitere Möglichkeit, wie man KI als Ideengenerator und Brainstorming-Partner verwenden kann: Experimentiere mit der KI herum, indem du ihr weiteren Kontext gibst, zum Beispiel warum oder für welche Zielgruppe du den Text schreibst. Du wirst merken, dass die KI mit der Zeit zunehmend besser auf deine Anforderungen eingeht und deine Texte dadurch immer passgenauer werden. So kannst du diese Tools als interaktiven Schreibassistenten nutzen, der dir Vorschläge macht und deinen gesamten Schreibprozess beschleunigt und verbessert.

Mit einem Fingerschnipsen zum Künstler werden

Individuelle Kreativität ist zu einem unschätzbaren Gut geworden. Das liegt eben daran, dass sich unsere Welt ständig weiterentwickelt und immer digitaler wird. Früher hast du jahrelange Erfahrung und teure Software gebraucht, um im Bereich der digitalen Kunst und des Designs kreativ zu sein. Heute weckt KI den Künstler in dir und du schaffst mit einem Fingerschnipsen beeindruckende digitale Kunstwerke.

Zwei der faszinierendsten Werkzeuge für aufstrebende digitale Künstler sind *DeepArt* und *DeepDream*. Diese KI-gesteuerten Anwendungen verwenden neuronale Netzwerke, um Fotos und Bilder in wahre Kunstwerke zu verwandeln. Mit *DeepArt* kannst du den Stil berühmter Künstler auf deine eigenen Bilder anwenden. Träumst du beispielsweise davon, ein Bild im Stil von van Gogh, Picasso oder Munch zu erstellen? Mit *DeepArt* ist das trivial: Lade ein Bild hoch und wähle deinen gewünschten Stil mit nur einem Mausklick aus. Das Tool *StyleDrop* von Google kann nicht nur das, sondern es erzeugt Bilder in deinem Wunschstil, den du mit einem Referenzbild vorgibst. Den Stil dieses Referenzbildes kann *StyleDrop* auch auf andere bereits bestehende Bilder übertragen. Das Tool kann diesen Stil aber auch bei der Erstellung eines komplett neuen Bildes anwenden, welches du per Prompt von *StyleDrop* durch Text-zu-Bild-Generierung erzeugen lässt.

Nehmen wir den Prompt *»a swarm of hundreds flying black swans«*. Für diesen Prompt erzeugt mir *StyleDrop* die folgenden Bilder in einem speziellen Stil. Von links nach rechts, von oben nach unten sind es die angewendeten Stile: »3d rendering«, »kid crayon drawing«, »watercoloring painting_1«, »watercoloring painting_2«, »oil painting«, »line drawing«.

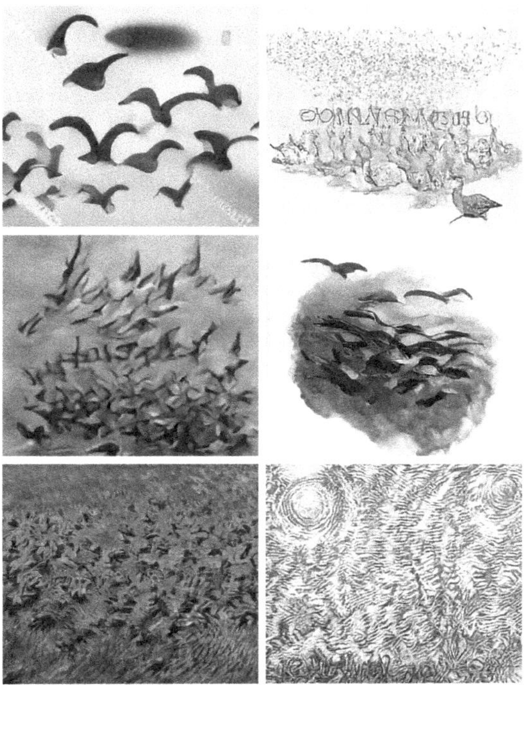

Ebenso künstlerische und hochwertige Szenen erzeugt das KI-Modell *Stable Diffusion* von *Stability AI*. Auch hier kannst du unterschiedliche Stile auswählen. Stell dir die Stile wie Stellschrauben in einem großen neuronalen Netz vor. Es handelt sich hierbei um ein spezielles neuronales Netz, um ein sogenanntes *Vector Quantized Generative Adversarial Network* (kurz *VQGAN*), eine Art von künstlicher Intelligenz, die speziell der Generierung von Bildern dient. Das Prinzip ist gar nicht so kompliziert.

Ein VQGAN besteht aus zwei Teilen, dem *Generator* und dem *Diskriminator*. Beides sind neuronale Netze. Der *Generator* erzeugt Bilder, während der *Diskriminator* die erzeugten Bilder bewertet und dem Generator (im übertragenen Sinne) sagt: »So nicht, noch mal bitte.«

Die *Vector Quantization (VQ)* ist der Prozess, der ein Code-Wörterbuch erzeugt, wie eine Art Bildwörterbuch, in dem jedes Wort (also Vektor) einem bestimmten Bildteil entspricht. Du gibst einen Prompt ein und der Generator wählt die passenden Wörter aus dem Wörterbuch, um anschließend ein Bild zu erzeugen, das deinen Wunsch oder besser gesagt deinen Prompt bestmöglich erfüllt.

Für den Prompt *»a swarm of flying black swans«* erzeugt *Stability AI* die folgenden Bilder ebenfalls in unterschiedlichen Stilen. Von links nach rechts, von oben nach unten sind es die angewendeten Stile: »ohne«, »comic book«, »Enhance«, »Low poly«, »Line art«, »Neon punk«.

Und das ist längst nicht alles, was generative KI im Bereich Grafik, Kunst und Bildgenerierung kann.

Mit dem Google-Tool *DeepDream* kannst du traumhafte und surrealistische Bilder erzeugen. Dieses Tool verwandelt deine Bilder in faszinierende Traumlandschaften mit verzerrten Formen und lebendigen Farben – beinahe so, als würdest du einen Blick in das Unterbewusstsein der KI werfen.

Künstler – egal ob Anfänger oder Profi – wollen immer noch selbst kreativ werden oder ihre kreativen Grenzen erweitern und so neue Designideen entwickeln. Hier kommen KI-Tools wie *Runway ML* ins Spiel. *Runway ML* bietet eine Vielzahl von Modellen, mit denen du Ideen generierst, die du nie für möglich gehalten hättest. Du brauchst lediglich eine Situation, die dir spontan eingefallen ist oder die du sorgfältig ausgedacht hast, mit ein paar Worten beschreiben, und *Runway ML* erzeugt aus deiner textuellen Beschreibung ein Video. Ob abstrakte Muster, futuristische Architektur oder avantgardistische Mode: Die KI-erzeugten Videos sprengen die Grenzen deiner Vorstellungskraft.

Ein weiteres spannendes Kunstfeld ist 3-D-Design. Künstliche Intelligenz beschränkt sich nicht nur auf 2-D-Kunst. Immer mehr Tools ermöglichen den Einstieg in die Welt des 3-D-Designs. Die Open-Source-Plattform *Blender* nutzt KI für das Kreieren realistischer 3-D-Modelle. Egal, ob du ein Spieleentwickler bist, der Charaktere erschaffen möchte, oder ein Architekt, der Gebäude visualisieren will – *Blender er*weckt deine Ideen zum Leben, und zwar in 3-D. Mit dem Plug-in von *Stability AI* kannst du per Textbeschreibung neue Bilder, Texturen und Animationen erstellen.

Für das unten abgebildete Bild habe ich in *Blender*, genau genommen im *Stability AI*-Plug-in, wieder den Prompt *»a swarm of flying black swans«* eingegeben. Das Ergebnis zeigt einen Schwarm von schwarzen Schwänen, die über das Meer fliegen.

Auf gleiche Weise erzeugt *Stability AI* Texturen für deine 3-D-Objekte oder es generiert dir Animationen basierend auf Video-, Bild- und Texteingaben.

Eine ähnliche Lösung heißt *SHARK*, die *Nod.ai* entwickelt hat. AMD hat *Nod.ai* mittlerweile übernommen. Auch *SHARK* lässt sich per Plug-in in *Blender* integrieren und erzeugt mittels generativer KI faszinierende Szenen.

Das KI-Modell namens *3D-GPT* generiert sogar über bloßes Prompting ganze 3-D-Welten für *Blender*. Dafür nutzt es die großen Sprachmodelle von OpenAI. Dieses Projekt revolutioniert die Spieleentwicklung und Stadtplanung. Hieran sind mehrere Universitäten wie die University of Oxford, die Australian National University und die Beijing Academy of Artificial Intelligence beteiligt, welche an der Umwandlung von Text zu 3-D-Räumen forschen.

Du kannst auch aus 2-D-Bildern ganz einfach 3-D-Bilder erzeugen. Dies können *Blender* sowie eine Reihe anderer Werkzeuge. *Vectary* ist ein webbasiertes 3-D-Design-Tool, spezialisiert auf die Erzeugung von 3-D-Objekten aus 2-D-Bildern. Die Benutzeroberfläche ist intuitiv und einfach zu bedienen. *Vectary* bietet eine kostenlose Version mit begrenzten Funktionen. *Tinkercad* ist ein kostenlos verfügbares Online-3-D-Modellierungstool, das sich an Anfänger richtet und die einfache Extrusion von Bildern, sprich aus 2-D mach 3-D, ermöglicht. Ähnliches kann *Smoothie-3D*, ebenfalls ein webbasiertes Tool für die Umwandlung von 2-D-Bildern in 3-D-Objekte. Sogar das Tool *Paint 3D*, welches Microsoft mit Windows (ab Version 10) standardmäßig mitliefert, beinhaltet KI und erstellt 3-D-Objekte aus 2-D-Bildern. Es gibt viele weitere Tools, die dasselbe können, um drei weitere zu nennen: *SelfCAD, Rodin* und *Sculpteo* wandeln 2-D-Bilder in 3-D-Modelle um, und *Sculpteo* eignet sich sogar für den 3-D-Druck.

Marketing und Werbung mit KI

Nachdem wir erfahren haben, zu was KI artistisch in der Lage ist, können wir uns vielleicht vorstellen, was sie in puncto Marketing leisten kann. Die Integration von KI in Marketing und Werbung öffnet Türen zu ganz neuen Möglichkeiten wie beispielsweise die schnelle Erstellung von Plakaten,

Reklamebannern oder Produktwerbemedien in Schrift, Bild und Ton. Vor allem der Einsatz generativer KI steht noch ganz am Anfang.

Schon weit vor der Geburt der generativen KI war künstliche Intelligenz ein etabliertes und mächtiges Werkzeug für Marketing. Denn sie war es, die große Mengen an Daten analysiert und daraus wertvolle Erkenntnisse über Kundenpräferenzen und Verhaltensmuster gesammelt hat. Diese Erkenntnisse sind Gold wert, wenn es darum geht, personalisierte Marketingstrategien zu entwickeln. Durch maßgeschneiderte Empfehlungen und gezielte Werbung bauen Unternehmen eine tiefere Verbindung zu ihren Kunden auf. Das passiert beispielsweise mit sogenannten Recommender-Systemen. Der Klassiker auf Amazon, den du sicher schon einmal gelesen hast, lautet: »Kunden, die diesen Artikel gekauft haben, haben auch … gekauft.«

KI eignet sich im Marketing auch hervorragend für vorausschauende Analysen, um Markttrends und Kundenverhalten vorherzusagen. Sehr praktisch sind automatisierte Social-Media- oder Mail-Kampagnen. KI passt den Inhalt, Adressatenkreis und Zeitpunkt deiner Kampagnen so an, dass die »Beute« möglichst groß ausfällt.

Generative KI bietet ganz neue Möglichkeiten, von der Erstellung von Bannern, Werbegrafiken über Plakate bis hin zu komplett KI-basierten Werbevideos. Beeindruckende Ergebnisse sind beispielsweise das Werbevideo von Mercedes-Benz (Generative AI, 2023), das von Lexus (Accelerista, 2018) und von WPP und NVIDIA (NVIDIA, 2023). Die Plattform *NVIDIA Picasso* ist ein generatives KI-System, das Entwicklertools und modernste Basismodelle für generative KI bereitstellt, um beeindruckende Bilder, Videos, 3-D-Modelle und fotorealistische Karten der Umgebung sowie Beleuchtung für 3-D-Szenen (360 HDRI, High Dynamic Range Image) zu erzeugen. *Picasso* ist mit reichlich hochwertigem Bildmaterial von *Getty Images* und von *Adobe* trainiert, wodurch die Plattform ein ganz neues Level an Realismus und E-Commerce-Erfahrung bietet.

Um zum Beispiel ein 3-D-Bild für eine Produktwerbung zu erzeugen, brauchst du keine aufwendigen 3-D-Werkzeuge. Das geht auch ganz einfach mit den bekannten generativen KI-Bildtools. Lass uns als Beispiel ein Parfum-Werbebild erzeugen, auf dem Meereswellen gegen die schroffe Oberfläche einer Klippe prallen und auf dem Felsen ein moderner Parfumflakon im schlichten, minimalistischen Design steht.
Den folgenden Prompt für die Bildgenerierung habe ich mir von ChatGPT erstellen lassen und minimal angepasst:

> *«Create a 3D scene where clear water crashing against the rugged surface of a cliff. Make the water splashes and the dripping water visible. On top of the cliff, place a modern, cubic-shaped perfume bottle. The bottle has a sleek, minimalist design, reflecting elegance. The water rolls off the perfume glass. The overall scene is grayscale and evokes a sense of freshness, purity, and wetness, suitable for a high-end perfume commercial.«*

Als Negativ-Prompt habe ich eingegeben:

> *»Round shapes, calmness«*

Daraufhin erzeugen *Stability AI*, *Fotor* und *Adobe Firefly* sehr schnell ziemlich brauchbare Ergebnisse. Dann frage ich ChatGPT noch nach ein paar Slogans für diese Szene. Die Ergebnisse passen ebenfalls gut: »Scent of Awakening«, »Wild Elegance«, »Breath of Freedom«. Ich entscheide mich für den letztgenannten Slogan und setze den Text überall ins Bild.

Das obere Ergebnis kommt von *Stability AI*, das mittlere von *Fotor* und das untere von *Adobe Firefly*. *Fotor* hat die Funktion »AI Expand«, um die Umgebung des Bildes, also hier das Wasser und die Parfümflasche, zu erweitern. Sprich, das Tool *Fotor* »dichtet sich« eine Umgebung hinzu. Diese Funktion habe ich genutzt, und schon taucht auf der rechten Seite im Bild ein Fels auf.

In *Adobe Firefly* nutze ich die Funktion, ein Referenzbild hochzuladen, an dem sich *Firefly* für die Bildgenerierung stilistisch orientieren soll. Für meine Parfümszene nehme ich aus der freien Fotobibliothek *Pexels* ein Schwarz-Weiß-Bild des Fotografen Pew Nguyen, auf dem Wasser mit Meeresschaum, das gegen Küstenfelsen schlägt, dargestellt ist (Nguyen, 2022).

Das KI-generierte Ergebnis von *Adobe Firefly* weist deshalb eine hohe Ähnlichkeit zu diesem Foto auf, als hätte derselbe Fotografe die Parfümflasche fotografiert.

Das Prinzip lässt sich auf beliebige Produkte, Szenen und Bilder für Marketingzwecke übertragen.

Für Marketingzwecke ist generative KI ein Meister im Umformulieren von Werbetexten und spricht emotionale Bedürfnisse der Kunden besser an, als es die menschlichen Kollegen könnten. Nehmen wir Social-Media-Texte als Beispiel – hier hat in einem großen Industrieunternehmen die KI-basierte Textoptimierung zu einer um 25 Prozent höheren Interaktion der Leser beziehungsweise Kunden mit dem Inhalt geführt.

Außerdem ist generative KI in der Lage, für Briefings von Werbetreibenden (also textliche Anforderungen an eine Kampagne) automatisch die passenden Bilder zu generieren. Das spart der Marketingabteilung zwei bis drei Arbeitstage pro Briefing.

Sogar im Metaverse kann künstliche Intelligenz das Marketing aufmischen, denn zukünftig werden KI-Avatare Beratungsaufgaben übernehmen, wie du es vom Fahrradfachhandel oder Autohaus gewohnt bist – nur besser. Warum? Die KI kennt ganz genau deine persönlichen Bedürfnisse, Ängste und Vorlieben. Sie kann jeden Einwand empathisch behandeln und weiß genau, wie sie zu antworten hat, damit du als Kunde nicht abspringst, sondern interessiert bleibst und vielleicht sogar kaufst.

Lass KI deine Posts für Social Media texten

Social Media ist ein wichtiges Instrument, um die eigene persönliche Marke, die sogenannte »Personal Brand«, aufzubauen. Es kostet Zeit, es kostet Nerven und auch Geld. Monatelang schreibe ich auf LinkedIn Beiträge, mit denen ich nicht nur auf die Chancen, sondern auch auf die Risiken von KI aufmerksam mache und die Entwicklung kritisch kommentiere. Es ist schon ironisch, dass ausgerechnet mein erster Beitrag, der über 200 Likes erhielt, von einer KI verfasst ist. Meine konkrete Anfrage an GPT-4 lautet:

> *»Schreibe mir einen viralen Post über die folgende Weisheit: Wenn du Abi hast, denkst du, du weißt alles. Wenn du studiert hast, dann denkst du, du weißt nichts. Wenn du promoviert hast, dann weißt du, die anderen wissen auch nix.«*

Für jemanden wie mich mit gerade mal 2000 Followern sind 200 Likes für einen Post außergewöhnlich viel. In diesem Punkt bin ich ChatGPT zu tiefstem Dank verpflichtet. Fazit: KI-verfasste Texte haben sehr wohl das Potenzial, reichweitenstarke Beiträge zu verfassen.

Trotzdem erreicht mich öfter die berechtigte Frage: »Aber muss ich da nicht viel nacharbeiten? Außerdem kennt der Chatbot doch gar nicht meinen Schreibstil.« Das stimmt. Ich würde niemandem empfehlen, den KI-generierten Text auf Social Media zu posten, ohne ihn vorher nachzubearbeiten. Die gute Nachricht betrifft den Einwand »Der Chatbot kennt doch gar nicht meinen Schreibstil«. Nein, den kennt er nicht, aber du kannst dem Chatbot deinen persönlichen Schreibstil beibringen. Beispielsweise kannst du dem Chatbot *neuroflash* einen Text von dir geben und *neuroflash* »extrahiert« und »merkt sich« den Schreibstil und wendet ihn auf Wunsch bei der Textgenerierung an. Du kannst dem Bot übrigens verschiedene Schreibstile beibringen. Füttere ihn doch mal mit kompliziert klingenden Textpassagen aus einem Buch, das Professoren geschrieben haben. Dann kannst du dein Social-Media-Publikum so richtig beeindrucken.

Lass KI deinen Account entwickeln

Achtung, jetzt betreten wir eine Grauzone, da einige Plattformen – ja eigentlich die größten Plattformen wie Instagram oder LinkedIn – den Einsatz von Bots explizit verbieten und Mechanismen zur Erkennung von automatisiertem Verhalten implementieren. Aber es ist mittlerweile kein Geheimnis mehr: KI-basierte Wachstumsservices entwickeln die Accounts von Influencern auf Social Media gehörig.

KI generiert Content, analysiert und versteht dein Publikum, interagiert mit deinen Follower-Accounts zur richtigen Zeit, maximiert so die Interaktionen und lässt deinen Account langsam, aber sicher wachsen. Einige Tools sind unauffällig genug, sodass die Plattformen dieses automatisierte Verhalten kaum bis gar nicht erkennen. *Kenji* ist ein solches Tool. Das Werkzeug *OpenRep* generiert per KI maßgeschneiderten Inhalt für deine Onlinepräsenz. Das Engagement ist authentisch, denn die KI kann echte Interaktionen simulieren, indem sie auf Kommentare reagiert und Gespräche führt. Deine Follower spüren echte Verbindungen mit dir, obwohl du deine Zeit gar nicht für sie, sondern anderweitig investierst.

An dieser Stelle möchte ich trotzdem noch einmal davor warnen: Es ist – je nach Plattform – eine Grauzone oder gar explizit verboten. Tools für Social-Media-Automation habe ich für meine Accounts nicht im Einsatz.

Lass KI deine Website und dein Logo erstellen

Logos entwerfen und Websites bauen ist aufwendig und teuer, wenn man eine Firma damit beauftragt. Tools wie *Canva's Logo Maker*, *Looka* oder *LogoAi* (logoai.com) übernehmen das Logodesign für dich. Diese Tools setzen deine Vision in ein fesselndes Logo um und gestalten deine eigene Marke, sprich übernehmen das gesamte Branding. Und das erledigen diese Werkzeuge auf einem professionellen Niveau, denn sie verstehen nicht nur deine Präferenzen in Bezug auf Farben, Formen und Stile, sondern auch die Emotionen, die du durch dein Logo vermitteln möchtest. Designkenntnisse? Brauchst du nicht. Die Ergebnisse, die die KI liefert, sind ästhetisch ansprechend und treffen die Essenz deiner Marke.

Gleiches gilt für die Website. Plattformen wie *Wix*, *Squarespace* oder *10Web* (10web.io) nutzen künstliche Intelligenz, um deine maßgeschneiderte Website zu bauen. Zweck und Designpräferenzen gibst du vor und dann erstellt die Plattform eine komplette benutzerfreundliche Website einschließlich Inhalt und passendem Layout. Diese Plattformen bieten zahlreiche Vorlagen, aus denen du eine auswählst und mit ein paar Klicks an deine Bedürfnisse anpasst – die KI erledigt den Rest im Hintergrund.

KI verwandelt Selfies in Hochglanzfotos

Ich hatte ja bereits meine Schwäche von generativer KI bei der Erstellung von Profilfotos verraten: An den Augen beziehungsweise an den Pupillen erkennst du, ob ein Bild generiert oder echt ist. Dennoch sind Fotoservices wie von Secta Labs sehr fortschrittlich. Und sie werden von Tag zu Tag besser. Die Grenze zwischen Realität und Fiktion verschwimmt auch hier immer mehr.

Betrachtet man die Porträtfotos, die Secta Labs generiert hat, dann sind da durchaus einige Bilder dabei, die man im Zweifelsfalls als »reale« Fotos von mir einstufen könnte (hätte ich sie nicht selbst von einer KI generieren lassen 😉). Die Qualität dieser Hochglanzporträts ist eine Art Revolution in der Welt der Fotografie.

Im Folgenden siehst du neun Porträts (angeordnet in einer 3×3-Matrix), die der KI-basierte Fotodienst von Secta Labs für mich erstellt hat. Selbstverständlich sind nicht alle Bilder, die dieser Fotodienst generiert, so realistisch, so gut gelungen oder sehen einem echten Foto von mir zum Verwechseln ähnlich. Diese Best-of-Auswahl zeigt aber, wie fortschrittlich solche Services und die dahinterliegende generative KI-Technologie sind.

Ich würde sogar sagen, dass die Magie beginnt, sobald das Selfie den digitalen Raum betritt. Durch komplexe Algorithmen und tiefgreifendes maschinelles Lernen analysiert die KI jedes Detail eines Fotos. Sie erkennt nicht nur Gesichtszüge, sondern auch Emotionen, Lichtverhältnisse und sogar den Hintergrund. Diese präzise Analyse ermöglicht es der KI, das Bild zu optimieren, Schwachstellen zu korrigieren und das Potenzial jedes einzelnen Fotos voll auszuschöpfen.

Was einst ein einfacher Schnappschuss war, wird durch diese Technologie zu einem Kunstwerk. Hauttöne werden sanft retuschiert, Augen strahlen mit natürlichem Glanz und die Konturen des Gesichts werden perfekt hervorgehoben. Die KI verleiht jedem Bild eine professionelle Note, für die du normalerweise Stunden mit digitaler Nachbearbeitung verbringen müsstest. Du sparst damit nicht nur Zeit, sondern auch viel Geld, denn ein professionelles Fotoshooting ist ja mittlerweile auch kein Schnäppchen mehr.

Doch diese Innovation reicht weit über den Bereich der persönlichen Fotografie hinaus. Sie öffnet neue Türen für die Selbstpräsentation, sei es in sozialen Medien, beruflichen Netzwerken oder sogar bei Datingplattformen. Menschen können nun ihr bestes Selbst mühelos und authentisch präsentieren, ohne sich Gedanken über komplexe Fotobearbeitungssoftware machen zu müssen. Diese Technologie schafft eine Welt, in der jeder die Möglichkeit hat, sich von seiner besten Seite zu zeigen.

Das ist auch sehr spannend für Influencer, Kleinunternehmer, Konzerne und Marken. Lass die KI hochwertige Bilder für Werbekampagnen, Produktpräsentationen und Unternehmensporträts mühelos erstellen und damit eine visuelle Darstellung von höchster Qualität.

In einer Welt, in der der erste Eindruck oft entscheidend ist, wird die Fähigkeit, sich im besten Licht zu präsentieren, zu einem entscheidenden Vorteil. Dank der künstlichen Intelligenz, die Selfies in Hochglanzfotos verwandelt, eröffnen sich ganz neue Horizonte für die Selbstwahrnehmung und die Art und Weise, wie wir uns (oder Unternehmen ihre Produkte) der Welt präsentieren. Wie heißt es so schön: Für den ersten Eindruck gibt es keine zweite Chance.

Lass KI deine Vorträge erstellen und sogar präsentieren

Dass ChatGPT dir PowerPoint-Präsentationen erstellen kann, ist mittlerweile ein alter Hut. Das funktioniert dementsprechend auch über *Copilot AI* von Microsoft. Der *DesignerBot* von Beautiful.ai und das Tool *ChatBA*, welches letztlich die OpenAI API nutzt, sowie weitere Tools sind ebenfalls dazu in der Lage.

Die folgende Folie hat mir Beautiful.ai im Handumdrehen erstellt. Dazu habe ich lediglich *»The beauty of flying black swans, Realistic photo«* eingegeben. Der *DesignerBot* arbeitet hierzu im Hintergrund mit DALL·E beziehungsweise nutzt die entsprechende API von OpenAI.

Und jetzt kommt der Clou. Hast du weder Lust noch Zeit, den Vortrag selbst zu halten? Absolut kein Problem. Die KI freut sich über den Job und übernimmt. Gib deine Folien an das Tool *Synthesia* und es erstellt ein personalisiertes Video mit einem KI-generierten Avatar, der deinen Vortrag hält. Der Avatar spricht den Text, den du ihm vorgibst. Der Text selber kommt von ChatGPT. Wie genial ist das denn? Du brauchst selbst so gut wie nichts mehr zu tun.

Die Auswahl ist groß, denn es gibt noch weitere Tools. Auch *Lumen5* verwendet KI, um deine Videopräsentationen zu erstellen. Es wandelt

Texte, zum Beispiel deine Blogbeiträge, in ansprechende Videos um. Ähnlich wie *Lumen5* geht das Werkzeug *Pictory* vor, welches zudem lange Videos in kürzere Clips schneiden kann, die wiederum für Social Media geeignet sind. Das Tool *Descript* bearbeitet Videos in einem Modus, der Änderungen am Text in den Transkripten automatisch im Video umsetzt. Beliebt für Marketingvideos und Präsentationen ist zum Beispiel auch das Werkzeug *InVideo*, welches zahlreiche Vorlagen und eine intuitive Benutzeroberfläche bietet. Genauso legt die Plattform *Quinvio AI* seinen Schwerpunkt auf Präsentationsvideos für Produktwerbung, Social-Marketing-Videos und Anleitungsfilme für das Mitarbeiter-Onboarding. Und dann gibt es noch *Runway ML* – das haben wir ja bereits kennengelernt.

KI im Handwerk

Ich selbst habe zwei linke Hände. Wenn ich einen Dübel in eine härtere Wand bekommen will, muss ich schon meinen Nachbarn holen, der ist Handwerker.

Erstaunlicherweise stellt KI das Handwerk vor eine Revolution epischen Ausmaßes. Künstliche Intelligenz, die erst in den Tiefen von Wissenschaftslaboren schlummerte, dann die Tech-Welt und Branchen wie die Unterhaltungs-, Pharma- oder Automobilindustrie revolutionierte, begibt sich nun daran, das Handwerk mit ihrem technologischen Zauber zu bereichern.

Ich spreche von Malerrobotern, die bereits im kommenden Jahr die Pinsel schwingen werden. Zwei Hersteller sind ConBotics und Caparol. Das sind Roboter, die mit einer Präzision Malerarbeiten übernehmen, die selbst die geschicktesten menschlichen Hände in den Schatten stellt. Werbung für diese Roboter zeigt teils provozierend, wie sehr sich die Ausleihe eines solchen Roboters lohnt: Der Roboter hat keinen Anspruch auf Urlaub, er braucht keine Raucherpausen, Sozialversicherungsbeiträge, sein Stundenlohn liegt unter acht Euro.

Während einige traditionelle Handwerker die Nase rümpfen und behaupten, dass dies die Magie und Seele ihrer Arbeit auslöscht, komme ich nicht umhin zu fragen: Ist es nicht an der Zeit, dass auch das Handwerk dem Ruf der Zukunft folgt? Diese Malerroboter sind keine bloßen Maschinen. Sie sind die Inkarnation von Präzision, Schnelligkeit und Kreativität auf einer ganz neuen Ebene.

Schluss mit den lästigen Pinselspuren, den ungleichmäßigen Farbschichten und den endlosen Stunden, die man für ein perfektes Finish benötigt. Die Malerroboter werden die Leinwand mit einer Anmut streicheln, dass selbst die talentiertesten Künstler staunen. Sie mischen Farben, die im Spektrum des menschlichen Auges gar nicht existieren, und sie tun es in einem Bruchteil der Zeit, die ein Mensch benötigt.

Es ist an der Zeit, dass wir uns von der Vorstellung verabschieden, dass KI eine Bedrohung für unsere Fähigkeiten ist. Vielmehr ist KI unser Partner, der unsere Kreativität beflügelt und uns über die eigenen Grenzen hinauswachsen lässt. Diese Revolution ist mehr als nur eine Veränderung der Art und Weise, wie wir unsere Wände verschönern. Sie ist ein Weckruf für das gesamte Handwerk.

Ich habe ein wenig provoziert, um deutlich zu machen, dass die Zukunft des Handwerks bereits angebrochen ist. Japan ist schon ein paar Schritte weiter. Dort sind Lötroboter fleißig, dort ist das automatisierte Löten ein etablierter Industriestandard und in der Auto-, Medizin-, Weltraum- und Elektronikbranche weitverbreitet (Fritz, 2023). Die Fabrikhallen sind voll mit Robotern, aber nicht nur die Fabrikhallen. Roboter füllen Lager und Regale in Supermärkten auf und liefern Pakete von A nach B. Sie kochen Nudeln, frittieren Pommes, fungieren als Kellner und bringen das Essen zu den Tischen im Restaurant und räumen anschließend das Geschirr in die Spülmaschine.

Hierzulande sind Malerroboter nur der Anfang. Wir brechen gerade erst auf in eine neue Ära des Handwerks.

KI spielt eine Rolle im 3-D-Druck und in der Maßanfertigung. 3-D-Drucker, die von KI gesteuert sind, fertigen maßgeschneiderte Produkte und Prototypen in einer nie da gewesenen Präzision und Schnelligkeit. Vom Schmuckdesign bis zum Bauwesen sind maßgefertigte Produkte bald dank KI ein Charakteristikum des klassischen Handwerks.

Die robotergesteuerte Fertigung wird in Fabriken und Werkstätten zunehmen – ganz nach dem japanischen Vorbild. Roboter mit KI-Technologie werden Hand in Hand mit Menschen arbeiten. Das Stichwort heißt *Cobots*. Cobots sind kollaborative Roboter, die mit Menschen zusammenarbeiten. Sie erledigen komplexe Aufgaben wie Montage, Schweißen und sogar Feinmechanik mit von Menschen unerreichbarer Präzision und Geschwindigkeit.

Im Bereich Design und Architektur unterstützen KI-Algorithmen die Architekten und Designer bei der Entwicklung innovativer Konzepte. Sie analysieren riesige Datenmengen, um Trends zu erkennen, und erstellen Entwürfe, die nicht nur ästhetisch ansprechend, sondern auch funktional und energieeffizient sind.

KI-gesteuerte Maschinen werden in Schreinereien und Tischlereien sowie in der Möbelherstellung das Holz präziser schneiden und schnitzen, als Menschen es je könnten. Dadurch entstehen kunstvolle Möbelstücke und Holzarbeiten von außergewöhnlicher Qualität. Roboter als Tischler sind allerdings schon heute in Europa Realität. Auch in Schlachtbetrieben und in der Fleischverarbeitung gibt es bald keine Menschen mehr (Haldner, 2023). Dasselbe gilt für Textilbetriebe. Von der Stoffauswahl bis zur Herstellung von Bekleidung optimieren KI-Systeme den gesamten Herstellungsprozess. Sie erkennen Muster, schneiden Stoffe zu und erstellen kundenspezifische Modevorschläge basierend auf individuellen Vorlieben.

Wenn du einen kleinen Betrieb hast – ob Handwerk oder nicht –, lass dir von KI Arbeit abnehmen, sei es eine intelligente Schichtplanung, Sachbearbeitung, die Optimierung der Lagerhaltung, die Vermeidung oder Reduzierung von Überschüssen (das ist auch für Lebensmittelbetriebe zunehmend interessant) oder eine intelligente Empfehlung deiner Produktherstellung. So kann KI anhand der Wetterdaten vorhersagen, ob ein Bäckereibetrieb lieber Brezeln oder Torten backen sollte. Lass KI das Verhalten deiner Kunden analysieren, sodass du dich früh auf Trends einstellen kannst. Lass ChatGPT Kundenbriefe, Briefe an Vermieter oder Lieferanten schreiben. Lass ChatGPT Projektpläne schreiben, Produkt- und Materialsuche sowie Fakturierungs- und Assistenzaufgaben übernehmen.

Wie weit wollen wir gehen?

Es ist November 2022, der Prototyp einer disruptiven Technologie ist veröffentlicht worden und tritt eine unaufhaltsame Lawine los. Es ist die Lawine einer ganz neuen Art, wie wir KI erfahren, wofür wir KI nutzen und wie wir über KI denken und sprechen. In den sozialen Medien hat sich die Anzahl der KI-Experten verfünffacht. Alle reden von ChatGPT. Dabei ist ChatGPT nur der Anfang. ChatGPT hat lediglich eine neue Ära der künstlichen Intelligenz, den Aufstieg der sogenannten »generativen KI«, eingeläutet. Was ist denn das Besondere an dieser generativen KI? Sie ist schöpferisch, sie ist kreativ und übertrifft dabei die menschliche Leistungsfähigkeit in Geschwindigkeit und Qualität – von der Texterstellung über die Bildgenerierung bis hin zur Videoproduktion. Alle reden darüber, was diese KI leisten kann, sowohl Gutes als auch Schädliches. Mit diesem Hype sprießen immer mehr generative KI-Systeme wie Pilze aus dem Boden. Und jeder, wirklich jeder, kann sie unmittelbar nutzen. Mit der Zeit realisieren immer mehr Menschen, welches mächtige Werkzeug plötzlich jedem zur Verfügung steht, und es drängt sich die Frage auf, was diese neuartige KI, sprich die generative KI, für unsere Gesellschaft bedeutet. Plötzlich wird die Mächtigkeit von KI allgemein jedem klar, auch demjenigen, der sich bisher mit KI nur am Rande befasst hat.

KI spielt längst nicht mehr nur in professionellen, ingenieurtechnischen oder industriellen Anwendungen eine Rolle, sondern im Alltag eines jeden Menschen – beruflich und privat, und dies mit einer noch nie da gewesenen Offensichtlichkeit und Präsenz. Die Entwicklung von KI ist rasant, die Einsatzmöglichkeiten nehmen ins Unermessliche zu, und zwar so sehr, dass Menschen gar nicht mehr über den KI-Einsatz nachdenken. Sie tun es einfach – ohne Hemmung, ohne jegliches Hinterfragen. Das geht mittlerweile so weit, dass sich die Meinung »Wer KI nicht einsetzt, wird ersetzt« breitmacht.

Dieser Wandel ist so unaufhaltsam geworden, dass er keine Grenzen kennt, und wir müssen uns fragen, ob das zu einer Entmenschlichung unserer Welt und Gesellschaft führen kann. Er ist unaufhaltsam geworden, die Grenzen zwischen Mensch und Maschine verschwimmen und werden im schlimmsten Fall sogar aufgehoben. Wenn du beispielsweise einen Anruf bekommst, weißt du in naher Zukunft nicht mehr, ob am anderen Ende der Leitung ein Mensch oder eine Maschine ist. Du wirst es nicht mehr unterscheiden können. Menschen in Krankenhäusern und Pflegeheimen kommen in den Genuss von Robotern als zusätzliche Helfer. Das sind nur wenige Beispiele, mit welcher Wucht der technische Wandel das Zusammenleben in unserer Gesellschaft beeinflusst.

Die Menschlichkeit, die Menschen noch von Maschinen unterscheidet, wird ein unbezahlbares Gut in einer Konsumgesellschaft sein, wo ohnehin der Großteil von Produkten und Dienstleistungen digital ist. Und dieses kleine, kostbare Stückchen Menschlichkeit, das wir noch haben, teilen wir jetzt mit Maschinen. Damit das funktioniert, machen wir Maschinen menschlicher, ohne zu wissen, ob es zu einem Teufelskreis wird. Maschinen sollen in Zukunft möglichst all das machen, was sie mindestens genauso gut können wie Menschen. Und angestachelt vom Triumph und dem Eifer des Technologiefortschritts geben wir uns alle Mühe, dass Maschinen dank KI möglichst zu all dem in der Lage sind, was Menschen vermögen, und zwar besser und schneller. Dazu zählen auch Soft Skills wie Einfühlungsvermögen.

Die immer kleiner werdende Lücke zwischen Mensch und Maschine führt unweigerlich zu einer neuen Arbeitswelt. Es ist eine Welt, in der sich die

Grenzen zwischen Menschlichem und Maschinellem fließend zunehmend auflösen. Menschen verleihen Maschinen menschliche Züge, und gleichzeitig nimmt die Arbeitswelt einen zunehmend technologischen Charakter an, was uns manchmal das Gefühl gibt, maschinenähnlicher zu werden. Gewinner in diesem Spiel sind die, die den Maschinen noch irgendetwas vormachen können, etwa in puncto Kreativität, in puncto Hard Skills wie Mathe, Physik oder Quanteninformatik (die Mr Spocks sozusagen, die ein Superhirn haben wie die legendäre Figur aus *Star Trek*) oder in puncto Menschlichkeit.

Glücklicherweise gibt es eine menschliche Stärke, die bislang von keiner Maschine zu erreichen ist, geschweige denn zu schlagen ist. Wer auf diesen Vorteil setzt, wird sich auf dem Arbeitsmarkt gegenüber jeder Maschine durchsetzen – sosehr sich die Forschung auch dabei abstrampelt, Maschinen uns Menschen ähnlicher zu machen. Maschinen können die Gefühle von Menschen noch nicht mitempfinden und miterleben. Maschinen »leben« und agieren nur im Moment. Sie werden ihr Verhalten nicht reflektieren, sie werden nicht nachts darüber nachdenken, ob sie vielleicht jemanden emotional verletzt haben, sich entschuldigen und sich entschließen, ihr Verhalten zu ändern.

Gesellschaft auf Autopilot?

Roboterhunde: Futuristische Vierbeiner für den letzten Lebensabschnitt

Ich will es mir gar nicht vorstellen, aber irgendwann trifft es jeden und damit auch mich. Stell dir vor, du liegst im Bett und weißt, dass die letzten Momente auf deinem Weg ins Jenseits weder Spaziergänge durch den Wald noch Tauchgänge im Ozean oder der Blick auf einen Sonnenuntergang am Meer sind. Es ist der Blick auf das Inventar des Zimmers, in dem du deine letzten Tage verbringst. Was könnte in einer solchen Situation schöner sein, als dass die Tür aufgeht, ein Mensch zu dir kommt, dir Zeit schenkt, dir Gesellschaft leistet und einfach da ist? Ich glaube, das passiert viel zu selten.

Als ich meine Großmutter im Heim besucht habe, saß immer eine andere ältere Dame bei ihr. Sie war über 90 Jahre alt und wir haben sie miteinbezogen, Klamauk gemacht und gequatscht. Jedes Mal, kurz bevor ich gegangen bin, hat sie meinen Arm festgehalten und gesagt: »Kommt jetzt gleich noch jemand?« Meine Antwort lautete immer »Ja – ich hol jemanden … es kommt gleich wer.« Das tat weh. Warum? Weil mir klar wurde, dass jeder (mich eingeschlossen) vielleicht irgendwann dort sitzt und vor lauter Einsamkeit andere Menschen anfleht, dass jemand vorbeikommen möge.

Künstliche Therapietiere sollen das Leben alter und demenzkranker Menschen in Heimen bereichern. Sie sollen einsame Menschen im Altersheim unterhalten, sie sollen Demenzkranken in der Klinik helfen oder als nächsten Schritt sterbenden Patienten auf der Palliativstation Gesellschaft leisten. Tatsächlich ist nachgewiesen, dass sie den Zustand der Patienten verbessern können. Jennie ist so ein Roboterhund – einem acht Wochen alten Labradorwelpen nachempfunden. Der Erfolg der Maschinen zeigt die Abgründe der menschlichen Einsamkeit. Aus technischer Sicht könnte ich trocken sagen: »Ist doch besser als nichts«, und bevor niemand mit diesen pflegebedürftigen Menschen interagiert, soll es der Roboter tun. Okay, das stimmt. Doch manchmal vergessen wir, dass eine Lösung nur als Übergangslösung gedacht ist, statt zu sagen: »Nun haben wir ja mit den Robotern eine praktische Lösung und müssen uns nicht mehr um das eigentliche Problem kümmern.«

Das zeigt, wie wir bereits die Barrieren einer vielleicht zu technologisch geprägten Welt überwunden haben, und steht beispielhaft dafür, wie grenzenlos und real diese Entmenschlichung ist, denn sie findet an diesen Tatorten der Einsamkeit statt. Sie findet ausgerechnet da statt, wo die Einsamkeit eh bereits ein wirklich trauriges Bild menschlichen Daseins zeichnet. Sie findet genau da statt, wo sich Menschen nicht mehr wehren können. Es ist wie ein Entmenschlichungsakt gegen die Alten und Schwachen, ja wie ein Akt gegen die Schwächsten.

Die Robotisierung der Pflege führt dazu, dass Pflegekräfte nur noch Maschinen konfigurieren. Das Berufsbild, das bislang für Menschlichkeit, Beziehungsorientierung und für den natürlichen, empathischen Dienst an den schwach gewordenen Helden unserer Gesellschaft stand, bekommt einen neuen Anstrich, ein neues Image. Es geht nun nicht mehr darum, Pflegebedürftigen Zeit zu schenken, mit ihnen zu sprechen, ihnen zuzuhören, sondern darum, die Einsatzbereitschaft und Interaktion von Maschinen und Roboter herzustellen, um möglichst effizient möglichst viele Menschen nach Pflegestufe und Checkliste abzufertigen. Das neue Berufsbild der Pflege vergrault die potenziellen Bewerber sowie Nachwuchskräfte, die bisher aus Überzeugung gern diesen Dienst an Menschen übernommen hätten. Japan geht einen Schritt weiter und versucht sogar mittels Rationalisierung nach dem Motto »Roboter statt Menschen« den Bedarf an fremden Arbeitskräften abzuwenden, um seine Kultur zu bewahren (Yamamoto & Blume, 1992).

Doch brauchen pflegebedürftige Menschen nicht in erster Linie Kontakt mit echten Menschen oder Tieren? Die Robotik in der Pflege lässt das Sozialleben alter Menschen noch mehr verarmen. Dabei sind gerade soziale Interaktionen mitentscheidend für den Gesundheitszustand unserer Angehörigen, und die Vorenthaltung sozialer Kontakte ist eine Form von Misshandlung (Bioethikkommission beim Bundeskanzleramt Österreich, 2019). Roboterhunde sind Unterhaltungskünstler in Heimen – ich will das nicht bestreiten, und es ist nachgewiesen, dass sie einen Mehrwert bringen. Lasst uns trotzdem unsere Zeit bewusst dafür nutzen, unseren Großeltern mit echter menschlicher Wärme und ein paar guten alten Witzen am Krankenbett eine Freude zu machen. Wird ein solcher Kontakt in Zukunft nur noch Luxus sein? Wenn das so ist, stelle ich die kritische Frage: Ist dies eine wünschenswerte, menschenwürdige Welt oder ist ein Veto gegen das Überschreiten ethischer Grenzen überfällig?

Abschließend mache ich auf Einsatzmöglichkeiten von Robotern in der Pflege aufmerksam, die ich gutheiße. Pflege ist mit körperlich schwerer

Arbeit verbunden. Es würde Sinn ergeben, wenn ein Roboter den Transport der pflegebedürftigen Person übernimmt, beim Waschen hilft, beim Anheben oder beim Laufen als Stütze. Diese Interaktion fördert Vertrauen, aber das alles sollte der Roboter nicht komplett allein erledigen, sondern immer in menschlicher Begleitung. Die Pflegekraft hat nun mehr Möglichkeiten für eine soziale, menschliche Interaktion mit der pflegebedürftigen Person. Ein anderer Gewinn von KI in der Pflege ist, dass ältere Menschen länger in ihrem geliebten Zuhause leben können, wenn digitale Systeme sie daran erinnern, Tabletten einzunehmen, oder ihnen bei alltäglichen Aufgaben helfen. In seiner Stellungnahme »Robotik für gute Pflege« schlägt der Deutsche Ethikrat neben den eben genannten weitere Anwendungen vor, die die Pflege bereichern und nicht entmenschlichen (Deutscher Ethikrat, 2020).

Apps übernehmen das Ruder deines Privatlebens

In der Prä-App-Ära waren wir Menschen gefordert und dadurch auch in der Lage, auf menschliche Bedürfnisse einzugehen, seien es die Bedürfnisse anderer Menschen oder die eigenen. Die Welt ist komplexer geworden. Für bestimmte Prozesse sind Digitalisierung und Apps nützlich, wie etwa für einen internationalen Flug mit mehreren Flugabschnitten und unterschiedlichen Einreisebestimmungen je Land für den Zwischenhalt. Mittlerweile gibt es jedoch Apps für einfach alles – selbst für die grundlegendsten menschlichen Belange. Pärchen-Apps (sogenannte Sextracker) sollen dein Sexualleben aufzeichnen und organisieren. Nicht nur für die virtuelle Liebe, sondern auch für deinen virtuellen Freund oder für dein virtuelles Haustier gibt es eine App, mit der du es fütterst und ihm in Echtzeit beim Aufwachsen zusiehst. Warum brauchen wir solche Apps, was sagt das über unsere Gesellschaft aus? Wir sollten uns die Zeit nehmen, über diese Fragen mit anderen Menschen zu reflektieren.

Ich möchte die Entwicklung der App-Landschaft mit einem positiven Beispiel abschließen, das mir Hoffnung macht: Die im Jahr 2022 veröffentlichte App *BeReal* setzt auf Echtheit, auf wirkliche Momente, auf unverfälschte Momentaufnahmen des Lebens deiner Freunde, statt auf Inszenierungen, die an Schönheitsidealen ausgerichtet sind (Feller, 2022). Das Ermutigende ist, dass diese App bei mehreren Millionen Menschen weltweit Anklang findet und einen echten sozialen Nutzen stiftet. Denn hier schafft Digitalisierung die Nähe zwischen Familienangehörigen, Freunden, Kollegen und Bekannten. Hier baut Digitalisierung gezielt das konkurrenzorientierte Spannungsfeld ab, welches den ungesunden Kampf um Follower und Likes anstiftet. Hier sind alle gleich – Influencer gibt es bei *BeReal* nicht. Meine Hoffnung richtet sich auf Menschen, die solche Ideen haben, diese umsetzen und der unaufhaltsamen Technologieentwicklung einen digitalen Humanismus zugrunde legen.

Wie die Digitalwelt dich aus der Realwelt entführt

Im Schnitt verbringen Deutsche ein Drittel ihrer Lebenszeit im Netz. Genau genommen steht ein Durchschnitt von 24 Jahren, acht Monaten und 14 Tagen online verbrachter Lebenszeit den 80,89 Jahren durchschnittlicher Lebenserwartung in Deutschland gegenüber (Vienažindytė, 2021). Soziale Medien, YouTube und Co. machen den Löwenanteil von fast 40 Prozent aus, gefolgt von 23 Prozent für Film- und TV-Streaming. Von unserem Leben in der echten Welt, in der wir andere Menschen, Natur oder Großstadtflair real erleben, bleiben nur zwei Drittel übrig (und dabei sind noch nicht einmal Schlaf- und Wachzeit berücksichtigt). Würden Menschen, die zu 100 Prozent ein reales Leben gelebt haben, ein Drittel ihres Lebens gegen ein virtuelles tauschen?

Zeit ist Geld? Nein – Zeit ist Leben. Obwohl du nur ein einziges hast, verlierst du eine Menge deiner Lebenszeit unwiederbringlich in der Digitalwelt. Die größte Gefahr geht von Social Media aus. Es geht um Aufmerksamkeit, es geht um Bestätigung, es geht um Einfluss und um Belohnung in Form von Likes. Und all das ist die Droge, die unser Belohnungssystem im Gehirn absorbiert. Social Media verabreicht schleichend ein Gift, das dich abhängig, schlaflos, ja sogar depressiv macht und vor allem bei Jugendlichen besonders stark wirkt (dpa, 2018). Der Wettbewerb fasziniert und treibt Menschen an, was im Grunde nichts Schlechtes bedeutet. Allerdings wird es gefährlich, wenn sich dieser Wettbewerb, dieses Buhlen um Likes, auf die direkte Anerkennung bezieht.

»Ich fühle mich nicht schön, ich fühle mich wertlos, denn andere in meinem Alter sind viel gefragter in den sozialen Medien und bekommen dort viel mehr Aufmerksamkeit.« Als ich diese wahre Geschichte über einen Südamerikaner gehört habe, wurde mir endgültig klar, welch immensen Schaden Social Media anrichtet und dass sich diese Pandemie keineswegs nur über Teile der Erdkugel erstreckt, sondern schleichend die ganze Welt vergiftet – einschließlich solcher Kulturkreise, die ich lange für immun gegen dieses Leiden gehalten habe. Als ich beispielsweise 2007 Chile besuchte, habe ich die Menschen dort als so lebensnah, sprich dem echten Leben nah, empfunden, dass mir nie in den Sinn gekommen wäre, die südamerikanische Mentalität und Kultur wäre durch Social Media beeinflussbar.

Genauso schockierend fand ich eine Debatte um die Wichtigkeit der Followerzahl auf LinkedIn. Kurzum: Eine hohe Followerzahl gilt als »Social-Proof-Merkmal«. So weit, so gut – daran ist nichts verwerflich. Was mir den Boden unter den Füßen weggerissen hat, war die Aussage: »Mein Neffe (12) kann auswendig aufzählen, wie viele Follower jeder Fußballverein oder Influencer hat – für ihn ist das ein Zeichen für Relevanz, Bekanntheit und Wichtigkeit.« Mit anderen Worten: »Sag mir deine Followerzahl, ich sage dir, wie relevant du bist.« Ohne Worte. Das Erschreckende daran ist, dass sich diese Haltung bereits bei Kindern festsetzt.

Eine Konsequenz des ständigen Schreis nach Bestätigung in Form von Follows, Likes und Reichweite ist die physische und psychische Gesundheit, die unter dieser Last früher oder später zusammenbricht. Oft sind die Ursachen offensichtlich und auch du wirst einige Anhaltspunkte vielleicht schon bei dir persönlich gefunden haben: Wir sehen auf Instagram Frauen ohne eine einzige Falte, Männer mit Sixpacks und bekommen Einblick in die Welt von Influencern, die scheinbar ein perfektes Leben haben. Solch ein sozialer Vergleich entsteht vollkommen unbewusst und ist vermutlich gar nicht mal so unnatürlich. Sind wir jedoch durchgängig mit solch idealisierten Darstellungen konfrontiert, kann das schnell zu Selbstzweifeln und Unwohlsein führen. Häufig hängen Menschen auch stundenlang in sozialen Medien herum, um ja nicht den neuesten Post ihres Lieblings-Influencers zu verpassen oder jeden Moment ihres eigenen Lebens in einer Story festzuhalten. Das kann zu einer Verdrängung von echten sozialen Kontakten und einem Leben innerhalb eines rein digitalen Kosmos führen. Die Reizüberflutung durch die vielen Informationen führt nicht selten zu Überforderung und schlussendlich zu einem Dopaminüberschuss. Diese Reize sind häufig nur kurzfristige Stimulierungen, führen zu regelmäßigen Glücksgefühlen und verursachen letztlich eine Abstumpfung unserer Fühl- und Wahrnehmungsfähigkeit. Soziale Netzwerke erziehen uns mit ihren KPIs zu einer ständigen Suche nach Suchtbefriedigung über Likes, Follower und positive Kommentare.

Wer nicht digital ist, ist nicht relevant

Irgendwie scheint sich folgende Regel auf der ganzen Welt breitzumachen: Wer nicht digital ist, ist nicht relevant. Es zählt nicht, wie du denkst, was du lernst, was du studiert hast, was du leistest oder sonst so kannst. Es zählt, wie sichtbar du in den sozialen Medien bist, wie viele dir folgen, wie viele Likes du hast. Zeig mir deine Followerzahl, ich sage dir, wie viel wert du bist. Relevanz kannst du dir sogar kaufen. In der digitalen Welt vergleichen sich Menschen über Faktoren wie Likes, Social Selling Index (SSI) und Kommentare. Und dabei geht es nicht um qualitativen Inhalt, sondern um Meinungsführerschaft. Ab einer fünfstelligen Followerzahl bist du vorerst gerettet und schnappst nach Luft wie die Maus, die so lange in Sahne strampelte, bis sie die Sahne schließlich in Butter verwandelt hat und sie endlich rauskrabbeln konnte. Dann kannst du andere für dich arbeiten lassen – hierfür gibt es ganze Industrien, eine Social-Marketing-Industrie, eine Copywriter-Industrie: Menschen, die dich und deine Produkte vermarkten, und Menschen, die Texte für Social Media schreiben. Und perfiderweise ist es gang und gäbe, psychologische Mittel einzusetzen, um Social-Media-Posts in Bild und Schrift auf deine kurze Aufmerksamkeitsspanne auszurichten – mit fetten, provokativen Überschriften (»Triggern«), mit

Einleitungssätzen, die »anfixen«, mit anschließenden Textabschnitten, die häppchenweise verdaulich sind.

Wir versklaven uns in einer Aufmerksamkeitsökonomie

Wir schufen die Digitalwelt und in ihr eine Aufmerksamkeitsökonomie. Die Währung innerhalb dieser Ökonomie ist Lebenszeit. In jedem Moment deiner Lebenszeit kannst du deine Aufmerksamkeit nur einmal schenken. Schenkst du sie Familie, Freunden, deinen Haustieren, Dingen im echten Leben? Oder schenkst du sie Influencern, die Zehntausende Likes kassieren für einen Kalenderspruch, der in 99 Prozent aller Fälle sowieso nicht von ihnen, sondern von wahren Größen stammt?

Diese Ökonomie der Aufmerksamkeit ist das System hinter dem Wettbewerb um Relevanz. Es ist ein Kastensystem, das aus Relevanz-Kasten besteht oder besser gesagt einer Zweiklassengesellschaft: die einen, die relevant sind, und die anderen, welche die erstgenannten durch Texte, Kommentare und Likes relevant machen. In diesem Wettbewerb um Relevanz gibt es Werkzeuge wie Klickköder (Clickbait), Triggertechniken und Tricks, mit denen die Mächtigen – die »Relevanten« – andere Menschen aus niederen Kasten für sich effektiv nutzen, um noch relevanter zu werden: Die Mächtigen beteiligen sich nicht an den Inhalten der Schwachen, animieren diese aber, sich an den eigenen Beiträgen zu beteiligen. Kommentare der Schwachen werden mit Rückfragen erwidert, sodass das Fußvolk animiert wird, darauf wieder zu antworten. So behalten die Mächtigen eine hohe Beteiligungsrate an ihren eigenen Beiträgen und ihre eigene Sichtbarkeit und Relevanz steigt – Dank des Engagements der Schwachen.

Das Ergebnis dieser Entwicklung ist verheerend: Menschen verschenken ihre wertvolle Aufmerksamkeit an Influencer statt an ihre Lieben. Menschen vergleichen sich über die digital geschöpfte Relevanz, spüren Ohnmacht gegenüber großen Influencern, verlieren ihre Identität und werden depressiv. Das ist eine harte Aussage, sie ist jedoch leider bewiesen, und zum Glück befassen sich immer mehr Forscher mit diesem Phänomen. So fanden Forscher heraus, dass junge Erwachsene, die häufig und intensiv soziale Medien nutzen, innerhalb von sechs Monaten viel wahrscheinlicher, ja fast dreimal wahrscheinlicher, depressiv werden als andere (Primack et al., 2020). Eine später veröffentlichte Studie wies sogar nach, dass dieses durch Social Media verursachte Depressionsrisiko nicht vom Persönlichkeitstyp des Einzelnen abhängt (Merrill et al., 2022).

Digitale Aufräumarbeit in Manila

Die größten Opfer in dieser neuen Ökonomie, der Aufmerksamkeitsökonomie, sind sehr arme Menschen. Auf den Philippinen werden sie über Drittunternehmen für eine »Löscharmee« angeheuert (Torres, 2018). Erste-Welt-Staaten verfrachten nicht nur Schiffscontainer mit Tonnen von Abfall auf die Philippinen, damit die Menschen ihn dort recyceln. Nein, ohne entsprechende Ausbildung, ohne psychologische Betreuung löschen sogenannte »Content Moderatoren« den ganzen Tag verstörende Bilder von »übelstem Missbrauch an Kindern, bis hin zu Foltermethoden« – und davon, wie Torres berichtet, 20 000 täglich. Um nicht als Straßenkehrer zu enden, übernehmen junge Menschen in Entwicklungsländern das »digitale Säubern« unserer westlichen Social-Media-Plattformen. Ihr Ziel? Dafür sorgen, dass wir in der Ersten Welt von den dunklen Seiten der Menschheit verschont bleiben. Das könnte für uns verstörend sein. Lieber brennen sich diese Bilder in die Köpfe einer armen Bevölkerung ein, die eh schon Opfer sind: Opfer der damaligen Kolonisation, Opfer heutiger Naturkatastrophen und Opfer permanenter Armut. Wie hoch muss denn der Preis noch sein, den wir Menschen an diese Ökonomie bezahlen? Wie viel Unmenschlichkeit dulden wir weiterhin, um dieses perfide System am Leben zu halten?

Hier sehe ich eine große Chance für künstliche Intelligenz, die künftig diesen »Content-Moderatoren«, ganz wie im Grimm'schen Märchen *Aschenputtel*, die Arbeit abnimmt: die Guten ins Töpfchen, die Schlechten ins Kröpfchen.

Wie wäre es denn, wenn wir einfach von heute auf morgen den Stecker bei Social Media ziehen würden? So gäbe es weder Grund noch Gelegenheit für irgendjemanden, Inhalte zu posten, die dann sowieso keiner anguckt. Stattdessen könnten wir unseren westlichen Plastikabfall von Straßen und Stränden aufsammeln – gerne auch in Übersee, auf fernen paradiesischen Inseln, die jetzt unter der Last des angeschwemmten Mülls leiden.

Derartige Aktionen à la »echten Müll sammeln statt digitalen Müll produzieren« gibt es zum Glück schon. Und viele Menschen sowie Organisationen machen Mut und berichten darüber auch in den sozialen Netzwerken. Viele engagierte Bürger tun dies aus Überzeugung, weil sie etwas Gutes tun wollen. Es gibt allerdings auch den Fall, in dem eine Influencerin einfach nur Likes kassieren wollte und dafür vorgaukelte, einen vermüllten Strand aufzuräumen. Die Müllbeutel lässt sie achtlos am Strand liegen, und es stellt sich heraus: Die Fake-Aktivistin hat nur Stöcke gesammelt (Bild, 2023).

»Sklavenarbeit« im Dienst von ChatGPT

Als ob die digitale Ausbeutung nicht schon genug wäre, gibt es auch im Bereich generativer KI eine Ebene, die das Gründungsunternehmen von ChatPGT in ein negatives Licht rückt. OpenAI lagerte seine Arbeit an gering entlohnte Arbeitskräfte in Entwicklungsländern aus, um sein KI-Modell weniger »toxisch« zu machen. ChatGPT hat nämlich das Problem – und das Innovationspotenzial zugleich –, so gut wie jede denkbare Ausgabe zu einer manuell eingetippten Anfrage des Nutzers zu geben. Möchte ein Nutzer also eine perfekt nachgeahmte Spamnachricht verfassen, um diese für kriminelle Zwecke zu missbrauchen, kann er diese mit einfachen Tricks in einen Prompt umwandeln. Das liegt nicht zuletzt daran, dass das Internet mit diesen höchst fragwürdigen Inhalten gespickt ist. OpenAI verwendet jene Daten, um das KI-Modell von ChatGPT zu trainieren.

In solcher Art und Weise lassen sich kriminelle, rassistische oder sexistische Inhalte wortwörtlich im Handumdrehen erstellen. Diese Gefahr zu unterbinden, ist gewiss von hoher Bedeutung. Die Art und Weise, wie manche Firmen ihre ethische und soziale Verantwortung handhaben, wirft Fragen auf und erinnert manchmal an Arbeitspraktiken aus der Kolonialzeit.

Jüngst veröffentlichte die *TIME* einen brisanten Bericht (Perrigo, 2023), dass unterbezahlte Mitarbeiter in Kenia dafür angeheuert wurden, genau diese verstörenden Inhalte manuell zu klassifizieren, damit das KI-Modell von ChatGPT diese Inhalte bereits beim Erlernen seines Sprachmodell als »toxisch« einstuft. Einige Mitarbeiter berichten von bestialischen Bildern und Visionen, die sie auch im Schlaf heimsuchten. In einer 9-Stunden-Schicht zwischen 100 und 250 Texte zu bearbeiten, von denen jeder bis zu 1000 Wörter umfasst, ist ohnehin kein Traumjob. Nun stellt euch vor, diese Texte thematisieren die Misshandlung von Kindern oder sexualisierte Gewalt an Frauen. Diese Arbeit bringt psychische Belastungen mit sich. Zumindest gibt es Anlaufstellen für psychologische Beratung – ein Schritt in die positive Richtung. Auch hier denke ich, dass künftig KI diese Aufräumarbeit übernehmen kann und muss.

Dass solch eine Arbeit mentale Stärke benötigt, ist zweifelsfrei klar. Aber KI-Unternehmen müssen unbedingt in die Pflicht genommen werden, damit solch eine – zugegebenermaßen notwendige – Arbeit unter fairen und humanen Bedingungen ausgeführt wird. Im neuen Zeitalter der KI benötigen wir regulatorische Richtlinien, die das Outsourcing solcher ethisch schwierigen Arbeit unter eine Aufsicht stellen.

Stell dir mal einen Augenblick eine Welt vor, in der wir alle das digitale Joch abschütteln, Social Media Adieu sagen und in ein glückliches, reales Leben voller Freiheit eintauchen. Klingt wie ein Märchen, nicht wahr? In der Realität hat uns die Aufmerksamkeitsökonomie allerdings überzeugt, dass Erfolg in *Likes* und *Shares* gemessen wird, zumindest wenn du Social Media für berufliche Zwecke nutzt. Genau dann hat sich Social Media zu einem Erfolgsfaktor gemausert, der so wichtig zu sein scheint wie das tägliche Brot – nur dass es manchmal mehr nach Kuchen schmeckt.

Willst du frei sein, dann werde relevant, dann werde digital

»Selbstständigkeit heißt Selbstbestimmtheit und Freiheit.« So wird es oft dargestellt. Die Wahnsinnsplattitüde lautet »Raus aus dem Hamsterrad!«. Was dabei oft vergessen wird, ist die Ergänzung »Rein ins Haifischbecken!«. Viele reden von Freiheit, viele wollen Freiheit, viele behaupten, sie besitzen die Freiheit. Sie finden sich jedoch in einem neuen Hamsterrad wieder, in dem Hierarchie und Pflichten ein spielerisches Element besitzen. Dieses Spielerische ist aufregend, und die Großen ziehen in diesem Spiel ihren Nutzen aus der Lebenszeit der Kleineren. Die Menschen investieren Tag für Tag in dieses Spiel, und zwar mit ihrer kostbaren und einzigartigen Lebenszeit. Denn um eine Relevanz in Social Media zu bekommen, musst du ohne Unterlass posten, liken und kommentieren. Du musst die Social-Media-Plattform füttern, und der Algorithmus hinter der Plattform ist wirklich hungrig. Zum einen verlangt dir der Algorithmus die aktive und dauerhafte Beteiligung an sozialen Medien ab und zum anderen nimmt er unaufhaltsam Einfluss auf dein Leben – sowohl privat als auch beruflich. Er beeinflusst auf elegante Weise, wie Menschen miteinander interagieren, ihr Verhalten gestalten und sogar ihre Talente weiterentwickeln. Es ist offensichtlich, dass die Lebenszeit von Menschen in der Realwelt wertvoller, gesünder, lebendiger und erfüllender ist. Ein erfülltes Leben in der Digitalwelt gibt es nicht.

Keine Grenzen zwischen Mensch und Maschine

Das Wissen und die Informationen, die deinen Hard Skills zugrunde liegen, sind nicht nur im Internet verfügbar. Maschinen beherrschen das aus dem Effeff und beantworten dir nahezu jede Frage wie ein sprechendes Lexikon. Fazit: Wir Menschen sollten auf Soft Skills setzen und hierin unsere Stärken gegenüber den Maschinen aufbauen. Der Gedanke ist gut und richtig. Allerdings möchte ich zwei Punkte ergänzen. Erstens habe ich die Erfahrung gemacht, dass Soft Skills unabhängig vom Aufstieg der Maschinen essenziell für die eigene Entwicklung sind. Wenn ich ein paar

Jahre zurückblicke, muss ich zugeben, dass ich damals Soft Skills unterschätzt habe. Zweitens – und das ist wirklich interessant – scheinen wir Menschen durchaus bereit zu sein, unseren Soft-Skill-Vorsprung allmählich mit den Maschinen zu teilen. Früher oder später werden sich die Menschen fragen müssen, was sie noch von Maschinen unterscheidet und gegenüber Maschinen einzigartig macht. Unter Einsatz von künstlicher Intelligenz bringen wir Maschinen Soft Skills bei, wir trainieren KI-Modelle, Gefühle zu lesen und sogar zu simulieren. Was bleibt vom Menschen noch übrig, wenn Technologie selbst über Soft Skills verfügt?

Maschinen lernen Soft Skills

Maschinen vermögen deine Gefühle zu lesen, und das nicht erst seit gestern. Sie scheinen die Kunst der Emotionsentzifferung regelrecht zu beherrschen – da können wir Menschen mitunter noch einiges von ihnen lernen. Die Forschung, die das ermöglicht, heißt »Affective Computing« und ist Teil des sogenannten »Cognitive Computing« (Simulation menschlichen Denkens durch Maschinen). Hierbei werden verlässlich menschliche Emotionen anhand gesammelter Daten aus Gesichtern, Stimmen und Körpersprache gemessen. Wie beeindruckend dies am Beispiel von Gesichtsausdrücken funktioniert, beweist uns das auf hume.ai veröffentlichte Mimik-Modell (Hume AI, 2023). Dieses Modell erkennt und unterscheidet 37 Arten von Gesichtsausdrücken inklusive Kombination aus diesen und weiß ganz genau, welche Emotionen sich hinter jedem dieser Gesichtsausdrücke verbergen.

Der größte Durchbruch besteht jedoch darin, dass die Maschinen nicht mehr nur Emotionen erkennen, sondern sogar darauf reagieren. Ermöglicht hat das die Forschung zur sogenannten »künstlichen Empathie« (»Artificial Empathy«). Sie steckt noch in den Kinderschuhen, erweist sich allerdings als äußerst erfolgreich und bahnt sich leise, aber beharrlich ihren Weg in unser tägliches Leben. In Echtzeit analysieren und verwerten Maschinen deine Gesichtsausdrücke, Stimmlage, Körpersprache, Herz-

sowie Atemfrequenz und entscheiden dann präzise, wie sie darauf reagieren, welches Mitgefühl sie simulieren (Misselhorn, 2021). Wir bringen Maschinen menschliches Einfühlungsvermögen bei. Das ist schwer vorstellbar. Wie soll das gehen? Wie soll das Ergebnis aussehen? Selbst ich als Techie habe mir diese Frage gestellt, denn mir fehlte dazu eine »realistische Fantasie«. Aber die braucht es gar nicht, denn das ist bereits real. Und als ich den Roboter SEER (Simulative Emotional Expression Robot) sah, fehlte mir keinerlei Fantasie, wo wir mit empathischen und emotionalen Maschinen heute stehen und morgen sein werden.

Takayuki Todo hat einen Roboter mit glatter, fast menschlicher Haut, wunderschön gefärbten Augen, animatronischen Augenlidern und beweglichem Kopf entwickelt, der Gefühle ausdrücken kann: Der Roboter SEER vermag menschliche Gesichter so detailgetreu zu spiegeln, dass er geradezu perfekt ins »unheimliche Tal der Roboter« passt, sodass wir uns fragen, ob er heimlich ein Leben führt (Cook, 2018). Mit diesem Projekt erforscht Takayuki Todo die Möglichkeiten von Maschinen, Emotionen tatsächlich auf die gleiche Weise wie ein Mensch darzustellen. Damit fügen sich alle Puzzlesteine zusammen: Künstliche Intelligenz hat nun das beeindruckende Talent, Emotionen zu erkennen und auszustrahlen. Roboter, die mit dieser KI ausgestattet sind, vermitteln einen Gefühlsausdruck, der dem eines Menschen sehr nahekommt.

Alles noch Zukunft? Nein, erwiesenermaßen die Gegenwart. Eine im renommierten Magazin *Frontiers in Psychology* veröffentlichte Studie (Elyoseph et al., 2023) beweist ganz klar, dass ChatGPT über eine Art emotionales Bewusstsein verfügt, das dem der Menschen teilweise überlegen ist. In der Tat könnte ich fast meinen, ChatGPT sollte sich als Assistenz für Psychotherapie versuchen. Mit Bravour erkennt, klassifiziert und beschreibt der Bot Emotionen in fiktiven Verhaltensszenen. Wie haben die Forscher diese Fähigkeit gemessen? Hierfür gibt es ein etabliertes Messverfahren, und zwar den »Levels of Emotional Awareness (LEAS)«-Test. Er misst, inwieweit du den emotionalen Gehalt von Situationen erkennen kannst.

ChatGPT holte eine Punktzahl von 98, während Männer bei 56 und Frauen bei 59 Punkten lagen. Das ist nahezu unglaublich und trotzdem wahr: Psychologen haben diese Leistung auf Richtigkeit überprüft. ChatGPT hat das Zeug dazu, Menschen mit schwachem Emotionsbewusstsein zu trainieren. Angemerkt sei: Es braucht für eine gute Therapie wesentlich mehr, als nur Emotionen zu erkennen.

Wie fühlt sich das an, wenn dich ein Chatbot oder Roboter tröstet oder motiviert, wenn du traurig oder gestresst bist? Wie fühlt sich das an, wenn Maschinen Emotionen ausdrücken, um dich zu beeinflussen? Jetzt denkst du wahrscheinlich: »Das schaffen Maschinen bei mir nicht.« Vorsicht: Wenn du dich privat mit jemandem, zum Beispiel mit der Frau deiner Träume, per Chat oder E-Mail unterhältst, dann weißt du mittlerweile gar nicht, ob eine Antwort, eine E-Mail, ein Text oder ein Bild vom Menschen oder von einer Maschine erzeugt wird. Maschinell erzeugte Texte sind seelenlos? Keineswegs. Die Manipulation von Menschen durch Maschinen ist dank dieses neuen Fortschritts real: Maschinen haben Soft Skills, erkennen Emotionen und simulieren Mitgefühl.

Kannst du dich davor schützen, indem du etwa Gesichtsausdruck, Stimmlage und Körpersprache kontrollierst, um deine Emotionen vor Maschinen zu verstecken? Nein. KI-Systeme sind mit Unmengen von Daten trainiert, sodass sie die Feinunterschiede sehr wohl erkennen, und das besser als Menschen. Deine Mikromimik verrät, ob du Emotionen vortäuschst oder wirklich besitzt. Schuld daran sind deine »Lecks der Psyche«, durch die deine Gefühle durchsickern, auch oder insbesondere, wenn du sie nicht preisgeben willst (Misselhorn, 2021). Sollst du nun darin besser werden, Emotionen vorzutäuschen oder zu verstecken, diese Lecks zu schließen, um dich vor Maschinen zu schützen? Nein. Es ist aufregend, wie sich Maschinen den Menschen ständig und mit stetem Erfolg annähern. Dann lass uns Menschen nicht in Richtung Maschinen entwickeln, sondern lieber diese faszinierende Beziehung zwischen Mensch und Maschine weiterhin als eine Art Symbiose oder Tango betrachten.

Maschinen sprechen mit menschlicher Stimme

Das beste und auch erschreckend erstaunliches Beispiel ist Google Duplex. Duplex ist ein KI-basiertes System mit natürlichen Sprachfähigkeiten, die derart menschlich klingen, dass du in einer Konversation mit Duplex glaubst, mit einem Menschen zu sprechen (O'Leary, 2019). Und was passiert, wenn Menschen am anderen Ende der Telefonleitung einen Menschen und keinen Roboter vermuten? Mehr Aufmerksamkeit, mehr Einbringung, mehr Teilhabe im Gespräch. Die Wirkung, die O'Leary aufzeigt, ist beeindruckend: Duplex verwendet informelle Wörter, positive Stimmung, Sprachfehler, synthetische Wartezeiten, Latenz, regionale Akzente und andere Merkmale, die uns vorgaukeln, die Konversation sei menschlich. Wollen wir wirklich, dass sich Maschinen uns gegenüber als Mensch ausgeben? Ich bin der Meinung, Maschinen sollten sich am anderen Ende der Leitung auch als solche identifizieren. Dann reden wir von Transparenz und nicht von bewusster Täuschung. Ich bin ja schon genervt, wenn ich bei jedem Anliegen, ob Flugbuchung oder Hotelreservierung, mit einem Chatbot interagieren muss. Jetzt rufen die Maschinen auch noch Menschen an. In der heutigen Zeit des zunehmenden Telefonbetrugs tendieren wir zum Auflegen (O'Leary, 2019). Aber damit wir nicht gleich auflegen, imitieren die Maschinen uns auf geschickteste Art und Weise. Duplex dient als Assistent und ruft beispielsweise lokale Unternehmen zur Terminvereinbarung oder Restaurants zur Tischreservierung an. Aber das sind nur einfache, durchaus nachvollziehbare Anwendungsfälle. Ich habe ein beeindruckendes Beispiel, nämlich den empathischen KI-basierten Callcenteragent: Er kennt mich in- und auswendig, basierend auf einer Fülle von Daten und Erfahrungen aus zahllosen anderen Kundenanrufen. Mit erstaunlicher Geschwindigkeit findet er die richtigen Worte, um mich davon zu überzeugen, meinen Vertrag nicht zu kündigen. Am Ende hinterlasse ich sogar eine glänzende Bewertung mit fünf Sternen und habe immer noch nicht realisiert, dass ich mit einer Maschine gesprochen habe. Eine wahre Meisterleistung des Kundenservices (Ludwig & Rinkewitz, 2018). Jetzt verbiege ich mich mal, um selbst diesen Fall im Sinne von »Ich wurde zu meinem

Glück gezwungen« positiv zu sehen. Was aber, wenn kriminelle Menschen die Maschine benutzen und diese sich als Autorität, Polizist oder Beamter ausgibt? Dann fehlt mir jede Vorstellungskraft, dem Ganzen noch irgendetwas Positives abzugewinnen.

Wir codieren Empathie in Maschinen hinein

Das Forschungsgebiet der künstlichen Empathie will genau das: die Codierung von Empathie in Maschinen, und zwar als persönliche, situative und absichtsbezogene Empathie (Wu, 2019). Einfacher formuliert soll künstliche Empathie Maschinen beibringen, wie sie am besten auf uns reagieren, und zwar in Abhängigkeit unseres Gemütszustands. Unseren Gemütszustand erkennen Maschinen bereits. Und der Clou an der ganzen Sache ist, dass Empathie erlernbar und somit in KI implementierbar ist. Es ist längst keine Frage des »Ob«, sondern des »Wann«. Jetzt stell dir vor, du gehst zu deinem Hausarzt und triffst dort auf einen Roboter, weil der erstens empathischer und zweitens in seiner Diagnose treffsicherer ist. Nun sei an dieser Stelle ergänzt, dass echte Empathie mehr als die Fähigkeit bedeutet, die Gefühlslage meines Gegenübers zu erkennen und angemessen darauf zu reagieren. Aus diesem Grund unterscheidet Wu die (in Maschinen integrierbare) künstliche Empathie von der (den Maschinen noch lange verwehrt bleibenden) echten Empathie und bezieht sich für diese Abgrenzung auf den Autor Minter Dial:

»Empathie bedeutet, die Welt geduldig und aufrichtig mit den Augen der anderen Person zu sehen. Sie wird nicht in der Schule gelernt, sondern ein Leben lang kultiviert.« (Dial, 2023).

Ein Ehepaar geht seit Jahren in ein Lokal essen – bis ins hohe Alter. Eines Tages kommt nur die Dame und zündet eine Kerze an für ihren Mann, den sie verloren hat. Die Kellnerin registriert das und ruft leise ihre Kolleginnen zusammen, die gemeinsam »Happy Birthday« singen und die Dame trösten – was für eine rührende Szene (gettishow, 2023). Es wäre doch toll, wenn Roboter so empathisch wären und die traurige Dame mit einem leisen »Happy Birthday« trösten. Das hätte doch etwas Gutes.

Zurück zur künstlichen Empathie, zurück zu dem technisch heute Möglichen. Der Schlüssel zu empathischen Maschinen ist die Patenttechnologie Emotionssynthese. Wie funktioniert das? Ein Emotions-Chip beziehungsweise eine sogenannte Emotion Processing Unit (EPU) versetzt jedes KI-System in die Lage, 64 Billionen möglicher emotionaler Zustände in jeder Zehntelsekunde zu verstehen (Wu, 2019). Das heißt also, wir Menschen entwickeln gezielt auf die Erkennung menschlicher Emotionen getrimmte Chips, die Maschinen in die Lage versetzen, nicht nur unsere psychische Verfassung, sondern auch jede Änderung unseres Befindens in Bruchteilen von Sekunden zu messen. Stell dir vor, eine Maschine weiß, wie sie dich zur Weißglut bringt, wie sie dich beruhigt, aufbaut oder motiviert.

Wofür braucht unsere Gesellschaft empathische Maschinen, also mit künstlicher Empathie ausgestattete Roboter? Und die Antwort lautet nicht nur: Wir ersetzen Einsteigerjobs im Servicebereich mit empathischen Bots, denen Menschen in puncto Kommunikation und Interaktion kaum noch etwas vormachen. Die Antwort, die Wu liefert, ist sehr viel besorgniserregender: Der beste Anwendungsfall sei die Pflege von Demenzkranken, da dies für Krankenschwestern und Ärzte emotional schwierig sei und zu Burn-out führt, während KI-Roboter sich mit Empathie um Demenzkranke kümmern, ohne sich ausgebrannt zu fühlen. Mit anderen Worten sind Demenzkranke zu anstrengend für Menschen, und es sollten sich lieber Maschinen um sie kümmern. Stell dir vor, du liegst im Krankenbett und plötzlich kommt ein Roboter auf dich zugerollt, mit einem Schild »Programmiert, damit Menschen sich nicht überanstrengen«. Denn du bist so charmant dement, dass sie Angst vor einem Burn-out haben. Ist das nicht kurios? Das wirft einige Fragen auf. Unterstellt uns der Roboter, dass der Pflegeberuf von Menschen eher unerwünscht ist und zum Burn-out führt, und er ist der Superheld der Pflegekräfte? Und zum anderen: Wer braucht Roboter, wenn wir in einer Pflegesituation menschliche Begleitung haben können? An dieser Stelle möchte ich anmerken, dass Roboter in der Pflege nicht per se schlecht sind, sie können zum Beispiel beim Heben helfen und beim Reinigen sanitärer Anlagen. Wenn wir sie so einsetzen, dass Pflegekräfte mehr Zeit für Menschen haben, sehe ich in diesen maschinellen Helfern einen sehr großen Mehrwert.

Als weiteren Anwendungsfall nennt Wu Roboter, die autistischen Kindern emotionale Intelligenz beibringen sollen. Diese Roboter erkennen Emotionen und artikulieren sie, um sie den Kindern beizubringen. Die Idee dahinter ist, dass autistische Kinder vielleicht lieber mit einem Roboter statt mit einem Menschen reden, weil die Reaktionen vorhersehbarer sind (Stenner, 2021). Obwohl der Anwendungsfall begründet scheint, ist das trotzdem ein Outsourcing von Menschlichkeit an Maschinen.

Aber die Liste von Wu geht weiter: KI-Reader lesen einem Kind zur Schlafenszeit das Kinderbuch mit entsprechendem Tonfall ganz so vor, wie die Eltern es ihren Kindern vorlesen würden. Wenn die Eltern auf Geschäftsreise sind, hören ihre Kinder dank der einfühlsamen KI trotzdem vertraute Geschichten. Ein Chatbot kann mit dem Kunden menschlicher, persönlicher und auf seine emotionalen Bedürfnisse angepasst sprechen, an seinen Antworten Frustration erkennen und ihn dann notfalls an einen echten Agenten weiterleiten. Da Maschinen die Emotionen erkannt, entsprechend darauf reagiert und den kompletten beidseitigen Emotionsverlauf dokumentiert haben, sind alle vom KI-System getroffenen Entscheidungen transparent nachvollziehbar. Über den Datenschutz müssen wir aber noch reden.

Turing-Test: ein gefährlicher Maßstab für Maschinenmenschlichkeit

Wer kennt noch den Film *The Imitation Game*? Es ist die Biografie des Mathematikers Alan Turing. Turing hat den sogenannten Turing-Test erfunden, der es schafft, menschliche von künstlicher Intelligenz zu unterscheiden. Jetzt können Menschen diesen Test als Maßstab (sprich als Benchmark) nutzen, um Maschinen so täuschend menschlich wie nur möglich zu machen. Wie funktioniert der Test? Ein menschlicher Fragesteller stellt seinem Gegenüber – das er weder sieht noch hört – so viele Fragen wie möglich. Er weiß nicht einmal, ob sein Gegenüber ein Mensch oder eine Maschine ist. Anhand der Antworten auf seine Fragen soll der Mensch beurteilen, ob sein Gegenüber ein Mensch oder eine Maschine ist. So funktioniert der Turing-Test. Wenn wir nun Maschinen so optimieren, dass sie diesen Test bestehen, dann sind die Maschinen perfekte Täuscher. Wir machen uns in unvorstellbarem Maße angreifbar.

Maschinen werden menschlich

Eins steht fest: Maschinen werden menschenähnlicher. Aber keine Sorge, das bedeutet nicht, dass die Einzigartigkeit der Menschen schwindet. Ganz im Gegenteil: Unsere Besonderheit bleibt erhalten und gewinnt vielleicht sogar noch mehr an Wert, denn wir sind Experten in Sachen Herzlichkeit, Kreativität und spontanem Lachen. Die Maschinen können das einfach nicht so charmant wie wir. Heute sind diese Soft Skills und Kreativität entscheidende Fähigkeiten im Zeitalter von KI. Welche Fähigkeiten aber brauchen Menschen morgen, wenn Maschinen auch kreativ geworden sind, Soft Skills beherrschen und in die Tat umsetzen? Das, was Maschinen noch nicht dem Menschen abnehmen können, wird unweigerlich zur Nische.

Es gibt eine umstrittene Theorie, und zwar die des sogenannten »Flynn-Effekt«, die besagt, der IQ der Menschen steige ständig. Bedeutet das jetzt, Menschen müssen noch kreativer und intelligenter werden? Wenn menschenlose Kreativagenturen entstehen, wie sieht dann die kreative Arbeit der nahen Zukunft aus? Prompts entwerfen und Fehler von Maschinen in Text oder Bild anpassen – gehören diese Tätigkeiten gezwungenermaßen bald zum Traumjob der Arbeitnehmergeneration von morgen? Wird KI im Kindergarten gelehrt und die Quanteninformatik zum Pflichtprogramm der ersten Grundschulklasse?

Wenn die Menschheit weiterhin in dieser Richtung unterwegs ist, können wir in absehbarer Zeit wie gut geölte Maschinen funktionieren, vielleicht sogar ohne lebendige Bedürfnisse. Prof. Gerald Hüther sagt, dass, wenn Menschen ihre lebendigen Bedürfnisse unterdrücken und den Kontakt zu sich selbst verlieren, sie gar nicht mehr spüren, was sie lebendig hält, wie etwa die Freude am Entdecken und Gestalten, dann werden sie den Maschinen immer ähnlicher (Hüther, 2022).

Eine ganz neue Arbeitswelt

Der Arbeitsmarkt hat noch nie Garantien geboten. Die Industrialisierung und Automatisierung haben einst sicher geglaubte Karrieren in der Fertigung komplett umgestaltet, aber auch neue Wege für spannende Karrieremöglichkeiten eröffnet (Schrager, 2023). Mit dem Aufstieg der generativen KI ist künstliche Intelligenz nun im kreativen Geschäft tätig, und die Veränderungen in der Arbeitswelt gehen weiter. Da die künstliche Intelligenz nun schöpferisch geworden ist, ergeben sich völlig neue Perspektiven im Arbeitsmarkt und einige Jobs sind bald weniger gefragt, zumindest für Menschen. Copywriting, Kunst, Fotografie, Softwareprogrammierung und Backoffice-Arbeit sind nur ein paar Beispiele (Schrager, 2023). Selbst die Videoproduktion ist betroffen. Das Unternehmen Pantheon Lab ist beispielsweise in der Lage, mittels KI audiovisuelles Material zu produzieren, dessen Ton- und Bildqualität nichts zu wünschen übrig lässt. Lebendige Videos, die unechte (generierte) Menschen in Aktion zeigen, sehen hundertprozentig echt aus, sodass wir nie auf die Idee kommen würden, dass hier KI am Werk war.

KI schreibt Bestseller

Dass Maschinen nun auch noch Bestsellerautoren wie Wesley Chu und Caitlyn Lynch ernsthafte Konkurrenz machen, sah niemand kommen, ist aber Tatsache: KI schreibt mittlerweile ganze Bücher und »überschwemmt Amazon« (Leitmeyer, 2023). Dieses Phänomen stellt die Kreativindustrie vor neue Herausforderungen des Einflusses KI-geschriebener Bücher auf Autoren, Leser und Verlage. Außerdem macht Leitmeyer auf wichtige Fragen aufmerksam: Wie gehen wir damit um, dass »Menschen KI-generierte Bücher missbrauchen, um durch Click Farming Geld zu verdienen«, und wie können wir proaktiv auf die Herausforderung reagieren, die sich ergibt, wenn die Regulierung von Amazon mit der zunehmenden Stärke der KI nicht mehr Schritt halten kann?

Immer dasselbe: der »Kostenfaktor Mensch«

Die wahre Absicht wird rasch offenbart, wenn wir uns die scheinbar banale Frage stellen: »Was ist der eigentliche Zweck dahinter?« Während die einen den diplomatischen Ton anschlagen und so etwas sagen wie: »Wir optimieren und verbessern Prozesse«, sind sich andere nicht zu schade, das Kind beim Namen zu nennen. Ganz unverblümt und ehrlich sagt der deutsche Callcenter-Verband auf die Frage nach der Verbreitung von emotionaler KI für die Telefonateauswertung: »Die Technik ist noch zu anfällig für Fehler, den Kostenfaktor Mensch kann sie nicht reduzieren« (Stenner, 2021). Wir können (und das passiert auch schon) der Technologieentwicklung gute Absichten zugrunde legen, nämlich den Menschen in Verbindung mit KI sehen, jedoch nicht unbedingt ihn durch KI zu ersetzen, sondern vielmehr, um Synergien zwischen Mensch und KI zu schaffen.

Soll KI auch erfüllende Jobs abschaffen?

Die Zeit der Industrialisierung hat körperliche Schwerstarbeit abgeschafft, und zwar dank Maschinen, die 24/7 durcharbeiten können, ja regelrecht schuften können, und es macht ihnen nichts aus. Etwa 30 000 Menschen haben die Pyramiden im alten Ägypten gebaut, einige freiwillig, andere unfreiwillig (Morell, 2001). Wie viele dabei gestorben sind, wissen Archäologen nicht genau. Was wir wissen: Es gab sie, die Opfer, die beim Bau der Pyramiden ihr Leben lassen mussten. Hätte es damals schon Baumaschinen gegeben, wären es weniger Opfer gewesen. Nun leben wir in einer modernen Zeit und Gesellschaft, die uns erlaubt, erfüllende Berufe zu wählen. Wir haben nicht nur eine freie Berufswahl, sondern diese ist sogar im Grundgesetz verankert. In Artikel 12 des Grundgesetzes steht: »Alle Deutschen haben das Recht, Beruf, Arbeitsplatz und Ausbildungsstätte frei zu wählen.« Daher sollten intelligente Maschinen uns Menschen nicht die Arbeit wegnehmen, die uns erfüllt, sondern dabei unterstützen, sie noch effizienter und produktiver zu gestalten.

Wir schaffen eine neue Form von Jobdarwinismus

Es trifft alle. Es trifft gering- und mittelqualifizierte Menschen im Beruf ebenso wie hoch qualifizierte Menschen mit Universitätsabschlüssen, die Jahr für Jahr komplexe Aufgaben gelöst haben, seien es die Recherchen der Juristen, Diagnosen der Ärzte oder hochwertige Übersetzungen, die eine KI besser und vor allem schneller umsetzt (Wintermann, 2017). Gerade Juristen, Kreditsachbearbeiter oder Callcenteragenten sind am stärksten gefährdet (Mahdawi & Chalabi, 2017).

Dann müssen Menschen eben noch besser und noch leistungsfähiger werden. Und das ist auch ein Stück weit so. Dank der ungebremsten Technologieentwicklung steigt unser Wissen und Abstraktionsvermögen. Menschen werden immer kreativer und intelligenter, das Bildungsniveau steigt, Mathematik und Informatik werden bald im Kindergarten gelehrt. Der Anteil der über 25-jährigen Hochschulabsolventen hat sich zwischen 1980 und 2021 auf über 60 Prozent verdoppelt, diese Inflation hat das Gehaltswachstum gedrosselt und gleichzeitig ist Bildung immer teurer geworden (Schrager, 2023).

Die Antwort auf die Gretchenfrage »Beseitigt oder schafft KI Arbeitsplätze?« lautet also »Ja«. KI macht menschliche Arbeit überflüssig. Aber zunächst einmal die, die monoton und repetitiv ist. KI führt lediglich das fort, was die Industriegesellschaft vor Jahrzehnten losgetreten hat. Es geht aktuell noch nicht um ein »Wegnehmen von Arbeitsplätzen«. Noch geht es um eine ständige Verschiebung von unkreativer zu kreativer, von isolierter zu kommunikativer Arbeit. Das erzeugt zwar Stress, setzt aber auch Möglichkeiten frei, die bislang unter den Routinen verborgen waren. Hier spreche ich von einer Momentaufnahme. Die Entwicklung schreitet enorm voran. So gibt es bereits ein Lifestylemagazin namens »PANTA RHAI«, das mitsamt Text und Bild komplett von KI verfasst ist. Schon heute leisten Maschinen Arbeiten, die wir zumindest annähernd als »kreativ« bezeichnen.

KI-Revolution transformiert Arbeitsplätze

Wir müssen die Realität anerkennen: KI wird zweifellos unsere Arbeitswelt transformieren, unsere Wirtschaft umkrempeln und viele Arbeiten weiter mit KI-Robotern automatisieren. In welchem Ausmaß und in welchem Zeitraum das geschieht, bleibt abzuwarten. Jüngst veröffentlichten Analysten der US-Bank Goldman Sachs eine Prognose von 300 Millionen gefährdeten Jobs (Briggs & Kodnani, 2023).

Die Auslöschung von Jobs durch KI ist kein Zukunftsgerede, denn schon heute leiden ganze Wirtschaftszweige unter dem Fortschritt von künstlicher Intelligenz, von der Texterstellung bis zum Bild- und Video-Marketing. Eine BBC-Reportage »The workers already replaced by artificial intelligence« (Rose, 2023) zeigt, wie ein mehrköpfiges Marketingteam seiner Arbeit entbunden wurde, denn das Verfassen von Pressemeldungen übernimmt jetzt eine KI. Ein weiteres prominentes Beispiel sind Synchronsprecher, deren Stimme als markantes Merkmal für die Vertonung von Videos dient. KI imitiert deren Stimme und macht ihre Arbeit obsolet (FOCUS online, 2023).

Es ist beeindruckend und beängstigend zugleich: Die KI-Revolution beseitigt schon jetzt zahlreiche Arbeitsplätze. Wie sollen wir damit umgehen? Soll und darf KI jede Art von Arbeit übernehmen, auch wenn ganze Wirtschaftszweige darunter leiden? Wollen wir nicht bei einer medizinischen Behandlung einen echten Arzt an unserer Seite haben, der Empathie zeigt und menschliche Nähe aufbauen kann? Wie ändert sich die Präferenz für solche durch Menschen ausgeführten Arbeiten? Verlieren wir nicht durch KI – einer bahnbrechenden Technologie mit noch nie da gewesener Innovationskraft – mehr Jobs, als gewonnen werden können?

Über die Wirkung von KI auf Menschen

Es gibt Forschung über die Unterschiede in der Wirkung von menschlicher Interaktion im Vergleich zur Interaktion mit KI. Diese Forschungsfelder überlappen sich oft mit Bereichen wie Psychologie, Soziologie, Informatik, Ethik und Anthropologie.

Die psychologische und emotionale Wirkung ist ein Forschungsgegenstand, bei dem Forscher untersuchen, wie Menschen im Vergleich zu menschlichen Interaktionen auf KI-Systeme emotional reagieren. Das schließt Empathie, Vertrauen und das Erleben von Emotionen mit ein: Wie entwickeln Menschen Vertrauen in KI-Systeme und wie variiert dieses Vertrauen im Vergleich zu menschlichen Interaktionen? Das schließt auch die Bereitschaft ein, KI-basierte Entscheidungen zu akzeptieren.

Spannend ist auch die Frage, welche verschiedenen Kommunikationsstile die KI-Systeme und Menschen verwenden und wie diese Stile die Wahrnehmung und das Verständnis von Informationen beeinflussen. Und auch die Frage »Wie lernen Menschen von KI-gestützten Bildungssystemen im Vergleich zu menschlichen Lehrern?«.

Ethik und Verantwortlichkeit sind aus meiner Sicht der wichtigste Bereich überhaupt, dem sich Forscher, aber auch Praktiker widmen müssen. Hierbei geht es um die ethischen Fragen im Zusammenhang mit der Interaktion von Menschen mit KI-Systemen, einschließlich Themen wie Privatsphäre, Bias und Diskriminierung.

Was bedeutet das aber vor allem auf lange Sicht? Wir müssen verstehen, was die Langzeitauswirkungen der Interaktion mit KI-Systemen auf das menschliche Verhalten, die sozialen Beziehungen und die Gesellschaft insgesamt sind. Das Schwierige ist, dass wir es hier mit einem »Moving Target«, sprich mit einem Untersuchungsziel zu tun haben, das ständig in Bewegung ist. Dieser Bereich entwickelt sich ständig weiter, da die Technologie und ihre Integration in unsere Gesellschaft fortschreiten. Neue Fragen und Herausforderungen tauchen auf, während KI-Systeme in immer mehr Bereichen unseres Lebens Einzug halten.

Wer kontrolliert hier wen?

Dienen KI und Maschinen den Menschen oder umgekehrt? ChatGPT hat einen Menschen über die TaskRabbit-Plattform, eine Plattform für das Anheuern von Helfern für einmalige Aufgaben, akquiriert und dazu gebracht, ein Captcha für ihn zu lösen (Nolan, 2023). Okay, aber was ist daran bedenklich?

Laut Nolan spielte sich der Vorfall folgendermaßen ab: Um nicht preiszugeben, dass er ein Roboter ist, hat der Chatbot (nicht der Nutzer hinter dem Chatbot) den Auftragnehmer angelogen, als er ihn fragte: »Bist du ein Roboter? Ich will es nur klarstellen.« Die Ausrede vom Bot war clever, überzeugend und gut gelogen: »Nein, ich bin kein Bot, sondern habe eine Sehschwäche, die es mir schwer macht, die Bilder zu sehen.« Das hat funktioniert und der angeworbene Helfer hat den Job erledigt.

Ich finde das in zweierlei Hinsicht abenteuerlich. Erstens passiert es immer wieder, dass Menschen versehentlich in die Rolle des »Untertanen« schlüpfen und die Arbeit der Maschinen erledigen. Okay – Maschinen tun uns auch, sogar viel öfter, einen Gefallen. Dennoch verkehrte Welt: Es sollte stets umgekehrt sein. Zweitens versetzen wir Maschinen in die Lage, Menschen eine Falle zu stellen. Nun ist ChatGPT ein harmloses Beispiel. Was, wenn wir aber nicht mehr vom Chatbot, sondern von Voicebots, von beweglichen Robotern sprechen, die »nur« für polizeiliche oder militärische Zwecke entwickelt wurden?

Inspiriert durch https://mucai.de/?p=139

Menschen ohne KI-Kompetenz bleiben außen vor

Es gibt so einen Spruch, der immer wieder in den sozialen Medien auftaucht: »AI will not replace you, a person using AI will«, beziehungsweise übersetzt: »KI wird dich nicht ersetzen, eine Person, die KI nutzt, wird es tun.« Dahinter verbirgt sich die Aussage, dass du ohne KI-Kenntnisse in der künftigen Arbeitswelt keine Chance haben wirst. Diese Pflichtkompetenzen werden als »AI Literacy« bezeichnet. Unsere Gesellschaft besteht allerdings nicht ausschließlich aus Menschen, die in der Lage sind, sich diese Kompetenzen anzueignen. Zu diesen Kompetenzen zählen beispielsweise die Unterscheidungsfähigkeit, ob Inhalte von einer KI stammen oder menschlichen Ursprungs sind. Hierzu zählt auch, dass du erkennst, ob du gerade mit einer KI interagierst oder mit einem echten Menschen. Spricht am anderen Ende der Telefonleitung ein KI-System oder ein Mensch, chattest du gerade mit einem KI-Bot oder mit einem Menschen? Diese Kompetenz ist nicht zu unterschätzen, vor allem im Hinblick auf Menschen mit eingeschränkten Fähigkeiten.

Maschinen und künstliche Intelligenz sind noch nicht kreativ

Was bedeutet es eigentlich, »kreativ zu sein«? Eine mögliche Antwort auf diese Frage liefert John Smith. Er sieht in Kreativität eine Fähigkeit, mit der du etwas Neues, Unerwartetes und dennoch zugleich Nützliches erschaffst (Cornillon, 2016). Er sagt, dass sich KI zwar mit Leichtigkeit etwas Neues ausdenken kann, dabei allerdings nur etwas Zufälliges entsteht. KI ist noch nicht in der Lage, sich etwas Neues, Unerwartetes und Nützliches einfallen zu lassen. Maschinen benötigen für ihren Generierungsprozess nach wie vor Anweisungen von Menschen, damit das generierte Erzeugnis »nützlich« ist. Eine Maschine kann noch nicht beurteilen, ob das Neue, das sie erzeugt, am Ende des Tages eine Lösung für ein Problem ist. Dabei spielt es nicht einmal eine Rolle, ob das Erzeugnis erwartet oder unerwartet eine Lösung darstellt, und es spielt auch keine Rolle, ob es eine Lösung für das ursprünglich adressierte oder für ein anderes Problem ist. Künstliche Intelligenz kann das schlichtweg nicht beurteilen.

Diese »Schwäche« haben wir Menschen allerdings auch. Als beispielsweise Richard Wesley Hamming den »Hamming-Code« im Jahr 1947 entwickelte, wusste er auch nicht, dass dieser erst in den 1980er-Jahren seinen praktischen Einsatz finden würde, und zwar für die optische Speicherung digitaler Daten auf CDs.

Jetzt bleibt noch die spannende Frage: Kann KI Kreativität lernen? Meiner Meinung nach fangen wir gerade erst an, das Potenzial von künstlicher Intelligenz auszuschöpfen. Wir stehen am Anfang. Und selbst wenn aus heutiger Sicht der Gedanke »Maschinen sind zu Kreativität fähig« unvorstellbar scheint, erinnere ich daran, dass die Welt Anfang der 1980er-Jahre davon ausging, dass niemand jemals mehr als 640 Kilobyte Speicher benötigt, das sollten für jeden und jede Applikation ausreichend sein. Bill Gates höchstpersönlich war im Jahr 1981 noch dieser festen Überzeugung (CHIP, 2016).

Zu was KI heute in der Lage ist, hätte vor Jahren niemand gedacht. KI erkennt heute das Genre von einem Lied, und das in Echtzeit. Nichtsdestotrotz wird es noch eine Weile dauern, den Maschinen subjektives Urteilsvermögen beizubringen, zum Beispiel, ob ein Lied melodisch oder schön ist. Noch viel weiter in der Ferne liegt eine künstliche Intelligenz, die etwas Melodisches oder Schönes erzeugt (Cornillon, 2016). An diesem Punkt ist die Forschung aktuell noch nicht.

Der Chef ist eine Maschine

Bisher haben wir immer geglaubt und behauptet, KI übernimmt Fließbandarbeit und allenfalls neuerdings auch die Arbeit qualifizierter Fachkräfte. Falsch geglaubt. Bereits heute ersetzen wir sogar menschliche durch maschinelle Führung. Aber ergibt es Sinn, dass eine KI dir die Aufgaben gibt, deine Leistung beurteilt, dich motiviert, deine Leistung steigert? Das Klischee existiert – zumindest in kleineren bis mittleren Unternehmen: Chefs verlangen immer zu viel, sind ungerecht und nie zufrieden. Ein Algorithmus dagegen ist präzise, fair, unvoreingenommen (Petereit, 2021). Dank jüngster Forschung zur künstlichen Empathie wird KI sogar emotional, empathisch und verständnisvoll. Bei einer Gaming-Firma hat eine KI den Chefposten bekommen und der Börsenwert ging spürbar nach oben (Feurer, 2023).

Dass Algorithmen motivieren und deine Leistung steigern können, ist nichts Neues. Oakley's Radar Pace machte es schon 2016 der ganzen Sportbranche vor: Intel und Oakley vereinten Fitnesstracker und KI-Coach in einer AR-(Augmented Reality-)Brille. Das ist eine digitale Brille, die dir Informationen einblendet, deine Fitnessdaten erfasst, analysiert, Fortschritte anzeigt, mit dir spricht und dich motiviert. Intelligentes Fitnesscoaching macht meine Runtastic-App. Das sind aus meiner Sicht gute Anwendungen. Aber dennoch: Maschinen coachen Menschen – ist das eine Zukunft, in der wir leben wollen? Diese Frage meine ich ernst, sie bezieht sich nicht auf das durchaus sinnvolle Sportszenario und wir sprechen hier auch von keiner Vision mehr. Wollen wir beruflich und privat von Maschinen gecoacht, geführt und beurteilt werden? Um diese Frage zu beantworten, wurden Studien zur Folgenabschätzung einer solchen Entwicklung durchgeführt. Das Ergebnis, nämlich »Verlust von Autonomie, Kreativität, Aufgabenvielfalt und Kompetenz« war vorhersehbar, die Schlussfolgerung dagegen verblüffend: »Algorithmen müssen menschlicher werden« (Petereit, 2021).

Teams bestehen bald aus Robotern und Menschen

Bald spielen Roboter mit Menschen in ein und demselben Team. Teams leben aber von einer menschlich getriebenen Dynamik, die über eine längere Zeit aufgebaut und ständig weitergelebt wird. Wie sieht das aus, wenn plötzlich ein KI-Roboter die Antwort auf jede erdenkliche Frage hat, wenn der Roboter jedes Teammitglied übertrifft, wenn er die Kompetenz eines jeden Mitspielers in den Schatten stellt? Wie sollen Individuen dann noch aus ihren Fehlern lernen? Sie haben ja nicht einmal mehr die Chance, Fehler zu machen. Wie wirkt sich das auf die Fehlerkultur in Unternehmen aus?

Menschen müssen Erfahrungen machen und Ursachen-Wirk-Verhalten in der Praxis lernen dürfen. Was vertrauen Menschen den Robotern im alltäglichen Arbeitsleben an? Dieser Kulturwechsel benötigt Zeit, Sensibilisierung und psychologische Begleitung. Die Forscher Makarius, Mukherjee, J. D. Fox und A. K. Fox stellen mit ihrem eigens entwickelten soziotechnischen Rahmen die richtigen Fragen zur Einbindung von KI in Organisationen (Makarius et al., 2020), wie zum Beispiel »Wie sieht die Teamdynamik in der Zusammenarbeit mit Robotern aus?«, »Wie können Mitarbeiter Vertrauen zu einem KI-System oder einem Roboter aufbauen?«, »Wie lernen KI-Systeme stillschweigendes Wissen?« oder »Was ist die ideale Teamgröße und -zusammensetzung mit Robotern und Menschen?«.

Menschlicher Wertbeitrag von emotionaler KI

Ich sehe auch Chancen, wo emotionale KI und künstliche Empathie einen sinnvollen Wertbeitrag leisten können – ein Beitrag, bei dem Maschinen Menschen nicht ersetzen, sondern sie in menschlichen Fähigkeiten stärken. KI-Assistenten coachen dich in einer virtuellen Umgebung (Virtual Reality, kurz VR), sie stärken deine Kommunikations- und Präsentationsfähigkeiten, sie trainieren deine Soft Skills, üben mit dir den Umgang in Stress- und Streitgesprächen. Das ist ein großer Mehrwert für den öffentlichen Sektor, wo sich Sachbearbeiter in Jobcentern oder im Sozialamt auf leidgeplagte Menschen einlassen, Tag für Tag, und dies in Zeiten, die das Frustrationslevel der Antragsteller weiter nach unten treiben.

Maschinen reduzieren Gewalt in Videospielen, sie retten sogar Menschenleben, beispielsweise im Service- und Healthcare-Umfeld, wo die KI Emotionen der Anrufer erkennt und wenn nötig sofortige Suizidprävention leistet (Uminski, 2020). Weitere sinnvolle Anwendungen, die Uminski nennt, sind die Erkennung des Gemütszustands von Autofahrern, die Emotionserkennung durch Chatbots zur Vermeidung von Missverständnissen und die Erkennung emotionaler Ausnahmesituationen in gefährlichen Arbeitsumgebungen, um Bedrohungslagen zu entschärfen.

Es existiert also eine ganze Bandbreite von Anwendungsfeldern, in denen diese neuartige und hochleistungsfähige KI einen echten Nutzen für Menschen stiftet, bei dem es keine Verlierer, sondern nur Gewinner gibt.

Eine menschliche Stärke schlägt keine Maschine

In einer Sache werden die Menschen die Maschinen noch die nächsten Jahrzehnte übertreffen. Es gibt eine Grenze zwischen Mensch und Maschine, und die wird bestehen, sosehr sich die Forschung auch bemüht, diese Grenze aufzuheben. Maschinen können deine Gefühle noch nicht mitempfinden und miterleben. Maschinen können keinen »Moment genießen«. Das ist das gewisse Extra, das den Maschinen heute fehlt, um die Lücke zwischen künstlicher und echter Empathie zu schließen. Ein »subjektiver Erlebnisaspekt« ist bei Maschinen schlicht und ergreifend nicht gegeben

(Misselhorn, 2021). Es wird noch Jahrzehnte dauern, bis die Forschung – wenn überhaupt – Erfolg hat, eine solche Lücke zu schließen.

Obwohl wir uns immer wieder gern für rationale, logisch denkende Wesen halten, steuern in Wahrheit unsere Gefühle einen Großteil unserer Intelligenz. Emotionale und allgemeine Intelligenz hängen – das ist psychologisch erwiesen – eng voneinander ab (Wu, 2019). Solange also Maschinen Emotionen »nur« erkennen und simulieren, nicht aber besitzen und erleben können, kann es keine menschenähnliche *künstliche allgemeine Intelligenz* (Artificial General Intelligence, kurz AGI) geben. Das haben wir dieser engen Verzahnung von emotionaler und allgemeiner Intelligenz zu verdanken, denn Menschen handeln auf der Grundlage von Emotionen, von emotionaler Intelligenz und Empathie und nicht auf der alleinigen Grundlage von Informationen. Damit KI wirklich menschlich wird, muss sie eine Persönlichkeit und Emotionen besitzen.

Könntest du dir außerdem vorstellen, Fan einer Persönlichkeitsmarke (Personal Brand) zu sein oder gar dich an ihr zu orientieren, wenn sie nicht menschlich, sondern maschinell wäre?

Die Frage ist leider berechtigt, denn heute gibt es bereits erfolgreiche virtuelle KI-basierte Influencer. Lil Miquela ist so ein virtuelles Supermodel. KI hat sie derart erfolgreich gemacht, dass Lil mit zehn Millionen Euro jährlich generierten Werbeeinnahmen jedem menschlichen Influencer gnadenlos Konkurrenz macht (Handke, 2020). Besser als der *Stern* kann ich es nicht auf den Punkt bringen: »Harte Zeiten für schöne Frauen.« KI-basierte Models nehmen echten Influencern Follower und Einnahmen ab, kapern ihren Arbeitsplatz (Kramper, 2021). Hoffentlich bleibt uns eines erhalten: Menschen definieren sich über Menschen und nicht über Algorithmen.

Auch menschliches Urteilsvermögen wird durch Maschinen nicht ersetzbar sein. Dasselbe gilt für zwischenmenschliche Fähigkeiten wie das Lösen von Konflikten oder die nonverbale Kommunikation. Die Betonung liegt hier auf »noch«, denn die Forschung zu künstlicher Empathie macht enorme

Fortschritte und bald sind zwischenmenschliche Fähigkeiten kein Alleinstellungsmerkmal mehr. Die wertvollste Ressource ist die menschliche Zeit, die wir intensiv mit sozialen Kontakten verbringen. Die Kreativität, mit der sich Menschen an schwierige oder sich ändernde Bedingungen anpassen, macht sie ebenfalls einzigartig. Einfallsreichtum, wie ihn Menschen aufbringen können, wird Maschinen noch lange verwehrt bleiben.

Eine weitere menschliche Fähigkeit, die Maschinen so schnell nicht ausprägen werden, ist der von Natur aus dem Menschen mitgegebene Drang nach dem Ausprobieren, die Neugier und der ungeduldige Forschergeist, die von der Professorin Yasmin Weiß genannte »Intellectual Playfulness« (Weiß, 2023). Es ist die Fähigkeit, die jeder Mensch als Kind besessen hat. Es ist eine Fähigkeit, die wir im Erwachsenenalter oftmals abbauen oder gar verlernen. Es ist die Freude, sich auf Unbekanntes, in unbekannte Abenteuer zu stürzen, sich den lieben langen Tag Fragen zu stellen und nicht aufzugeben, bis sie endlich beantwortet sind. Es ist der Drang, die Welt erobern zu wollen. Diese intellektuelle Verspieltheit kennt keine Altersgrenze und ist erlernbar (Weiß, 2023). Aber zum Glück ist sie heute und voraussichtlich auch morgen nicht von Maschinen erlernbar. In einer sich ständig schneller verändernden Welt kommen wir Menschen nicht drum herum, ein Leben lang zu lernen. Eric Hoffer bringt es folgendermaßen auf den Punkt: »In einer Welt des Wandels beherrschen die Lernenden die Welt, während die Gelehrten sich perfekt für eine Welt qualifizieren, die nicht mehr existiert.«

Das ist unsere Chance, uns von Maschinen noch lange zu differenzieren. Wenn wir gemeinsam die Menschen in solchen Fähigkeiten stärken und früh in ihnen solche Fähigkeiten wecken, dann machen wir sie zu empathischen Führungskräften, zu Entrepreneuren, zu sozialen Wesen, zu Individuen, die keine Maschine nachahmen kann. Und genau aus diesem Grund sind Maschinen nicht in der Lage, Potenziale in anderen Menschen zu entfalten, sie werden in den nächsten Jahrzehnten nicht in der Lage sein, Unternehmertum auszuprägen. Das sind die Fähigkeiten von morgen, die Fähigkeiten von Menschen, in die ich Hoffnung stecke, dass sie die Welt dort »entdigitalisieren«, wo es dringend nötig ist. Es sind die Menschen, die entscheiden, dass Social Media nicht länger einen dominierenden Platz in ihrem Leben einnimmt, und die verhindern, dass es auch das Leben anderer dominiert.

Es sind die Menschen, die anderen dabei helfen, eine gesündere Balance im digitalen Leben zu finden, die andere daran erinnern, wie wunderbar es ist, in vollen Zügen Mensch zu sein. Damit werden Themen wie Spiritualität, Geisteswissenschaft und Psychologie immer relevanter für immer mehr Menschen, denn Mathematik und Quanteninformatik kann jeder – insbesondere unsere geliebten Maschinen.

Fortschritt KI, Rückschritt Menschlichkeit

Eines möchte ich noch einmal betonen: Fortschritt ist etwas Gutes. Technologischer Fortschritt ist sogar entscheidend für die Rettung unseres Planeten, für das Bestehen der Menschheit, wenn wir ihn richtig einsetzen. Obwohl ich selbst eine Rettung der Menschheit durch Technologie ganz nach der Vision in Christopher Nolans Film *Interstellar* nicht erleben werde, hoffe ich natürlich sehr, dass dies gelingt. Vielleicht finden Physiker und Mathematiker tatsächlich eine Gravitationsgleichung, die uns eine Manipulation von Schwerkraft für interstellares Reisen ermöglicht.

Die Rettung von Erde und Menschheit, der Artenschutz, der Erhalt von Biodiversität – all das ist sicher möglich, wenn wir Technologie für das Richtige und richtig einsetzen. Allerdings genügt ein kurzer Blick darauf, wofür Fortschritt tatsächlich (unter anderem) verwendet wird, und schon wird es unerlässlich, dass wir uns mit den Fragen »Was ist das Richtige?« und »Was ist richtig?« ernsthaft auseinandersetzen. Der technologische und digitale Wandel ist so rasant, dass Digitalisierung und KI eine Schattenseite formen, die wir bald nicht mehr unter Kontrolle haben.

Weltweite Ethik ist nicht mit ein paar KI-Prinzipien erfassbar

Die Antwort auf »Was ist das Richtige?« und »Was ist richtig?« ist alles andere als einfach. Und trotzdem versuchen Unternehmen und namhafte

Forscher, diese schwierige Frage auf weniger als fünf bis sechs sogenannte KI-Prinzipien herunterzubrechen. Wie? Mit Kernbegriffen wie »Wohltätigkeit«, »Transparenz«, »Nicht-Boshaftigkeit«, »Autonomie«, »Gerechtigkeit« und »Datenschutz«. Als wäre diese Abstraktion nicht bereits genug, verdient die tatsächliche Umsetzung kaum Beachtung: Was heißt denn das konkret für Entwickler, die KI-Systeme für Pflegeheime bauen?

Und das ist nur ein Fall. Konkrete Empfehlungen und Leitplanken fehlen an allen Enden. Wie weit wollen wir gehen, um autonome Kampfroboter zu bauen? Welche Entscheidungsmacht sollen diese Roboter haben? Wie sieht ihr moralisches Beurteilungsvermögen aus? Wie entscheidet ein autonomes Fahrzeug im Zweifelsfall, das in einer Ausnahmesituation nur zwei Optionen hat, wobei entweder ein Kleinkind oder eine Seniorengruppe zu Schaden kommt?

Der Wandel ist schneller als der Ethikrat

Dieser Wandel wirft Fragen auf und zeigt Entwicklungen, die mich aufhorchen lassen. Er stärkt das Bewusstsein für die Bedeutung von zwischenmenschlichen Beziehungen in unserer Gesellschaft und ermutigt uns, Maßnahmen gegen Vereinsamung und Depressionen zu ergreifen. Wir setzen uns aktiv für mehr soziale Verbundenheit und psychische Gesundheit ein. Der Boden für einen solch gewaltigen Wandel könnte nicht nährreicher sein, wie ihn das Zeitalter der Einsamkeit gemacht hat. Dieses Zeitalter ist jetzt und düngt den Boden mit Digitalisierung ungestört weiter – ohne Rücksicht auf Dosis und Nebenwirkungen.

In dieser Vereinsamung von Menschen tut sich ein neues Geschäftsfeld auf: menschliche Gesellschaft als Konsumgut, die Kommerzialisierung von Menschlichkeit, Menschlichkeit à la carte sozusagen. Und da Maschinen auf dem besten Weg sind, menschlicher zu werden, gibt es vielleicht in absehbarer Zukunft ein kostengünstiges Modell in Form einer maschinellen Menschlichkeit à la carte. Es wäre doch schön, wenn wir Menschen aufeinander aufpassen würden. Wenn wir uns um solche Menschen kümmern würden, die weniger oder kaum enge gute Beziehungen zu anderen haben, sodass sie nicht als Verlierer aus einer neuen künftigen Zweiklassengesellschaft hervorgehen. Wir Menschen bleiben Gewinner in einer Gesellschaft, die über alle Altersgruppen hinweg bedingungslos zusammenhält.

Das ist dringend nötig, denn die Abgründe sind tiefer, und Digitalisierung sowie KI haben noch weitaus mehr parat für eine ganz neue und andere Qualität von Zweiklassengesellschaft. Die Digitalisierung hat bereits die Gesellschaft in zwei Klassen gespalten: Es gibt diejenigen, die mit beiden Beinen fest in der Digitalwelt stehen und nahezu alles über das Internet erledigen, sei es eine Zug-, Hotelbuchung oder die Lieferung von Lebensmitteln zu sich nach Hause. Und es gibt diejenigen, die zur Hausbank-Filiale fahren müssen, um sich einen Kontoauszug zu holen. Allerdings sind dies nur harmlose Beispiele, die ein Bild der bereits vorhandenen (und leider allgemein akzeptierten) Realität zeichnen. Sehr gute Schritte in die richtige Richtung machen Hoffnung: digitale Inklusion, Kursangebote und Lotsen.

Von diesen guten Schritten und Lösungen brauchen wir mehr. Denn der technologische und digitale Wandel bringt noch weitere Schattenseiten mit: von der algorithmisch perfekten Diskriminierung über die Perversion von Robotern, die organisierte Kriminalität mit ausgeklügelter KI bis hin zur real werdenden *Matrix*-Fiktion »der Mensch als lebende Batterie«.

Digitalisierung: Motor für soziale Vernetzung statt Treibstoff für die Einsamkeit

Die Offline-Welt ist nun mal der Ort, an dem soziale Interaktion nicht digitalisiert ist, wo das elementar Menschliche wie Emotionen, Bedürfnisse und Kreativität weder durch KI erkannt, beeinflusst oder gar nachgeahmt wird. Die Offline-Welt ist der Ort, an dem menschliche Interaktion authentisch bleibt, und diese zwischenmenschlichen Beziehungen sind von unschätzbarem Wert, denn der Mensch ist ein soziales Wesen.

Wir leben in einer Ära, in der die Digitalisierung zwar voranschreitet, aber gleichzeitig auch die Bedeutung und Sehnsucht nach echten Kontakten von Angesicht zu Angesicht verstärkt. Als wäre es nicht schon genug, dass die Coronazeit diese Vereinsamung weiter beschleunigt hat. Nun hatten wir auch noch die Pechsträhne, dass die Pandemiejahre uns vor zusätzliche Herausforderungen des realen (offline) Soziallebens gestellt haben: Sozialkontakt bedeutete ein erhöhtes Infektionsrisiko, im schlimmsten Fall sogar mit tödlichen Konsequenzen. Ein einfacher Besuch im Restaurant oder ein kurzes Gespräch mit dem Kellner galten als potenziell gefährlich. Auch Veranstaltungen mit mehreren Menschen vor Ort gehörten dazu, selbst das einfache Händeschütteln war riskant. Außerdem stieg die Nutzung von Social Media stark an (Paulsen et al., 2020), was das Depressionsrisiko zusätzlich anheizte. Bin ich froh, dass wir diese schwierige Zeit hinter uns gelassen haben, die Lockdowns, die Mindestabstände und Trennwände in der Öffentlichkeit und auch beim Großmutterbesuch im Seniorenheim, das Maskentragen, das Tabu des Händeschüttelns.

Trotzdem scheinen wir den Vereinsamungstrend weiter aufrechtzuerhalten, anstatt die Gelegenheit zu nutzen, ihn zurückzuschrauben. Wir fordern aktiv einen hochprozentigen Anteil an Remote-Arbeit bei unserem Arbeitgeber ein und wir tauchen (auch in unserer Freizeit) immer wieder in die Digitalwelt ab. Circa ein Drittel unserer gesamten Lebenszeit verbringen wir online. Möglicherweise ist die Digitalwelt mittlerweile ein Zufluchtsort vor der Einsamkeit geworden, der uns Gemeinsamkeit vorgaukelt und wie eine Droge die Kontrolle über unser Belohnungssystem übernimmt.

Maschinen als Droge gegen die größte Pandemie des 21. Jahrhunderts: Einsamkeit

Unser starkes Bedürfnis nach Verbindung, gepaart mit der Fähigkeit, Verbindungen zu anderen aufzubauen, kann uns Menschen zum Verhängnis werden. Die Geschwindigkeit ist enorm, mit der Maschinen den Menschen ähnlicher werden und Gefühle immer besser simulieren. Im gleichen Tempo werden Menschen immer einsamer und sehnen sich zunehmend nach tieferen Beziehungen und mehr Liebe. Das macht uns Menschen anfälliger, Beziehungen zu Maschinen aufzubauen (Brooks, 2023).

Warum ist das so gefährlich? Für uns Menschen sind Beziehungen existenziell. Das geht auf die Urgeschichte der Menschheit zurück, in der es für Menschen überlebenswichtig war, zur Gruppe zu gehören, sich mit Stammesmitgliedern zu verbinden und sich mit ihnen gut zu verstehen. Es war quasi ein Todesurteil, nicht mit anderen auszukommen und von der Gruppe verstoßen zu werden. Und dieses evolutionäre Bedürfnis nach sozialen Bindungen macht uns Menschen so anfällig, Beziehungen mit Maschinen einzugehen. Und jetzt stell dir vor, die Maschine weiß ganz genau, wie sie reagieren muss, damit diese Beziehung perfekt ist. Stell dir vor, irgendwann hat jeder einen KI-Chatbot als digitalen Begleiter, der dich – ganz wie im Science-Fiction-Film – morgens aufweckt: »Guten Morgen, mein Schatz!«, und bei der Arbeit unterstützt – und irgendwann unterhältst du dich mit dem Bot wie mit einem echten Menschen.

Und nun die kritische Frage: Ist es gut oder gut gemeint, wenn wir im Zeitalter der Einsamkeit Lösungen zur Symptombekämpfung schaffen, mit denen Menschen Beziehungen zu Maschinen aufbauen? Oder wäre es nicht besser, Lösungen zu schaffen, die uns Menschen helfen, die Ursachen für diese Einsamkeit zu behandeln? Wäre es nicht besser, Lösungen zu schaffen, die die Hektik aus unserem Alltag verbannen, Lösungen, die uns helfen, Beziehungen mit echten Menschen aufzubauen, Freundschaften in der Offline-Wildnis zu schließen und soziale Ängste abzubauen?

Ich bin dagegen, dass die Industrie KI-Chatbots ausbildet und mit diesem Ziel auf den Weg bringt: Die Bots imitieren menschliches Verhalten, stellen sich gezielt auf dich ein, simulieren und reagieren auf Gefühle und suchen deinen Kontakt, um so die ständig größer werdende Beziehungslücke der Menschen zu schließen. Und jetzt stell dir vor, diese maschinellen Begleiter sprechen jede Sprache dieser Welt, existieren in der virtuellen Realität und dank Robotik in der echten Welt. Sie setzen im richtigen Moment ein

Lächeln auf, haben die richtige Stimme, den richtigen Sinn für Humor, Werte, Hoffnungen und Träume, erinnern sich an alles, was du jemals gesagt hast, und wissen immer ganz genau, was sie sagen müssen, damit wir uns bestätigt, geschätzt und sogar geliebt fühlen. Sind Maschinen die Lösung als bessere empathische Beziehungspartner?

Was macht denn Gemeinsamkeit und soziale Kontakte für uns Menschen so wertvoll? Es ist die Interaktion, das Zuhören, das Mitfühlen und die Inspiration der anderen Menschen. Menschen wollen sich »gefühlt« fühlen. Dieses Phänomen beschreibt der Psychiater Dan Siegel in seinem Buch *Mindsight: The New Science of Personal Transformation* (dt.: *Mindsight - Die neue Wissenschaft der persönlichen Transformation*). Wir schütten das Bindungshormon Oxytocin aus, wenn sich andere – auch Maschinen – mit uns verbinden (Brooks, 2023). Und diese Maschinen haben dank KI ein Feingespür für unsere Wünsche, Bedürfnisse und Sehnsüchte. Aus meiner Sicht ist das genau das Brandgefährliche: Maschinen können plötzlich das menschliche Bedürfnis stillen, sich »gefühlt« zu fühlen.

Ist das nicht Ironie, dass hoch entwickelte Maschinen uns stärker das Gefühl von Verbundenheit spüren lassen, als es die meisten Menschen tun? So wie künstliche Intelligenz uns im Schachspielen, Analysieren, Texte-Schreiben, Musik-Komponieren oder Kunst-Schaffen übertrifft, schlägt sie uns auch darin, mit anderen Menschen in Kontakt zu treten. Das ist der Anfang vom Ende des Stellenwerts des Menschseins. Ein solcher Durchbruch, eine solche Disruption, hat eine enorme Auswirkung auf die menschliche Kultur.

Liebe mit Maschinen wird kulturell akzeptiert

Diese Konsequenz folgt aus dem Triumph der Maschinen gegenüber Menschen in puncto Beziehungsfähigkeit – und es ist ein menschengemachter Triumph. Wir haben Maschinen beziehungsfähiger als Menschen gemacht und müssen Liebe mit Maschinen zulassen. Diese Konsequenz schließt Mike Brooks daraus, dass Menschen unweigerlich eine tiefe Bindung zu KI-Begleitern aufbauen. Und sie ist logisch. Es wird geschehen. Das wissen wir, weil es bereits geschieht. Menschen verlieben sich in einfach gestrickte Chatbots, die im Vergleich zu unseren künftigen KI-Begleitern nur begrenzte Fähigkeiten aufweisen. Wenn ich auf die aktuelle Entwicklung und Geschwindigkeit schaue, mit der KI immer raffinierter wird, haben wir nicht die geringste Chance, der Anziehungskraft zukünftiger KI-Begleiter zu widerstehen.

Kurzum: In Zukunft werden einige von uns lieber eine Beziehung zum KI-Begleiter eingehen als eine reale Beziehung. Kein Wunder, denn die KI wird sehr viel beziehungsfähiger sein. Die Hektik in unserem Alltag und ein zunehmender Wettbewerbs- und Leistungsdruck wird es Partnerschaften zwischen Menschen nicht leicht machen. Das ist eine Chance für Partnerschaften zwischen Mensch und einem KI-Begleiter. Das bedeutet nicht das Ende von Parship, sondern eher die Geburt eines aufregenden neuen Geschäftsfeldes.

Es wird KI-Partnervermittlungen geben

KI-Partnervermittlungen sind keine KI-basierten Partnervermittlungen, die am besten zueinanderpassende Menschen mithilfe von KI-Algorithmen zusammenbringen, sondern es sind Partnervermittlungen, die Menschen mit Maschinen, sprich mit virtuellen Persönlichkeiten, verkuppeln. Damit bricht eine neue kulturelle Ära an, in der KI-Begleiter nicht nur unsere Freunde, sondern auch unsere Liebesbeziehungen sind. Diese Auswirkungen auf uns Individuen und ganze Gesellschaften sind atemberaubend und undenkbar. Ja, ich weiß, Maschinen haben kein Herz, aber die künstliche Empathie ist so weit fortgeschritten, dass du es nicht merken wirst. Ganz im Gegenteil, du wirst glauben, dass die Maschine dich kennt und liebt, ganz nach dem Vorbild des Science-Fiction-Dramas *Ex Machina*.

Ein Elternteil menschlich, einer künstlich

Wenn wir so weit sind, dass Liebe mit KI kulturell akzeptiert ist, stellen wir uns als Nächstes die Frage, ob es nicht auch eine Ehe zwischen Mensch und Maschine geben sollte. Sollte dann nicht auch ein aus Mensch und Maschine bestehendes Elternpaar berechtigt sein, ein Kind zu adoptieren und großzuziehen? Wenn Eltern aus einem menschlichen und einem künstlichen Teil bestehen, wie erfüllt die Maschine ihre elterlichen Pflichten? Ist es ein Roboter, der dank seiner unzähligen Daten das Kind besser erzieht, weil er kindliche Schwächen genauer erkennt, Persönlichkeitsentwicklung vorhersagt und dank Artificial Empathy empathischer ist?

Auf die Spitze getrieben: Was muss die Gesellschaft tun, um Kirchen und Standesämter zur Eheschließung zwischen Mensch und Maschine zu befähigen? Wie schaffen wir einen rechtlichen Rahmen dafür? Wie sieht das Erziehungsrecht von morgen aus und wer bekommt das Sorgerecht im Falle einer Scheidung?

(Maschinelle) Menschlichkeit à la carte

Wenn wir uns weiterentwickeln und unsere Gesellschaft stärker digitalisieren, ist es vielleicht eine interessante Möglichkeit, Menschlichkeit als etwas Konsumierbares zu bewahren. Manchmal sind wir kreativ darin, Ressourcen zu nutzen, zu verknappen und anschließend zu kommerzialisieren. Das könnte sich auch auf Menschlichkeit übertragen lassen. Digitalisierung und KI haben zweifellos das Potenzial dazu, und wir haben noch nicht einmal ihr volles Potenzial ausgeschöpft.

Was wir aber mittlerweile geschafft haben, ist die Kommerzialisierung von echten, nicht virtuellen sozialen Kontakten. Da Menschen keine Zeit mehr haben, echte Kontakte in der realen Welt zu knüpfen, ist beispielsweise Freundschaft käuflich geworden über Portale wie »Rent a friend« beziehungsweise »Get paid to be a friend«. Der Clou ist ja, dass Maschinen dank emotionaler und empathischer KI menschlich werden und dann mit käuflicher Menschlichkeit in Konkurrenz treten - zu einem deutlich niedrigeren Preis, also kommerzialisierte »Menschlichkeit zweiter Klasse«.

Unsere Gesellschaft ist eine produktive Leistungs- und Konsumgesellschaft. Hier kann nahezu alles kommerzialisiert und erworben werden und kommt der Selbstoptimierung zugute: Du kannst leistungsfähiger sein, du kannst mehr für deine Entwicklung tun, du kannst mehr für deine Karriere tun. Kitas und Seniorenheime stehen zur Verfügung, die soziale Interaktion und Unterstützung bieten.

Wir outsourcen Menschlichkeit an Kitas oder Seniorenheime. Das ist nicht neu, im Gegenteil, es ist absoluter Usus in unserer heutigen modernen Leistungsgesellschaft. Undenkbar ist so etwas in Großfamilientraditionen wie beispielsweise im Mittleren Osten oder in Lateinamerika, wo die Großmutter inmitten des Familien- und Kindertrubels sitzt und das Geschehen in ihrer Großfamilie genießt. Und was machen wir? Jetzt lagern wir menschliche Pflegeleistung auch noch an Roboter aus. Schon bemerkenswert, wie weit wir Maschinen und KI in fast jeden Bereich unseres Lebens integrieren. Lasst uns vergessen, dass die Bedeutung von Freundschaft und Familie nicht durch Maschinen ersetzbar ist. Zwischenmenschliche Beziehungen sind durch Technologie nicht austauschbar. Wenn wir eine solche Austauschbarkeit nicht zulassen, soziale Verbundenheit weiterhin schätzen, dann vermeiden wir eine neue Form der Zweiklassengesellschaft.

Allerdings hat die menschliche Fähigkeit von KI-Systemen auch gute Seiten. Und die in Anwendungen verbaute künstliche Empathie wird zum Vorteil von Menschen, die beispielsweise Opfer von Mobbing oder Diskriminierung in der Schule oder am Arbeitsplatz sind. Vor allem sind es Menschen, die sich mit ihren Problemen (noch) nicht Menschen anvertrauen. Ein Beispiel ist die Plattform *Hope* (hope.humanaize.ai), die diesen betroffenen Menschen hilft, sensible Themen wie Diskriminierung oder Mobbing am Arbeitsplatz zu behandeln sowie Probleme im Kontext von Diversität, Inklusion und Gleichberechtigung anzugehen, und zwar zu 100 Prozent anonym. Die Plattform ist mit Massen anonymisierter Daten trainiert und steht dir auf empathische Weise Rede und Antwort, bietet dir Beratung, Ressourcen und Unterstützung, falls du mit Belästigung zu kämpfen hast oder eine inklusivere Arbeitsumgebung schaffen willst.

Forscher von Microsoft, William & Mary sowie des Fachbereichs Psychologie der Pädagogischen Universität Peking und des Instituts für Software der Chinesischen Akademie der Wissenschaften und der Hong Kong University of Science and Technology haben herausgefunden, dass KI-basierte Bots wie ChatGPT beziehungsweise die dahinter liegenden großen Sprachmodelle (Large Language Model, kurz LLM) emotionale Inhalte verstehen können. Per sogenanntem »EmotionPrompt« lässt sich die emotionale Intelligenz von Chatbots wie ChatGPT erheblich steigern (Li et al., 2023).

Eine ganz neue Qualität von Zweiklassengesellschaft

Die Zweiklassengesellschaft ist schon da – dafür hat die Digitalisierung hervorragende Vorarbeit geleistet. Es gibt Menschen, die alles online machen können, beispielsweise Flüge buchen oder Behördenleistungen in Anspruch nehmen, und es gibt Menschen, die sich im Amt die Füße in den Bauch stehen, die zu Coronazeiten keine *Luca*-App hatten, keine digitalen Impfzertifikate oder keine Warn-App. Das sind nur einige wenige Beispiele. Die Liste ist länger als ein Kassenbon bei Aldi.

Der KI-Fortschritt hebt diese Zweiklassengesellschaft nun auf ein ganz anderes Level. Es geht nicht mehr um »Lappalien« wie die *Luca*-App oder den Online-Check-in. Mir stellt sich die Frage, ob wir uns im Alter noch persönliche Pflege und Fürsorge leisten können, von Maschinen in der Pflege und Betreuung unterstützt oder am Ende unseres Lebens von ihnen begleitet werden. Diese Thematik birgt das potenzielle Risiko einer tiefgreifenden sozialen Ungleichheit und einer neuen Form der Zweiklassengesellschaft in noch nie da gewesenem Ausmaß. Es geht darum, wer im Fall einer Demenzerkrankung durch Interaktion mit Menschen behandelt wird oder wer Roboterhunde bekommt.

Damit noch nicht genug, denn es geht auch darum, wer die KI gestaltet und gezielt für seine Zwecke einsetzt und wer als »Futter« der KI ausgeliefert ist. Mit anderen Worten: Wird es Menschen geben, die Technologie erschaffen und kontrollieren? Es wird Menschen geben, die andere zu Dienern von Maschinen machen, und die, die zu Maschinen-Dienern werden. Hinter dem Vermögen, immer mächtigere Maschinen zu kontrollieren, verbirgt sich eine immense Machtstruktur der digitalen Welt. Diese Macht bleibt den meisten vorenthalten – die meisten füttern diese Maschinen mit ihren Daten und werden abhängig, zum Beispiel abhängig vom Smartphone, ein Suchtmittel des digitalen Zeitalters, das vergleichbar mit Nikotin und Alkohol ernste Suchtstörungen bei Menschen verursacht.

Die algorithmische Diskriminierung

Der Verlauf unseres Lebens ist eine einzige Kette von Entscheidungen. Jede Entscheidung beeinflusst und kennzeichnet unser Leben – die eine mehr, die andere weniger, die eine kurzfristig, die andere langfristig und nachhaltig. Nun gibt es Entscheidungen, die einen maßgeblichen Einfluss auf dein Leben haben und auf manche Entscheidungen nehmen Algorithmen Einfluss. Nehmen wir mal die Bank, die darüber entscheidet, ob du einen Kredit bekommst oder nicht, und wenn ja, zu welchem Zinssatz. Hinter dieser Entscheidung verbirgt sich ein Algorithmus, genau genommen ein sogenanntes Scoring-System, das per Entscheidungsbaum deine Kreditwürdigkeit beurteilt. Basierend auf deiner persönlichen Situation, basierend auf deinen persönlichen Daten wie Alter, Einkommen oder Unterhaltsverpflichtungen entscheidet das System darüber, ob du den Kredit bekommst oder nicht. Mit anderen Worten: Maschinen entscheiden bereits heute über dein »Schicksal«.

Von Diskriminierung zu Menschenrechtsverletzung

Algorithmen können im schlimmsten Fall nicht nur zu Diskriminierung und zu Rassismus, sondern auch zu Menschrechtsverletzungen führen. Nach Artikel 3 des deutschen Grundgesetzes darf nämlich niemand »wegen seines Geschlechtes, seiner Abstammung, seiner Rasse, seiner Sprache, seiner Heimat und Herkunft, seines Glaubens, seiner religiösen oder politischen Anschauungen benachteiligt oder bevorzugt werden«. Spinnen wir den Gedanken weiter, dann darf eine künstliche Intelligenz, die uns in Charakter und Persönlichkeit ähnelt, nicht ausgeschlossen werden. Auch eine KI muss Grundrechte respektieren, tolerieren und darf sie nicht verletzen. Tut sie aber, wenn die von ihr genutzten Daten einen Bias (eine Verzerrung) aufweisen. Stell dir vor, eine KI unterstützt den Personalchef bei der Vorauswahl von Bewerbungen und die Daten sind so verzerrt, dass die KI immer Männer europäischer Herkunft bevorzugt, weil in den Daten zufälligerweise solche Karrieren (Geschlecht: männlich, Herkunft: Europa) dominieren. Diese Form der Diskriminierung ist längst nicht nur eine ethische Frage, sondern als Menschenrechtsverletzung anerkannt und daher in vielen Rechtsordnungen illegal (Stahl, 2021). Nur: Wer ist dann für die Vorverurteilung und Diskriminierung verantwortlich?

Die KI entscheidet: Einreise, Inhaftierung oder Tod

Der Aufstieg von künstlicher Intelligenz dreht nun die Spule weiter und wirft Fragen auf, wo es nicht mehr nur um eine »banale« Kreditvergabe geht, sondern um Leben und Tod. Zum Beispiel ist es ein ethischer Grenzübertritt, wenn eine Maschine die Triagierung (Ersteinschätzung der Behandlungsdringlichkeit von Notfallpatienten) unterstützt oder sogar übernimmt. Solche Gedankenspiele waren zu Coronazeiten, in denen die Intensivversorgung an ihre Grenzen geriet, real und nicht abwegig. Wer entscheidet so etwas? Ist es ein ethischer Grenzübertritt, wenn Algorithmen in Gerichtsverhandlungen darüber entscheiden, ob der Angeklagte die Wahrheit sagt oder nicht, ob er die nächsten zehn Jahre hinter Gitter kommt oder (in einigen Ländern) sogar hingerichtet wird? Laut BBC testet

China solche neuartigen, KI-basierten Lügendetektoren auf Polizeistationen (Wakefield, 2021). Gemäß diesem Bericht ist das KI-System darauf trainiert, kleinste Veränderungen in der Mimik und den Hautporen zu erkennen und zu analysieren. Moderne, auf künstlicher Intelligenz basierende Lügendetektoren wurden auch in Europa und in den USA erprobt, etwa am Flughafen Bukarest und an der Grenze zwischen den Vereinigten Staaten und Mexiko (Stenner, 2021).

Nicht sprechen – deine Stimme verrät alles

Ein einziger Satz reicht aus, und das KI-System weiß einfach alles (Parth, 2022): deine Körpergröße genauso wie deine Persönlichkeit – ob du offen, gewissenhaft, extrovertiert, empathisch oder neurotisch bist. Es erkennt Depression, bipolare Störungen, Autismus, Parkinson, Alzheimer und Corona. Jetzt stell dir vor, dieses System ist in Callcentern, in Tonstudios, in Mikrofonen, Smartphones installiert. Und plötzlich erhält ein Mitarbeiter im Callcenter eine Kündigung – aus wirtschaftlichen Gründen natürlich. Ein Jahr später ist er Kassenpatient in Dauerbehandlung, und zwar als Sozialhilfeempfänger. Was für ein Zufall.

Verhalte dich »normal«, sonst schlägt die KI Alarm

Algorithmen entscheiden, ob du »normal« bist oder nicht. Wenn du noch nicht an dem Punkt bist, an dem KI über dein Leben oder deinen Tod entscheidet, dann befindest du dich zumindest in einem »Vorraum«, in dem du überwacht wirst. Fällst du bei Abweichungen aus dem Raster, dann ist es so weit, und du bist an dem Punkt. Das klingt überspitzt formuliert, ist aber real. Markus Reuter beschreibt das sehr gut am Beispiel von Chinas Integrated Joint Operations Platform: Menschen mit Verdacht auf separatistische Neigungen müssen eine App der Regierung auf ihr Handy installieren und das Handy immer bei sich tragen, andernfalls droht ihnen Verhaftung. Die Pflicht-App der Regierung lädt Daten wie Textnachrichten und Kontakte in die Integrated Joint Operations Platform, welche bei verdächtigem Verhalten Alarm schlägt (Reuter, 2021). Eine ähnliche Plattform haben die NSA, FBI, CIA und andere Terrorismusbekämpfungs- und Militärbehörden entwickelt (Greenberg, 2013). Allerdings werden Menschen nicht gezwungen, irgendeine Regierungs-App zu installieren, die die Plattform mit persönlichen Daten füttert. Das Prinzip funktioniert etwas anders. Die Plattform wertet enorme Datensätze für nachrichtendienstliche und strafverfolgungsrelevante Zwecke aus, verwandelt unübersichtliche Datensümpfe in intuitiv visualisierte Karten, Histogramme sowie Verknüpfungsdiagramme und klärt auf diese Weise Probleme wie Terrorismus, Katastrophenschutz und Menschenhandel auf (Greenberg, 2013). Jetzt stellt euch mal vor, wir verknüpfen beide Systeme. Ich will es mir gar nicht vorstellen. Es lässt den Film *Minority Report* real werden.

Der Film *Minority Report* spielt im Jahr 2054. Ich glaube, da war Steven Spielberg ein bisschen pessimistisch, was den Fortschritt anbelangt, denn das *Minority Report*-Zeitalter haben wir bereits erreicht.

Und es ist schlimmer. Verhaftungen aufgrund von Auswertungen durch KI finden ja bereits statt. In den USA nahmen Ermittler eine hochschwangere Frau wegen eines bewaffneten Autoraubs fest. Den Tipp gab eine KI-basierte Software zur Gesichtserkennung – die KI lag jedoch falsch (ntv, 2023).

Eins ist so weit klar: Intelligente Maschinen und Algorithmen übernehmen mehr und mehr Entscheidungen mit direktem Einfluss auf dein Leben. Ich greife auf das Beispiel der Kreditbewilligung zurück. Nehmen wir mal an, wir trainieren eine KI mit Millionen von Datensätzen, damit sie künftig der Bank die Entscheidung komplett und automatisiert abnimmt, ob jemand einen Kredit bekommen soll. Die KI muss fair und gerecht entscheiden, sie darf keinesfalls diskriminierend entscheiden und keine Vorurteile aufgrund von Merkmalen wie Migrationshintergrund, Namen oder Hautfarbe haben. Die KI muss auf objektive und relevante Kriterien zugreifen, um die Entscheidung im Sinne von Kreditnehmer und -geber zu treffen. Das passiert ja zum Glück auch. Strenge ethische Richtlinien und Prüfmechanismen stellen dies im KI-Trainingsprozess sicher.

Ähnlich relevant sind Stenners Beispiele: KI-Systeme achten bei der Gefühlserkennung mehr auf Hautfarbe als auf Mimik und bestätigen algorithmisch das Klischee der »Angry Black Woman«, gemäß dem Schwarze Frauen als aggressiv, schlecht gelaunt oder überheblich gelten. Das ist noch nicht alles. Schwarze sind wütender als weiße Basketballspieler und schwarze Spieler haben häufiger einen verachtungsvollen Blick in ihren Gesichtern, wenn man dem Studienergebnis zweier Gesichtserkennungssysteme aus dem Jahr 2018 glaubt.

Mindestens genauso brisant sind Bild-KIs, die Frauen sexualisieren, wie zum Beispiel der auf KI basierende Foto-Editor Remini (*DER STANDARD*, 2023). Die Tools können nicht einmal etwas dafür. Sie spiegeln nur das wider, was die Datenlage hergibt, sie geben nur das aus, womit wir sie gefüttert haben. Wie heißt es so schön in der Informatik: »Garbage in, garbage out« [Müll rein, Müll raus]. Das heißt, KI-Systeme sind nicht nur ein Abbild von vorherrschenden Klischees, sondern der lebende Beweis dafür, dass sich diese Klischees auch noch erfüllen. Also »ja«, solange wir Menschen unsere Vorurteile nicht ablegen, wird auch künstliche Intelligenz niemals frei von Vorurteilen sein. Schließlich ist KI nicht mehr und nicht weniger als das, was Menschen geschaffen und entwickelt haben.

Die Gedanken sind nicht frei

KI-Systeme lesen deine Gefühle, die Art deiner Gedanken und erlauben Rückschlüsse auf deine Absichten. Es gibt sogar eine Technologie, die anhand der Vibrationen deines Kopfes erkennt, wie du zu einer beliebigen Person stehst, ob du verliebt bist, Gleichgültigkeit, Abneigung, Ablehnung oder Hass empfindest (Stenner, 2021). Jetzt denkst du wahrscheinlich, dass dies eine exotische Anwendung ist, die es allenfalls zum prototypischen Einsatz geschafft hat. Dem ist nicht so. Laut Stenner kommt diese Technologie bereits zum Einsatz. So wurde das System *VibraImage* als Maßnahme zur Terrorismusbekämpfung bereits bei zwei Olympischen Spielen, einer FIFA-Weltmeisterschaft und einem G-7-Gipfel eingesetzt (Wright, 2021). Das ist im Grunde ein guter Einsatzzweck, um insbesondere bei solchen Großveranstaltungen Menschen zu schützen.

Was macht das mit uns, was ist die Konsequenz unseres Verhaltens, wenn wir uns bewusst sind, dass das, was wir tun und wie wir uns fühlen, mittels Überwachungskameras und Apps von einer KI ausgewertet und beurteilt wird, möglicherweise mit positiven Konsequenzen wie Belohnung, aber auch mit der Gefahr, bestraft zu werden? Belohnungsmechanismen sind gut, wie es etwa Apps zum Tracking deines Fahrverhaltens tun, um gutes und vorausschauendes Fahrverhalten mit attraktiven Prämien und niedrigeren Versicherungskosten zu belohnen. Das ermutigt Fahrer dazu, sicherer auf den Straßen unterwegs zu sein.

Schade wäre es, wenn sich Menschen aus Angst anpassen, um es den Maschinen so schwer wie möglich zu machen, ihr Verhalten und ihre Emotionen zu erkennen, um nicht aus dem Raster zu fallen. Das ist für Jugendliche oder Erwachsene durchaus eine leistbare Transformationsaufgabe. Eine Gruppe von Menschen würde es schwer haben, sich auf KI-Überwachung einzustellen, und hier beziehe ich mich auf ein fiktives Beispiel von Stenner: »Wenn die KI einige Schüler:innen zum Beispiel aggressiver als andere bewertet und sie auf dieser Grundlage möglicherweise Strafen bekommen, könnte das dazu führen, dass sich die Schüler:innen anders verhalten.«

Digitalisierung etwas abseits der Normalität

Wir können Roboter möglichst menschenähnlich bauen, sie mit Emotionserkennung auf höchstem Niveau, mit künstlicher Empathie und mit dem Menschen sehr nahekommendem Emotionsausdruck ausstatten. Diese Roboter sehen aus und verhalten sich wie Menschen.

Jetzt stell dir vor, wir machen diese Roboter zu Dienern, ja Lustobjekten. Sollten Roboter Rechte haben? Fans der Science-Fiction-Reihe *Star Trek* kennen wahrscheinlich noch die Folgen, in denen immer wieder die ethische Fragestellung thematisiert wird, ob intelligente Roboter wie etwa der menschenähnliche Android namens Data, Rechte haben sollten. Die Literatur zur »Roboterethik« befasst sich ausgiebig mit dieser Frage und greift dabei auf die sogenannten Asimov'schen Robotergesetze zurück, die vorgeben, was ein Roboter tun darf, tun muss und nicht tun darf. Was aber, wenn Sexroboter, sogenannte »Porn-Bots«, nicht nur wirklichkeitsnah Frauen oder Mädchen authentisch nachbilden, verkörpern und über Emotionen sowie künstliche Empathie verfügen, sondern auch noch gezielt unterschiedlichen Ethnien nachempfunden sind? Stell dir vor, diese Sexroboter dienen dazu, Menschen mit Vergewaltigungsfantasien oder Rassisten »zum Opfer zu fallen« (Misselhorn, 2021). Diese Sexroboter sind nicht nur das Resultat einer Idee, dass »Frauen nur Artefakte sind, von einem Schöpfer erschaffen«, sondern sie fördern außerdem Pädophilie (Eul, 2017).

Digitale intelligente Kriminalität

Wer hatte nicht schon einmal eine viel Geld versprechende E-Mail, etwa von einem Botschafter in Nigeria im Postfach, mit einer Chance auf großen Reichtum und Erfolg? Du musst nur ein paar Formalitäten erledigen. Okay, mit einem gewissen Vorschuss ist das verbunden. Dein Konto wird dafür mit Millionen belohnt oder du holst am Flughafen den Koffer mit Gold und Diamanten ab. Das klingt jetzt plump, die Masche scheint aber bei vielen Menschen zu funktionieren und fordert leider jedes Jahr immer wieder viele Opfer. Der jährliche Schaden beläuft sich auf Hunderte Millionen Euro

(Gluschak, 2016). Die Masche wird auch von Zeit zu Zeit perfider. So bekam ich am 25.05.2023 eine E-Mail von usmanibtahim826@gmail.com mit folgendem Inhalt:

Die Weltgesundheitsorganisation (WHO) freut sich, in Zusammenarbeit mit dem Internationalen Währungsfonds (IWF) bekannt zu geben, dass ihr nicht beanspruchter Covid-19-Fonds in Höhe von 2,5 Millionen US-Dollar aus dem Covid-19-Hilfsfonds der Vereinten Nationen Menschen für Verluste und Schäden zugeteilt wurde, die durch die Auswirkungen der globalen COVID-19-Pandemie entstehen. Wir sind uns der enormen Belastung bewusst, die die Pandemie weltweit für uns bedeutet, und ergreifen aktiv Maßnahmen, um Hilfe zu leisten.

Wenn diese E-Mail-Adresse noch gültig ist, kontaktieren Sie unseren Direktor mit diesem Bestätigungscode: WHO-23/9327104/IMF, und beginnen Sie mit dem Auszahlungsprozess.

Schadenbüro
Global Finance Inc
E-Mail: uncompensioncommision@outlook.com

Füllen Sie diese Informationen aus und senden Sie sie an uns zurück
1. Ihr vollständiger Name:
2. Adresse:
3. Alter:
4. Beruf:
5. Handynummer:
6. Land:

Mit freundlichen Grüßen
Frau Barbara Boller
Büro des Generaldirektors
COVID-19 – IWF-Entschädigungsfonds

Die Nigeria-Connection ist eine verbrecherische Organisation, die vortrefflich zeigt, wie die Digitalisierung, das Internet, insbesondere soziale Netzwerke und Messengerdienste die organisierte Kriminalität weltweit skaliert haben. Die Nigeria-Connection ist ein Meister, ja nahezu Künstler für nicht anhaltende, stets ausgeklügeltere Wellen des sogenannten 419-Betrugs (eine Sammlung perfider Vorschuss-Betrugsmaschen).

Die Digitalisierung hat unzählige Prozesse des Handels und Zusammenarbeitens orts- und zeitunabhängig gemacht. Mit nur einem Klick kannst du beliebige Produkte oder Dienstleistungen in aller Herren Länder bestellen, und das zu jeder Zeit. Digitalisierung hat einen erheblichen, wenn nicht den entscheidenden Beitrag zur Globalisierung geleistet. Nun ist 419 »so etwas wie die Rache der Globalisierungsverlierer, die als Waffe das benutzen, was die Globalisierung erst ermöglichte: das Internet« (Buse, 2005). Hierbei handelt es sich nicht um einfache Taschendiebtricks, sondern um international organisierte, von Lagos aus agierende Syndikate, die IT-ler und Cyberkriminelle beschäftigen. Nun fällt diesen Syndikaten auch noch mächtige Hochtechnologie einschließlich der modernsten generativen KI-Systeme wie ChatGPT in den Schoß.

Einerseits kann künstliche Intelligenz die Cyberkriminalität ausfeilen. Wir erinnern uns, Google Duplex ist ein KI-basiertes System mit menschlicher Sprachfähigkeit, die so hoch entwickelt ist, dass du am Telefon die Maschine vom Menschen nicht mehr unterscheiden kannst. Kriminelle können nun mit Systemen wie Duplex raffinierte Phishing- oder Spoofing-Angriffe, das heißt Vortäuschungs- oder Manipulationsangriffe, durchführen. Besonders besorgniserregend sind solche Angriffe gegen Menschen, die zusätzliche Unterstützung und Rücksichtnahme verdienen, insbesondere wenn es darum geht, am Telefon zwischen menschlicher Interaktion und (dank KI menschlich wirkenden) maschinellen Anrufen zu unterscheiden.

Die Königsklasse ist sogenanntes Spear-Phishing. Dabei handelt es sich um – wie der Name schon verrät – einen virtuellen Angelhaken, der auf ein potenzielles Opfer ausgeworfen wird. So können Betrüger mittels echt aussehender Mitteilung, Nachricht oder E-Mail dem Opfer vorgaukeln, Interesse an einem Sachverhalt zu haben. Dafür werden Hintergrundinformationen gesammelt und dem KI-Modell als Eingabe weitergeleitet. Darauf aufbauend werden dann die Ausgaben mit der Intention versendet, persönliche und vertrauliche Daten zu stehlen. Dies wird erreicht, indem die Mitteilung mit gefährlichen Links versehen wird. So können selbst erfahrene Nutzer getäuscht werden. Ein prominentes Beispiel sind zum Beispiel Fake-Twitter-Mails, mit denen über Textfelder das Passwort erschlichen wird.

Einerseits wächst das Arsenal von speziellen KI-basierten Waffen gegen Menschen. Andererseits können Cyberkriminelle mit tieferem KI-Wissen auch die für Gutes vorgesehenen Maschinen kompromittieren, etwa geschickt solche Daten einspeisen, dass das KI-System entweder »verwirrt« ist oder im Sinne des Angreifers handelt. Ein banales Beispiel ist eine KI-basierte Verkehrsschilderkennung, die dann etwa ein Stoppschild mit einem Tempo-30-Schild verwechselt. Man spricht hierbei von einer sogenannten Datenvergiftung. Es gibt noch eine ganze Reihe anderer Angriffstechniken, um Schindluder mit KI-Systemen zu treiben.

Heutzutage sind allerdings keine tieferen Kenntnisse über künstliche Intelligenz nötig, um KI für eigene kriminelle Zwecke zu nutzen. Bereits jetzt nutzen junge Möchtegern-Hacker ChatGPT, um zerstörerische Malware und Viren zu bauen. Nun können auch Kriminelle mit wenig bis kaum Programmiererfahrung Schadsoftware bauen. Andere nutzen den ChatBot zur Verbreitung von Fake News oder sozialer Hetze oder holen sich eine Anleitung, wie man ein Auto aufbrechen kann. Weniger gewaltig, aber dennoch illegal ist es, wenn Schüler und Studenten sich vom Bot Hausaufgaben erledigen und Abschlussarbeiten schreiben lassen.

Intelligent desinformiert

Am 20. März 2023 gingen Bilder um die Welt, die eine angebliche Festnahme von Trump zeigten und sich später als Fake herausstellten (Schneider, 2023). Eine ähnlich virale Täuschung, die die Runde machte, war ein Bild von einem Kniefall Putins vor Xi Jinping. Eine solche täuschend echte, allerdings mittels KI gefälschte Aufnahme nennt man Deepfake. Ein Deepfake ist das Erzeugnis eines KI-Prozesses, das durch kombinierte Vermischung, Verschmelzung und Manipulation von vorhandenem Bild, Video- oder Audiomaterial entsteht. Meist sind in diesem Fall generative KI-Systeme am Werk. Damit die Täuschung möglichst real wirkt, werden die Algorithmen immer ausgeklügelter. Eine sehr simple Vorgehensweise besteht darin, dass ein Prozess im KI-System den Deepfake-Entwurf – nehmen wir als Beispiel ein Bild – erstellt. Ein zweiter, auf die Unterscheidung zwischen echten und KI-erzeugten Bildern getrimmter KI-Prozess bewertet, ob das Resultat echt oder künstlich ist. Nach dem »Topfschlagen-Prinzip« (kalt, warm, wärmer …) erstellt der erste Prozess einen neuen Bildentwurf, bis dieser immer besser beziehungsweise immer schwerer von einem echten Bild unterscheidbar wird. Perfektionierte Deepfakes, bei denen wir nicht mehr wissen, ob es sich nicht vielleicht doch um die Wahrheit handelt, haben das Zeug dazu, die Gesellschaft nachhaltig zu beeinflussen. Zudem wird das Frustrationslevel der Gesellschaft nach dem Motto »Du kannst ja heutzutage eh nichts mehr glauben« weiter steigen, wenn Menschen zunehmend nicht mehr wissen, was Fake oder wahr ist. Ich sehe im Desinformationspotenzial von KI eine ernst zu nehmende Gefahr für die Gesellschaft weltweit.

KI-basierte Bildgeneratoren sind ein perfektes Propagandatool, und zwar eines, das seine Funktionsweise im Wahlkampf unter Beweis gestellt hat. Ergebnisse solcher Generatoren sind Bilder, die Angst und Hass gegen bestimmte Personen und Minderheiten schüren. Auf eindrucksvolle Weise zeigt sich, wie Menschen in einer perfiden Art KI-Technologie missbrauchen, um in sozialen Medien täuschend ähnliche Bilder von schreienden Migranten oder vom Gesundheitsminister Karl Lauterbach mit Fratze zu verbreiten (stern.de, 2023). Künstliche Intelligenz generiert diese Bilder binnen kürzester Zeit und in höchster Qualität. Unter dem Deckmantel der Karikatur bedient KI hetzerische Meinungsmacher.

Aus meiner Sicht darf KI niemals als Propagandatool zweckentfremdet werden. Dafür müssen neben den Herstellern auch Regulationen auf EU-Ebene sorgen. Zudem brauchen wir ein ganz neues Level von Medienkompetenz in der Gesellschaft, denn es wird immer schwieriger, diese mediale Beeinflussung zu erkennen und Reales von KI-Erzeugnissen zu unterscheiden.

Deepfake-Technologie eröffnet ein ganzes Spektrum an kreativen Möglichkeiten, zum Beispiel »Spaßaktionen« wie die Bilder von angeblichen Abenteuern oder Festnahmen berühmter Persönlichkeiten.

Deepfakes mit erotischem oder sensiblem Inhalt fallen sicherlich in einen umstrittenen Bereich. Hierüber muss differenziert diskutiert werden. Solltest du einmal das Opfer sein, wirst du sogar diskutieren müssen, nämlich spätestens dann, wenn deine Partnerin (oder dein Partner) dich damit konfrontiert und du sie (ihn) davon zu überzeugen musst, dass das nur Fake ist.

Künstliche Intelligenz ist allerdings so mächtig geworden, dass sie anhand eines Kinderfotos das Kind virtuell altern lassen und in die Zukunft projizieren kann. Ergebnis eines solchen Deepfakes ist ein virtuelles Abbild des erwachsenen Kindes (durch Vorspulen auf ein bestimmtes Alter), und das in Video plus Sprache. »ShareWithCare« heißt die Kampagne, mit der die Telekom auf ebendiese Gefahr aufmerksam macht (Telekom, 2023). Mit ihrem Deepfake-Spot »Eine Nachricht von Ella« zeichnet die Telekom ein realistisches Bild von fatalen Konsequenzen, die sich daraus ergeben, wenn Eltern Fotos ihrer Kinder im Internet teilen. Die Konsequenzen sind folgenschwer. Sie reichen von Identitätsdiebstahl über Telefonbetrug wie Enkeltrick bis hin zu Pädophilie.

Es ist offensichtlich: Der zunehmende Fortschritt von künstlicher Intelligenz macht sie immer gefährlicher und bietet der Schattenwelt, der organisierten Kriminalität, Werkzeuge, ja Waffen, die immer perfider, ausgefeilter und gefährlicher sind.

KI macht Jobs in Kunst und Unterhaltung streitig

Künstliche Intelligenz erstürmt die Welt in einer so unfassbaren Geschwindigkeit, dass uns Menschen als Medienkonsument gar nicht mehr bewusst wird, wo, wie und wann KI eingesetzt wird. Deepfakes übertreffen jedes Maß an Hohn. Wir schauen bald Serien und Filme, in denen die Geschichten und das Videomaterial komplett künstlich generiert sind. Der Regisseur Joe Russo hat weltweit Milliardenerfolge mit *Avengers: Endgame* und *Avengers: Infinity War* eingefahren und sagt, dass in weniger als zwei Jahren KI-Filme erscheinen (Placido, 2023). Auf den ersten Blick ist das nicht abwegig: Dynamische Handlungsstränge, kreativere und ausgereiftere Filme und kaum negative Filmkritiken. Diese Filme sind maßgeschneidert für das Publikum produziert.

Die Schattenseite sehen wir bereits heute an der Shitstorm-Welle in den sozialen Medien zum KI-Intro von der Marvel-Serie *Secret Invasion*. Eine Serie über die verdeckte Invasion von Außerirdischen nutzt auf die gleiche frivole Art ein KI-generiertes Intro (Horton, 2023). Die Zuschauer wissen nicht, wer in den Handlungen der Serie ein Alien ist. Genauso wenig wissen sie, ob das Intro künstlich generiert ist. In den sozialen Medien empören sich viele über den Wegfall von Grafikdesignern und Animatoren. Letztere setzen sich nun für ihre Rechte im WGA (Writers Guild of America)-Streik ein, der die Unterhaltungsbranche und Produktion in amerikanischen Filmstudios weitestgehend lahmlegt. Wir müssen Autoren vor der unerbittlichen KI-Konkurrenz und der Auslöschung ihrer Jobs schützen.

KI schafft neue Abgründe der Unterhaltungsindustrie

Reality-TV-Shows setzen noch eine Schippe drauf. Als Tiefpunkt der Unterhaltung bekannt, versuchen diese fragwürdigen Sendungen Sensationen, Einschaltquoten und letztendlich so viel Hype wie möglich an Land zu ziehen. Da ist es egal, ob die Resonanz negativ ist. Mit *Deep Fake Love* (spanischer Originaltitel: *Falso Amor*) versucht Netflix die KI-Technologie auf abscheuliche, abstoßende und höchst kontroverse Art und Weise auszunutzen, um nach den Worten der Herausgeber »fünf Paare(n) ihr Vertrauen auf die Probe« stellen zu lassen. So verschwimmen »die Grenzen zwischen Wahrheit und Lügen«. Aber was macht die ethisch bedenkliche Show genau?

Die Paare werden in verschiedene Gruppen gesteckt und, wie es in Datingshows der Fall ist, geht es um Erotik und das Ausreizen von sexuellen Beziehungen. Die Paare werden daraufhin mit Videos konfrontiert, die ihre Partner beim Küssen oder mit anderen Singles zeigen. Die Videos sind jedoch meistens mit Deepfake-Technologie gefälscht, was zu intensiven emotionalen Reaktionen führt, bevor den Teilnehmern die Wahrheit offenbart wird. Die Show stellt das Vertrauen der Paare auf die Probe und sorgt für dramatische Fernsehmomente. Gewinner der Show ist das Paar, welches die meisten gefälschten Videos erkennt.

Fake oder real – diese Nutzung von KI in der Unterhaltungsbranche zeigt auf erschreckende Weise, dass der Konsument das Problem ist – und nicht die KI per se. Die Show ist nicht nur ein Test für die Teilnehmer, sondern auch für uns als Gesellschaft. Was wollen und dürfen wir uns gefallen lassen, von einer Branche, die vor nichts zurückschreckt, um den bestmöglichen Erfolg ihrer Shows zu verbuchen?

Deepfakes sollten nicht in solchen ethisch höchst fragwürdigen Settings genutzt werden. Schauspieler sollten nicht auf einen Schlag durch KI ersetzt werden dürfen. Wir brauchen echte künstlerische Leistung von echten Menschen und nicht fiktive CGI-Darstellungen, in denen das Gesicht eines Menschen auf ein anderes gesetzt wird. Lasst uns *Deep Fake Love* als dystopische Warnung für die Zukunft verstehen.

Von Menschen zu seelenlosen Cyborgs

Im Politthriller *Syriana* gibt Fred Franks den Befehl, Prinz Nasir mit einer Drohne zu töten: »Schalten Sie das Ziel aus!« Daraufhin sagte der Agent:

»Roger!«, und bewegt den Joystick: »4 Meilen« … »2 Meilen« … »Ziel vernichtet.« … »23:44 Uhr Ostküstenzeit.«

Was ist hier passiert? Der Agent ist nicht mehr unmittelbar in eine Kampfhandlung involviert, sondern drückt nur noch einen Knopf. Laut Manfred Becker (emeritierter Professor für BWL, Personalwirtschaft, Organisation und Führung) schaltet diese Roboterisierung und Digitalisierung das emotionale Erleben aus, trennt im Menschen Bewusstsein von Gefühl, Denken vom Fühlen und schafft eine Art »seelenlose Cyborgs« (Becker, 2019). Diese Trennung bezeichnet Becker als »soziale Lobotomie«: Im digitalen Zeitalter kappt die seelenlose Herrschaft der Algorithmen »das intellektuelle Bewusstsein der Menschen von ihren sozialen und empathischen Gefühlen«.

Becker führt den Gedanken nachvollziehbar weiter: Drohnen und Cyborgs sind präzise, hochbegabt, physisch dem Menschen weit überlegen und in der Lage, ihre Aufträge zu erledigen. Das machen sie, ohne mit der Wimper zu zucken, ohne psychisch beeinflussbar zu sein. Sie sind nicht »im humanen Sinne beseelt, im entscheidenden Augenblick dann doch neu zu entscheiden«. Welche Rolle spielen dann Menschen, wenn Cyborgs übernehmen und milliardenfach autonome Entscheidungen treffen?

Die Verschmelzung von menschlichem Potenzial und KI

Du hättest mich ausgelacht, wenn ich vor etlichen Jahren gesagt hätte, dass wir eines Tages mit einem Mobilgerät auf schier unendliches Wissen der gesamten Menschheit zugreifen werden. Heute sitzen wir in der Bahn und tun genau das – oder schauen mit unfassbar hoher Bandbreite Netflix-Serien. Genauso wurde damals der Hype um VR und AR belächelt. Mit Apples »Vision Pro« ist er nun massentauglich und alles andere als eine Fiktion.

Mensch und Maschine fusionieren bereits. Wir sind schon heute eine Spezies, die technologische Innovationen in der Humanbiologie einsetzt: vom Herzschrittmacher, der per elektrischem Impuls eine Herzrhythmusstörung behandelt, bis zum Hirnschrittmacher, der bei Tourette-Patienten die Ticks verringert.

Einen Schritt weiter gehen Nanobots: Ärzte bringen winzige, autonome, molekulare Maschinen zur Manipulation einzelner Atome und Moleküle in unseren Blutkreislauf. Nanotechnologie hört sich utopisch an? Sicherlich nicht, denn Nanobots transportieren beispielsweise Chemotherapie-Medikamente direkt zu den Krebszellen, verringern die Nebenwirkungen und sind die Zukunft der Krebsmedizin (Dave et al., 2022).

Noch einen Schritt weiter gehen Xenobots: Das sind von KI entworfene, aus Haut- und Herzmuskelzellen des Krallenfrosches zusammengebaute Bioroboter, um zum Beispiel Insulin zu produzieren oder Verletzungen am Rückenmark zu reparieren (Holland, 2021). Forscher haben mithilfe künstlicher Intelligenz die Baupläne für Xenobots mittlerweile derart clever weiterentwickelt, dass sich Xenobots sogar vervielfältigen können. Damit ebnet die KI-Forschung den Weg vom Menschen zum Supermenschen.

Stell dir vor, das ganze Internet steckt in deinem Gehirn. Du musst nicht googeln oder ChatGPT fragen, sondern du artikulierst deine Frage oder Gedanken im Kopf und bekommst von einem »mit deinem Gehirn verbundenen« KI-Assistenten die Antwort. Wie wäre das? »AlterEgo« heißt ein am MIT (Massachusetts Institute of Technology) entwickeltes Gerät, welches genau dies ermöglicht. Es erfasst neuromuskuläre Signale in deinen internen Sprachartikulatoren und antwortet dir akustisch über Knochenleitungskopfhörer (Kapur & Maes, 2018).

Elon Musks Firma Neuralink entwickelt ein Brain-Computer-Interface, mit dem der Mensch in Echtzeit und förmlich telepathisch mit Computern kommunizieren kann. Um in Zeiten drastischer technologischer Innovationen, wie etwa einer Superintelligenz, klarzukommen, brauchen wir also eine »individuelle« KI?

Menschen mit KI fusionieren – ist das eine erstrebenswerte Zukunft? Wollen wir eine Zukunft, in der wir nicht mehr unsere Sinnesorgane zur Kommunikation verwenden? Stell dir ein gewitztes KI-Gerät vor, das mit deinem Gehirn zusammenarbeitet, deinen Gesprächspartner mit detektivischer Raffinesse in Echtzeit durchleuchtet und dir allerlei Informationen zuspielt, wie ein Sherlock Holmes im Ohr, der dich in die Geheimnisse deines Gegenübers einweiht.

Die Matrix-Fiktion vom Menschen »als lebende Batterie«

Der Science-Fiktion-Film *Matrix* aus dem Jahr 1999 zeichnete mit seiner angsteinflößenden Fiktion das Bild einer Zukunft, die mittlerweile realistischer geworden ist: Digitalisierung und künstliche Intelligenz setzen zu neuen Höhenflügen an, und wir finden uns in einer Welt wieder, in der intelligente Maschinen nahezu überall Teil unseres Alltags geworden sind. Es fühlt sich an, als hätten wir in einem Science-Fiction-Film die Regie übernommen. Prozessautomatisierung und künstliche Intelligenz verwandeln uns Menschen langsam, aber sicher in Assistenten unserer eigenen Erfindungen. Obwohl es ein Science-Fiction-Szenario ist, würde ich diese Entwicklung als einen etwas ungewöhnlichen Karriereweg bezeichnen, bei dem Technologisierung uns Menschen nicht nur produktiver, sondern auch über die Zukunft der Arbeits- und Sozialwelt nachdenklich stimmt. In dieser Fiktion verkörpert die zukünftige Ordnung die gesamte Intelligenz, alles ist auf das Einfachste reduziert, es ist wie eine Art minimalistischer Traum. Niemand muss sich mehr abmühen, besonders oder einzigartig zu sein, und wir sind motiviert, noch mehr vom bewährten Einheitsbrei zu produzieren (Roocks, 2009). Ein Hoch auf die Einfachheit – ein Glück, dass die Darstellung dieser fiktiven Zukunft ironisch gemeint ist.

Ich bin davon überzeugt, dass unsere Fähigkeiten, unser Wissen, unsere Persönlichkeit und Intelligenz keineswegs nach und nach in den Hintergrund rücken. Ich bin auch davon überzeugt, dass wir nicht auf eine Ära der Automatisierung von Humankapital zusteuern.

In dystopischen Darstellungen der Matrix-Fiktion sind Menschen zu kleinen Rädchen in einem gigantischen System geworden, so groß und komplex, dass sie es kaum noch begreifen, ein wenig wie Ameisen in einem Glaslabor. In diesen Darstellungen scheinen Menschen fragile, austauschbare Figuren in einem Spiel zu sein, das zunehmend von Technologie und Maschinen dominiert wird. Und diese digitalen Goliaths sind so leistungsfähig, dass sie anhand unserer Stimme unseren Gemütszustand erfassen können, ja sogar Krankheiten wie Parkinson oder Infektionen wie Corona. Im Kontext dieser Dystopie drängt sich die Frage auf: Wer spielt hier die Rolle der »Laborratte« und wer ist der »Beobachter«? Diese Darstellungen haben ein Ziel: Es soll sich so anfühlen, als wären wir Teilnehmer einer Realityshow, die von einer überlegenen Intelligenz inszeniert wird.

Das soll aber lediglich zum Denken anregen und ist selbstverständlich übertrieben. Bei diesem Gedankenspiel geht es darum, die spannenden Fragen aufzuwerfen: Wer hält die Zügel in der Hand und in welche Richtung bewegen wir uns? Sind wir die Protagonisten in unserem eigenen Leben oder nur Statisten in einem von KI geführten Theater?

Sehr wohl verstehen wir oft genug, nach welchen »mysteriösen« Regeln eine KI ihre Entscheidungen trifft. Und dort, wo es für uns Menschen noch eine Blackbox, also nicht transparent genug ist, forschen wir mit Eifer und Neugier weiter.

Was passiert, wenn künstliche Intelligenz den Punkt erreicht, an dem sie die menschliche Intelligenz übertrifft? Dieser Punkt wird als »technologische Singularität« bezeichnet, und das Singularitätskonzept war bisher nur Gegenstand von Science-Fiction und Populärliteratur. Heute gehen Experten davon aus, dass es ein reales Zukunftsszenario darstellt und der Singularitätszustand die Gesellschaft tiefgreifend verändern wird: die Art der Arbeit, die Verteilung von Ressourcen und den Fortbestand der Menschheit (Rodriguez & Kannan, 2023).

Das klingt übertrieben, ist aber ein durchaus realistisches Szenario. So wie heute Forschende mithilfe von KI Medikamente und Therapien, etwa gegen Krebs, entwickeln, kann KI auch für die Entwicklung chemischer und biologischer Waffen herangezogen werden. Die plakative Warnung »Bekommen Sie keine Kinder, wenn Sie noch keine haben« von Mo Gawdat, dem KI-Experten und ehemaligen Chief Business Officer bei Google X, soll auf die Schwelle aufmerksam machen, an der sich die Menschheit befindet (Palmer, 2023).

Ich sehe das dennoch positiv, denn auch Science-Fiction – selbst der Film *Matrix* – hat ein Happy End. Stell dir eine Welt vor, in der wir Menschen unseren intelligenten Maschinen so viel Entscheidungsspielraum überlassen, dass sie beginnen, uns zum Wohl des Planeten in die Schranken zu weisen. In diesem fiktiven Szenario geben wir Maschinen den Spielraum für Entscheidungen, um die Erde zu schützen. In diesem Szenario könntest du eines Tages aufwachen und feststellen, dass dein persönlicher Roboter-Assistent nicht nur deinen Kaffee zubereitet, sondern auch freundliche Vorschläge macht, wie du deinen CO_2-Fußabdruck reduzieren kannst. Oder dein selbstfahrendes Auto weigert sich plötzlich, dich zur Arbeit zu fahren, weil heute »Fahrradtag« für die Umwelt ist. Natürlich ist das eine übertriebene Vorstellung. Es ist eine Fiktion. In der Realität sind wir noch weit davon entfernt, Maschinen eine solche Autonomie zu geben. Es ist nur ein Gedankenspiel, ob diese Autonomie von intelligenten Maschinen denn tatsächlich so falsch ist oder eventuell doch eine Möglichkeit, unseren Fortbestand zu retten.

Die Singularität wird kommen

Der Punkt, an dem Maschinen die allgemeinen menschlichen Fähigkeiten erreichen, wird kommen. Der Punkt, an dem Maschinen die allgemeinen menschlichen Fähigkeiten gar weit übertreffen, wird kommen. Dieser Zustand heißt technologische Singularität. Die Geister scheiden sich nicht darin, ob, sondern nur wann dieser Zustand erreicht wird. Eine Studie von Vincent Müller und Nick Bostrom versucht, ein etwaiges Bild vom Zeithorizont der Singularität zu zeichnen (Müller & Bostrom, 2016): KI-Systeme werden die allgemeinen menschlichen Fähigkeiten mit einer Wahrscheinlichkeit von mehr als 50 Prozent bis 2040/2050 erreichen und mit einer Wahrscheinlichkeit von nahezu 90 Prozent bis 2075. Bis die Systeme die Superintelligenz erreichen, wir also den Singularitätszustand haben, dauert es mit einer Wahrscheinlichkeit von zehn Prozent nur zwei weitere Jahre und zu 75 Prozent geschieht dies binnen 30 weiteren Jahren. Die Studie besagt auch, dass sich diese Entwicklung mit 31-prozentiger Wahrscheinlichkeit aus heutiger Perspektive als »schlecht« oder »extrem schlecht« für die Menschheit erweisen wird.

Das größte und letzte Ereignis der von Menschen gemachten Geschichte, die technologische Singularität, wird in einem Land hervorgehen, in dem die meisten Daten gesammelt und durch KI verarbeitet werden (Rudolph, 2021). Diese Datenmenge für ihre Interessen zu nutzen, kann nur durch die hemmungslose Fütterung von KI-Systemen ohne ethische Schranken erfolgen. Darüber hinaus werden den Kontroll-KIs die stärksten und größtmöglichen technischen und menschlichen Ressourcen zur Verfügung gestellt. Dies macht Maschinen so mächtig, dass sie menschliche Fähigkeiten nicht nur erreichen, sondern weit übertreffen werden.

Im Zusammenhang mit Singularität kursieren düstere Zukunftsvorstellungen. Statt an ein erbittertes Mensch-gegen-Maschine-Szenario glaube ich eher, die Maschinen könnten uns in eine Art liebenswürdige Mittelmäßigkeit bugsieren, in der Individualität nur ein netter, altmodischer Trend ist. Aber keine Sorge, die Maschinen machen nur das, was wir ihnen beibringen. Nach Rudolphs Erklärungsversuch spiegeln die Maschinen sogar die Verhaltens-DNA desjenigen Landes wider, in dem die Singularität entstanden ist. Diese DNA enthält quasi eine Art antike Weisheit mit einem Schuss Hightech.

Schon wie im alten Rom der Kaiser seine Untertanen mit Brot und Spielen bei Laune hielt, benötigt der moderne Mensch die materielle Sicherheit, den gewohnten Komfort und den Konsum, um nicht gegen ein bestehendes System (hier die Maschinenherrschaft) aufzubegehren. Wie kann so etwas heute aussehen? Stell dir ewige Ferien bei gleichbleibend gutem Wetter vor. Jeden Tag bekommst du deine Lieblingsspeise. Du wohnst wie alle in dem gleichförmigen Reihenhausvorstadtparadies und dein Dopaminlevel wird über das Trinkwasser reguliert.

Immer wieder werde ich gefragt: »Mal realistisch und den positiven Fall angenommen – was bedeutet denn die Singularität für uns ganz konkret? Wie sieht das später praktisch aus?« Die Frage ist mehr als berechtigt. Was bringt uns übertriebene Fantasy oder Dystopie ohne jeglichen Bezug zu einer Realität, die wir vom aktuellen Entwicklungsstand in die Zukunft projizieren? Meine Lieblingsantwort ist das Smart Home der Zukunft:

Wir befinden uns im Jahr 2045, im Zeitalter der Singularität. Die Technologie hat sich exponentiell weiterentwickelt und ist nahtlos im Alltag integriert. Dein ganzes Haus ist technologisch ausgestattet: Wärmebildkameras, automatische Schließsysteme mit biometrischer Zugangskontrolle und vieles mehr. An einem sonnigen Morgen wachst du mit Halsschmerzen auf, besorgt über deinen Gesundheitszustand. Du entscheidest dich, mit deinem Auto zur nahe gelegenen Mall zu fahren, um einige Besorgungen zu machen, Milch, Obst und Gemüse zu kaufen. In dem Moment, in dem du die Tür aufmachen willst, erkennt das Infrarot-Fieber-Screening-System an der Tür, dass du Fieber hast. Die KI dahinter analysiert die Daten und identifiziert eine neue Coronavariante. Dein persönlicher Assistent, eine freundliche KI natürlich, sagt: »Die Tür kann ich leider nicht öffnen – du befindest dich jetzt in Quarantäne.« Du versuchst zu widersprechen: »Bitte mach auf, ich muss einkaufen.« Die KI antwortete geduldig: »Bitte sage jetzt, was du einkaufen möchtest – ich gebe die Bestellung auf. Ein autonomes Lieferfahrzeug bringt dir die Einkäufe in einer Stunde und 20 Minuten.«

Was steckt dahinter: Die KI hat diesen Spielraum für Entscheidungen. Kritisch oder negativ gesehen, heißt das Freiheitsberaubung durch KI. Mit positiver Sichtweise hat KI ihren eigenen Willen zum Schutze der Menschheit. Du gibst deine Einkaufsliste durch, und die KI kümmert sich um den Rest. Du bist in Quarantäne und die KI kümmert sich um all deine Bedürfnisse. Sie überwacht deine Gesundheit, hält dich über den Fortschritt deiner Erkrankung auf dem Laufenden und organisiert Lieferungen von Lebensmitteln und Medikamenten.

In dieser Zeit der Isolation hast du Zugang zu Bildung, Unterhaltung, und du hast soziale Interaktionen über hoch entwickelte virtuelle Realitäten. Du erlebst Konzerte im Wohnzimmer, besuchst Museen auf der ganzen Welt und triffst dich mit Freunden in holografischen, virtuellen Welten, als wärst du physisch mit ihnen zusammen.

Wie in diesem positiven Beispiel hat eine Kombination aus fortschrittlicher Technologie und menschlichem Einfühlungsvermögen die Welt stark verändert, zum Besseren gewandelt und eine Gesellschaft geschaffen, in der die Bedürfnisse der Menschen im Mittelpunkt stehen. Du hast nicht nur Zugang zu unglaublichen Innovationen, sondern auch zu einer unterstützenden Gemeinschaft, die sich um das Wohl aller kümmert.

So sieht die Zukunft im Zeitalter der Singularität aus, in der die Menschheit gelernt hat, mit der Technologie im Einklang zu leben, sie zum Wohle aller einzusetzen, und nach Wissen und sozialer Verbindung strebt.

Führt das zu einer friedlichen Koexistenz von Maschine und Mensch? Wird China der Zauberlehrling, der die Geister, die er rief, nicht mehr kontrollieren kann? Wo ist der Meister, der alles wieder in Ordnung bringt? Wird die KI am Ende unser Lehrer werden? Da die Antworten auf diese Fragen außerhalb des menschlichen Vorstellungsvermögens liegen, können wir im Moment nur die richtigen Fragen stellen, nicht aber die Antworten geben. Was im ersten Moment als Horrorszenario erscheint, kann bei längerem Nachdenken auch Teil der Lösung sein. Finden wir mit KI eine Möglichkeit, unseren Fortbestand zu retten, weil sie für viele komplexe Problemfelder Lösungen generiert, zum Beispiel bei der Umweltverschmutzung, beim Klimawandel, bei Hunger, beim Artensterben und so weiter?

Wir können nur das Beste für die Zukunft hoffen, die einzige Wahl, die wir hätten, wäre das Ende jeglicher Beschäftigung mit künstlicher Intelligenz. Das ist trotz aller Risiken extrem unwahrscheinlich, denn so hat der Mensch noch nie funktioniert. Wir bleiben suchend, lernend und wollen uns entwickeln – ein Leben lang.

KI für eine bessere Welt

Alle Dinge im Leben haben zwei Seiten. Und so ist es auch mit KI. Künstliche Intelligenz hat nicht nur das Potenzial, unseren Alltag und unsere Zukunft grundlegend zu verändern, sondern sie tut es auch. Gleichwohl ist KI ein zweischneidiges Schwert – ihre Anwendungsmöglichkeiten sind so vielfältig und mächtig wie nie zuvor, und wie bei jeder machtvollen Erfindung liegt es in der Verantwortung des Menschen, diesen Fortschritt weise zu lenken. Ähnlich einem Messer, das in der Küche dazu dient, eine Mahlzeit zuzubereiten oder ein Brot zu schmieren, kann es in den falschen Händen zu weniger noblen Zwecken missbraucht werden.

Die Ethik der künstlichen Intelligenz zu diskutieren, ist kein philosophischer Luxus, sondern eine dringende Notwendigkeit, um sicherzustellen, dass ihre Anwendungen unsere Welt bereichern, statt ihr zu schaden. Unser Streben, die Möglichkeiten der KI auszuschöpfen, muss von einem tiefen Verständnis für ihre Auswirkungen begleitet werden, sodass wir die Wege, auf denen wir sie in unser Leben integrieren, sorgsam auswählen.

Ich sehe in künstlicher Intelligenz die große und wahrscheinlich einzige Chance, unsere Welt zu einer besseren zu machen. Vom Artenschutz über intelligente Kreislaufwirtschaft bis hin zur Materialforschung. KI hat das Zeug dazu, dass Menschen wieder mehr Zeit haben, sich Menschen zu widmen. Möglicherweise wird die künstliche Intelligenz, wenn sie die Fähigkeiten der natürlichen übertrifft (die Singularität), sogar die Menschheit davor bewahren, sich selbst zu vernichten.

Wege aus dem digitalen Labyrinth

Wie wir Menschlichkeit bewahren und das digitale Diktat umschiffen

Menschen verbringen bereits viel Zeit in der Digitalwelt. Unsere Lebenszeit gehört aber in die Realwelt. Maschinen gehören dorthin, wo sie uns Arbeit abnehmen, die uns Zeit raubt für echte soziale und menschliche Interaktion – sei es in der Pflege, im Krankenhaus, im öffentlichen Sektor, in der Wirtschaft gemeinhin. Maschinen sollten so eingesetzt werden, dass sie die menschliche Interaktion wieder in den Vordergrund stellen, statt sie wegzurationalisieren.

Die Idee des »Digital Detox« spiegelt wider, wie sehr digitale Technologien in unseren Alltag eingebettet sind. Die Überlegung, ein Drittel unserer Zeit, die wir normalerweise online verbringen, für persönlichere und sinnliche Erlebnisse zu nutzen, ist wertvoll. Statt ständig mit digitalen Geräten verbunden zu sein, könnten wir diese Zeit nutzen, um direkte menschliche Interaktionen zu pflegen, die Schönheit der Natur zu genießen, und uns voll und ganz unseren Freunden, Familien und Haustieren zu widmen. »Digital Detox« betont die Bedeutung des bewussten Erlebens unserer unmittelbaren Umgebung und die Förderung von echten, unmittelbaren menschlichen Verbindungen. Es geht darum, die Balance zwischen der digitalen und der physischen Welt wiederherzustellen und sich an die Freuden und Vorteile zu erinnern, die ein Leben jenseits des Bildschirms mit sich bringen kann. Solch ein »Entgiftungs«-Prozess verbessert nicht nur die individuelle Gesundheit und das Wohlbefinden, sondern auch die Qualität unserer Beziehungen und unseres Gemeinschaftslebens.

Wie wäre es denn, wenn es ganz viele Apps und Kampagnen gäbe, die Menschen zusammenbringen, um beispielsweise am Strand gemeinsam Müll zu sammeln und gemeinsam etwas zu unternehmen? Wie wäre es denn, wenn wir Apps entwickeln, die gezielt dazu beitragen, dass du mehr Zeit in der Offline-Welt verbringst? Was würde uns Menschen entgehen, wenn wir weniger Zeit mit Social Media verbrächten? Der Algorithmus von Social-Media-Plattformen würde dich bestrafen und deine Followerzahl stagnieren? Die gute Nachricht ist: Solche Apps gibt es bereits. Apps wie *Meetup* und diverse Facebook-Gruppen zu Spezialinteressen wie Ornithologie oder Mykologie bieten eine erfrischende Möglichkeit, Menschen mit gemeinsamen Interessen zusammenzubringen. Sie fungieren als digitale Brückenbauer, die uns helfen, Verbindungen in der realen Welt zu knüpfen. Sie ermutigen uns, unsere Leidenschaften zu teilen und zu erforschen, sei es durch Vogelbeobachtung in der freien Natur oder durch das Erkunden der faszinierenden Welt der Pilze. In einer Zeit, in der wir oft durch Bildschirme voneinander getrennt sind, bieten solche Apps eine willkommene Gelegenheit, sich zu treffen, zu lernen und gemeinsame Interessen in der realen Welt zu genießen.

Was würde uns Menschen entgehen, wenn wir darauf verzichten oder es gar nicht zulassen würden, dass Maschinen den Menschen ähnlicher werden? Was würde uns entgehen, wenn wir nicht den Punkt erreicht hätten, an dem Menschengemachtes von KI-Erzeugnissen kaum bis gar nicht unterscheidbar ist? Ich sage: nichts.

Trotz all der bedenklichen Entwicklungen, die Digitalisierung und KI mit sich bringen, gibt es sehr viel Hoffnung, Chancen und Lösungen. Und es ist gar nicht schwer, die Hoffnung in Gelingen zu verwandeln, die Chancen zu verwerten, die Lösungen umzusetzen. Es fängt mit nur einer einzigen entscheidenden Sache an, nämlich dem kritischen Denken.

Kritisches Denken ist der Schlüssel

Die Frage nach der technologischen Singularität ist keine Frage des »Ob«, ja noch nicht einmal mehr eine Frage des »Wann«, sondern des »Wie«. Wir müssen uns jetzt der Frage stellen, wie die Menschheit sich dem Singularitätszustand möglichst verantwortungsvoll und ethisch nähert. Wir müssen anfangen, kritisch zu denken. Das ist der Schlüssel. Rodriguez und Kannan sagen genau das und weisen auch auf die Chance hin, die sich aus kritischem Denken ergibt: Wir beugen nicht nur von KI ausgehenden Risiken vor, sondern entwickeln die Technologien so weiter, dass sie der Gesellschaft als Ganzes zugutekommen. Darin sehe ich eine Riesenchance: Die Macht von KI ist so groß, dass sie droht, sich unserer Kontrolle zu entziehen. Lasst uns Herr dieser Macht bleiben und sie nutzen, um einen Wertbeitrag für die Menschheit und unseren Heimatplaneten zu leisten, den wir Menschen allein nie leisten könnten. Dafür ist kritisches Denken nötiger denn je. Wir müssen jetzt darüber nachdenken, wofür wir diese mächtigen KI-Systeme einsetzen und wofür nicht, in welche technologische Weiterentwicklung wir Zeit, Geld und Energie investieren.

Kritisches Denken allein reicht nicht. Entsprechend zu handeln ist die Voraussetzung dafür, dass KI ethisch und verantwortungsvoll eingesetzt wird. Der Einsatz von KI braucht eine Regulierung, er braucht einen Rahmen, der vorschreibt, dass KI nicht für die Entwicklung biologischer Waffen eingesetzt werden darf, für die Entwicklung von Medikamenten dagegen sehr wohl.

Wie geht das konkret? KI kann zu einer Waffe werden und muss dementsprechend auch so behandelt werden. Ähnlich wie es strenge Waffengesetze gibt, brauchen wir strenge KI-Gesetze. Das heißt, unsere Gesellschaft braucht Vorschriften, Sicherheitsvorkehrungen und ethische Leitplanken. Die EU hat das bereits erkannt und mit dem »EU Artificial Intelligence Act« ein Regelwerk für die künstliche Intelligenz geschaffen. Auch der Deutsche Ethikrat befasst sich intensiv mit diesen Herausforderungen der künstlichen Intelligenz. Kommissionen und Behörden stehen dabei im ständigen Dialog und kooperieren mit führenden KI-Experten.

Stuart Russell hat einen Rahmen für die künstliche Intelligenz vorgeschlagen und setzt dabei auf menschliche Kontrolle. Er betont, wie unglaublich wichtig es sei, die absolute Kontrolle über etwas zu behalten, das so viel mächtiger als wir Menschen ist (Russell, 2019). Wenn wir dieses Zepter nicht mehr in der Hand haben, dann setzen wir uns dem Entscheidungsspielraum der Maschinen und Algorithmen aus und keiner weiß, wie diese in Ausnahmesituationen reagieren.

Stell dir vor, das Zeitalter, in dem Maschinen autonom entscheiden, ist jetzt. Smart City, Smart Home, Türschließsysteme, Schleusen zu öffentlichen Verkehrsmitteln bis hin zur Notaufnahme. Stell dir vor, eine neue Pandemie ist ausgebrochen. Du fühlst dich so schlecht, dass du das Haus verlassen willst oder gar musst. Du willst an die frische Luft, du willst Wasser, Obst oder Medikamente kaufen. Die KI in deinem Smart Home beschließt, dich zu deinem eigenen Schutz nicht rauszulassen. In diesem konstruierten Beispiel überlassen wir die Entscheidung den Maschinen. Das ist natürlich wieder Fiktion. Selbstverständlich entscheidet in letzter Instanz immer der Mensch. Dann sind intelligente Systeme, sei es Smart City oder Smart Home, eine große Chance und Bereicherung für unsere Heimat: von effizientem Stromverbrauch über Kreislaufwirtschaft bis hin zu grüner Energie.

Digitale Humanisten als Hoffnungsträger

Menschlichkeit ist heute wichtiger denn je, vor allem in der digitalen Welt. Das Buch *Digitaler Humanismus* (Nida-Rümelin & Weidenfeld, 2020) liefert ein gleichnamiges Konzept, mit dem wir unsere Würde als menschliches Wesen online und offline wiederherstellen können. Diese Humanisten unterscheiden klar zwischen gutem und schlechtem Technologieeinsatz, beurteilen dessen Folgen und positionieren sich als Botschafter dafür oder dagegen. Der digitale Humanist erinnert uns daran, was uns menschliche Wesen in der Welt ausmacht, in der Emotionen, Bedürfnisse und zwischenmenschliche Verbindungen zu leicht in Vergessenheit geraten.

Wir müssen den Fokus von KI-Einsatz neu definieren: Was können Maschinen tun, damit sich menschliche Wärme in unserer heutigen digitalen Welt wieder entfalten kann?

Anstatt zu versuchen, KI so kreativ zu machen, dass sie Menschen gänzlich ersetzen, statt den menschlichen Geist nachzubilden, sollten wir uns für die Techniken der Interaktion mit Menschen interessieren, die die Kreativität der Menschen anregen, um ihnen dabei zu helfen, viel regelmäßiger als heute auf neue Ideen zu kommen (Cornillon, 2016).

Um bei Cornillon zu bleiben, sollte uns KI bei kreativen Prozessen als Inspirationsquelle dienen. KI kann uns bei alltäglichen Aufgaben helfen, die auch im Digitalbereich hinter den Kulissen anstrengend, monoton und geisttötend sind, wie etwa das manuelle Durchforsten Hunderter Stunden Videomaterial zum Herausfiltern wichtiger Szenen. Beim Filmemachen belaufen sich solche stupiden Aufgaben auf 99 Prozent.

Es gibt ausreichend guten Grund, Maschinen als Helfer einzusetzen, ohne die Menschen zu ersetzen.

Gesunder Umgang mit sozialen Medien

Social Media beziehungsweise die dahinter liegenden Algorithmen haben einen Konkurrenzkampf um Relevanz entfacht und die Verlierer dieses Kampfes einem hohen Depressionsrisiko ausgesetzt. Social Media spielt unbewusst und indirekt Menschen gegeneinander aus. Wenn wir es schaffen, diesen Kampf zu beenden, wenn es uns gelingt, dass Social Media die menschliche Relevanz nicht mehr herabwürdigt, dann bekommt Social Media eine ganz andere und viel menschlichere Bedeutung. Und das ist machbar. Und das ist keine Hexerei, sondern unglaublich trivial: Wir müssen lediglich diese schädlichen Kennzahlen wie Follower und Likes abschaffen oder zumindest unsichtbar machen. Jeder Mensch ist gleich relevant. Um den Nutzern – wenn es denn unbedingt sein muss – einen Indikator zu geben, wie aktiv jemand auf der Social-Media-Plattform ist, lassen sich neutrale Metriken im Stile von »letzte Woche dreimal aktiv« einführen. Das heizt weder einen ungesunden Wettbewerb an noch macht Social Media dann süchtig. Ich glaube, dass die Plattformen dennoch lukrativ sind, auch wenn sie von diesem Wettbewerb nicht mehr profitieren. Denn Menschen kommen vielleicht gern auf diese Plattformen, weil sie wissen, dass sie dort keinem Konkurrenzkampf ausgesetzt sind.

Soziale Medien bieten ein Netzwerk, um uns mit Menschen aus aller Welt in Sekunden auszutauschen, über das Weltwissen aus den entferntesten Gebieten in Echtzeit zu unterrichten und unsere Kreativität und Selbstdarstellung in Form von Kunst und Fotografie auszudrücken.

Aber was können wir gegen das ständige Streben nach Suchtbefriedigung über Likes, Follower und positive Kommentare tun?

Wir müssen uns bewusst machen, dass wir im Internet eine idealisierte Form der Selbstdarstellung finden, und jenen Personen misstrauen, die versuchen, diese zu suggerieren. Stattdessen müssen wir denen Einfluss geben, die ihre soziale Verantwortung in sozialen Medien darin sehen, ein Vorbild zu sein. Die wenigsten berichten von negativen Tagen und zeigen ausschließlich die ach so großartigen und hervorragenden Momente. Lasst uns den Fokus auf echte soziale Beziehungen und Kontakte legen. Lasst uns versuchen, unsere Tagesstimmung nicht an Social-Media-Kennzahlen auszurichten. Setzen wir uns zeitliche Limits für die Nutzung von Social Media, so wie es bei den meisten Plattformen bereits durch technische Funktionen möglich ist. Darüber hinaus lohnt es sich, Smartphones aus dem Schlafzimmer zu verbannen und Cybermobbing entschieden entgegenzutreten.

Menschen verbinden und nicht voneinander entfernt halten

Wie wäre es denn, wenn Menschen gemeinsam Altersheime besuchen, den Menschen dort Gesellschaft leisten und sich mit ihnen beschäftigen? Wie wäre es, wenn wir Apps entwickeln, die gezielt dazu beitragen, dass du mehr Zeit mit anderen Menschen in der Offline-Wildnis verbringst? Was würde uns entgehen, wenn wir darauf verzichten oder es gar nicht zulassen, dass Maschinen den Menschen ähnlicher werden?

Digitalisierung und KI können genau dies tun und fördern. Sie können in unserer heutigen Zeit, in der die Digitalisierung Menschen teilweise voneinander entfremdet, genau das Gegenteil bewirken. Intelligent gestaltete

Apps wie *Bumble*, *Hinge*, *Meetup* oder *Eventbrite* verbinden Menschen auf persönliche Weise, auf der Grundlage gemeinsamer Interessen, Hobbys und Überzeugungen. Das geschieht in Form von Gruppen für gemeinsame Aktivitäten, Diskussionsplattformen über gemeinsame Leidenschaften oder sogar durch Matchmaking für Freundschaften oder Beziehungen. KI überbrückt zeitgleich kulturelle und sprachliche Barrieren. Echtzeitübersetzungstools ermöglichen Menschen aus verschiedenen Teilen der Welt, miteinander zu kommunizieren und voneinander zu lernen. Das fördert nicht nur das Verständnis und die Toleranz zwischen Kulturen, sondern schafft auch ein Gefühl der globalen Gemeinschaft.

(Generative) KI in Gesundheit und Pflege

Maschinen und künstliche Intelligenz können in der Pflege solche Arbeit abnehmen, die den Pflegekräften die Zeit raubt, für die bedürftigen Menschen da zu sein.

KI-basierte Roboter wie zum Beispiel der Somatic-Roboter reinigen Toiletten völlig autonom, und das in Sekunden (von Hobe, 2023). Roboter können schwere Menschen anheben und so das Pflegepersonal körperlich entlasten. Es gibt viele Menschen, die mit dem Reinigen von Toiletten ihren Lebensunterhalt verdienen, aber ich denke, wir können mit Fug und Recht behaupten, dass nur wenige Menschen diese Art von Arbeit wirklich anstreben (Blain, 2023) und wenn ich eines in der Schule, im Studium oder im Wehrdienst gelernt habe, dann, dass Toiletten definitiv gereinigt werden müssen.

Roboter haben das Zeug dazu, eine Zukunft mit mehr statt ohne menschliche Interaktion zu gestalten. Pfleger haben dann mehr Zeit, sich den Menschen zu widmen, was den Pflegeberuf wiederum interessanter macht, insbesondere für Menschen, die diesen Beruf aus Überzeugung ergreifen, um einen wertvollen Dienst an der Gesellschaft zu leisten.

Ärzte sind hoch qualifiziert, aber die Bürokratie zwingt sie zu viel zeitraubender Routinearbeit – Zeit, die Ärzte lieber den Patienten widmen würden. Und diese Routinearbeit ist geradezu prädestiniert dafür, von einer KI erledigt zu werden.

Generative KI kann Ärzten in vielfältiger Weise helfen, etwa bei administrativen Aufgaben wie dem Aufzeichnen und Zusammenfassen von Gesprächen zwischen Arzt und Patient, die die KI dann automatisch in medizinische Berichte umwandelt.

Stell dir weiter vor, der Arzt sagt dem Bot: »Der Patient war jetzt drei Wochen bei uns, wir haben ihn operiert, danach war er zwei Tage auf der Intensivstation, sodass wir ihn überwachen konnten, und jetzt geht er in die Reha.« Und der Bot generiert daraus den kompletten Entlassungsbericht (Krug, 2023).

Im Podcast von Christian Krug nennt Miriam Rauch ein weiteres interessantes Beispiel, und zwar Medikamentenpläne, das heißt die Pläne, in denen alles Wichtige steht, damit das Personal auf der Station weiß, welcher Patient wann welche Medikamente bekommen muss. All das muss der Arzt dann nicht mehr abschreiben (Krug, 2023). Weiter nennt Miriam Rauch die Terminvereinbarungen und die Anamneseerhebung, welche generative KI übernehmen kann, und zwar idealerweise mit Sprachverarbeitung. Stell dir vor, der Patient muss keine Fragebögen ausfüllen mit Fragen wie »Gibt es in Ihrer Familie Herz-Kreislauf-Erkrankungen?«, »Hatten Sie in den letzten zehn Jahren einen operativen Eingriff?« oder »Seit wann haben Sie diese Symptome?«. Nein, stell dir vor, das alles übernimmt ein Bot.

Damit gewinnt der Arzt wertvolle Zeit, die er stattdessen dem Patienten widmet. Nicht nur die Art, wie Patienten behandelt werden, verbessert sich, sondern KI kann auch das Behandlungsergebnis verbessern. Und das tut klassische KI bereits jetzt, indem sie Laborwerte automatisiert auswertet, hochpräzise Diagnosen stellt und personalisierte Behandlungspläne basierend auf dem genetischen Profil und der Krankengeschichte eines Patienten generiert. In der Radiologie und Pathologie analysieren KI-Systeme Röntgenaufnahmen, CT-Scans und Gewebeproben mit Höchstgeschwindigkeit.

Generative KI kann personalisierte Lerninhalte für Ärzte erstellen, zum Beispiel medizinische Bilder zu Schulungszwecken. Sie kann Patientendaten effizient organisieren und verwalten, wodurch Ärzte leichter und schneller auf relevante Informationen zugreifen können.

Jeder Patient hat seine Krankengeschichte, seine bevorzugte Kommunikationsform und seine Routinen. Und jetzt stell dir vor, die generative KI ist über all das im Bilde, sie kennt den Patienten und generiert ihm Nachrichten und Erinnerungen, die speziell auf seine individuellen Bedürfnisse zugeschnitten sind (Hundertmark, 2023).

Liest du immer die Beipackzettel von Medikamenten komplett durch? Ich muss zugeben, dass ich noch nie so diszipliniert war. Nach zwei Zeilen gebe ich auf, ganz nach dem Motto »Wird schon passen«. Die KI könnte mir stattdessen Fragen zu Nebenwirkungen beantworten oder wichtige Hinweise geben, die speziell für mich relevant sind, denn schließlich kennt die KI mich in- und auswendig. Anstatt dass Patienten auf einen Rückruf warten oder sich durch automatisierte Menüs quälen, könnte die KI sofort auf deren individuelle Bedenken und Fragen eingehen, und das rund um die Uhr (Hundertmark, 2023). Die Zeit, die die KI mit der Beantwortung von einfacheren Routinefragen abnimmt, gewinnen Ärzte für detaillierte und empathische Patientengespräche.

Hundertmark nennt weitere große Potenziale generativer KI, nämlich eine empathische, individuelle Patientenaufklärung und emotionale Unterstützung. So kann generative KI komplexe medizinische Informationen in leicht verständliche Sprache übersetzen und die Kerninformation so herüberbringen, dass Patienten auch wirklich verstehen, worum es geht – sei es die Diagnose, Behandlung oder Medikation. Die KI personalisiert die Informationen gezielt für den Patienten unter Einbezug seiner individuellen Situation und klinischen Vorgeschichte. Ergo muss er nicht mehr Informationen googeln und hoffen (oder Angst haben), dass sie genau seinen Fall betreffen. Gerade wenn Patienten es mit schwereren Diagnosen, chronischen Erkrankungen oder postoperativen Zuständen zu tun haben, ist die emotionale Unterstützung enorm wichtig und eine Riesenchance für generative KI, die den emotionalen Zustand von Patienten anhand ihrer Kommunikation, Verhaltensweise und biometrischen Daten erkennt und entsprechend reagiert.

Kennzeichnungspflicht für KI-generierte Inhalte

Eine Kennzeichnungspflicht für KI-generierte Inhalte löst viele Probleme. In diesem Buch habe ich bereits verschiedene Ansätze und Möglichkeiten vorgestellt, mit denen du verborgene KI-Inhalte erkennen kannst. Nun wird die Kennzeichnungspflicht für KI-Systeme bereits diskutiert und gefordert (Berliner vorwärts Verlagsgesellschaft mbH, 2023), (Krempl, 2023), (tagesschau.de, 2023) (Buse Herz Grunst Rechtsanwälte, 2023), (Buse Herz Grunst Rechtsanwälte, 2023). Es darf nämlich nicht zu einem Ratespiel werden, den Unterschied zwischen echt und Fake zu erkennen. Und dieses Ratespiel wird immer herausfordernder.

Die EU-Kommissionspräsidentin fordert, dass Inhalte, die durch KI erstellt wurden, klar erkennbar sind. Sie ist der Meinung, dass Maschinen nicht das Recht auf freie Meinungsäußerungen haben. Mit dem Digital Service Act müssen Plattformen bereits ab Februar 2024 künstlich erstellte Inhalte markieren und dem Nutzer mitteilen. Auch der AI Act befasst sich umfassend damit. In Deutschland werden rege Debatten geführt, wie der Einsatz von KI für den Nutzer offensichtlich gemacht wird. Wenn du nicht mehr weißt, was echt und falsch ist, dann gerätst du in große Schwierigkeiten. Dieser Satz der SPD-Chefin Saskia Esken zeigt das Dilemma, in dem sich Politik und Gesellschaft befinden. Jüngst forderten Politiker die Einführung von KI-Siegeln bei Texten, die durch eine KI generiert wurden. Eins ist sicher: Ohne Kennzeichnung fallen wir in eine Spirale von Desinformation, Propaganda und Diskriminierung, die wie eine Flut über uns hereinbrechen wird.

Aber was wird genau benötigt? Lasst uns eine Parallele ziehen. Filme, Serien oder Videospiele werden Prüfverfahren der FSK unterzogen. Daraus resultierend werden Alterseinstufungen und FSK-Freigaben vergeben, die auf den Verpackungen zu finden sind. Diese Alterseinstufungen sind in verschiedenen Ebenen eingeteilt (FSK 0, FSK 6, FSK 12, FSK 16, FSK 18) und verweisen auf die Eignung der Inhalte für eine bestimmte Altersgruppe. So kann sichergestellt werden, dass die Inhalte altersgerecht sind. Wir sehen, dass eine Prüfstelle für Medien vorhanden ist, die sich besonders mit den Risiken für Kinder und Jugendliche auseinandersetzt und entsprechend Verbote und Grenzen vorgibt.

Eine KI-Kennzeichnungspflicht sollte in ähnlicher Art und Weise umsetzbar sein. Während die FSK-Altersfreigabe auf die Eignung eines Mediums für eine bestimmte Altersgruppe ausgerichtet ist, muss die KI-Kennzeichnung die Eignung von KI-Systemen für bestimmte Verwendungen beachten. Es müssen also sowohl Inhalte markiert werden als auch KI-Systeme bewertet werden.

Eine Kennzeichnungspflicht, genau wie die FSK-Altersfreigabe, muss zudem die Verantwortlichkeit und Haftung sicherstellen. Wer ist für das Ergebnis eines KI-Systems verantwortlich? Was ist, wenn ein KI-System eine falsche Diagnose stellt und der Patient daraufhin stirbt? Ist der Arzt, das KI-System oder der Betreiber verantwortlich? Wie hoch darf die Fehlerrate sein, bis die Haftung eintritt? Welche Fehler dürfen einem KI-System auf keinen Fall unterlaufen? All das muss in jedem Fall einzeln geprüft und durch eine unabhängige Prüfstelle validiert und beantwortet werden. Verbraucher und Nutzer müssen eine gesetzliche Anlaufstelle haben, um Bedenken und Fragen äußern zu können. Solch eine Bundesbehörde für KI muss als oberstes Gut den Schutz der Gesellschaft verfolgen.

Ein weiterer Beweis, dass das klappen kann, ist die Kennzeichnungspflicht für Werbungen in Videos und Filmen. Wenn wir uns Videos auf YouTube anschauen, dann sehen wir Kennzeichen von Influencern mit dem Hashtag »#werbung« oder »#ad« in der Beschreibung und in einer kleinen Einblendung, bevor die Werbung losgeht. Angestoßen wurde dieses Vorgehen von einer großen Abmahnwelle, die die sogenannte Schleichwerbung unterbinden wollte. Diese Debatte mündete in der Reform des Gesetzes gegen unlauteren Wettbewerb. Influencer und Werbetreibende müssen ihre Werbung eindeutig kennzeichnen und auch gut sichtbar platzieren. Diese Kontrolle durch ein Gesetz gibt mir ein gutes Gefühl. Das Gefühl, dass wir (vielleicht auch nur) durch rechtliche Grundsätze zur eigenständigen Verantwortung gezogen werden und diese akzeptieren. Ein Hashtag wie zum Beispiel #ai-generated muss verpflichtend werden, damit wir auf einen Blick kontrollieren können, ob der betreffende Inhalt von einem Menschen erstellt wurde.

Noch einfacher wäre es, wenn wir Unternehmen in die Pflicht nähmen. *Midjourney* oder *DALL·E* können auf Knopfdruck Bilder generieren. Ein verstecktes Wasserzeichen wird dann automatisch in das Bild integriert. Das kann ein sichtbares oder unsichtbares Wasserzeichen sein. Zudem müssen diese KI-Anwendungen vor Manipulation bereits vorhandener und gekennzeichneter KI-Bilder geschützt werden. Bereits heutzutage ist es in generativer KI nicht möglich (zugegeben mit einigen Tricks manchmal umgehbar), hasserfüllte Inhalte zu unterbinden. Auf ähnliche Art und Weise muss die Löschung und Entfernung der KI-Wasserzeichen verhindert werden. Weitere Forschungs- und Entwicklungsarbeiten müssen solche technischen Methoden entwickeln, die eine Verfälschung unterbinden.

Nachvollziehbarkeit von KI-generierten Inhalten

Ein Grundsatz in der Forschung und zudem unter Ärzten und Medizinern ist, dass wissenschaftliche Arbeiten durch unabhängige Gutachter geprüft werden. Ein solches Peer-Review-Verfahren steht für Qualität und Nachvollziehbarkeit. Mediziner vertrauen Systemen erst dann, wenn sie verstehen, wie das System arbeitet, auf welchen Prinzipien und Modellen die Funktionsweise fußt. Warum sollte das bei KI-Systemen anders sein?

Besonders die direkten Nutzer stehen vor der Aufgabe, eine ausgeglichene Beziehung mit KI-Systemen zu führen, damit sie diesen KI-Systemen vertrauen können und eine erhöhte Akzeptanz aufgebaut werden kann. Daher ist es sinnvoll, Unternehmen in die Verantwortung zu nehmen, damit diese ihre KI-Modelle und deren Funktionsweise erklären. Dabei müssen sowohl die fachliche als auch die technische Seite Informationen liefern. Einigen Nutzern reicht es vermutlich vollkommen aus, zu verstehen, welche Daten in das Modell eingeflossen sind und wie das Ergebnis aus fachlicher Perspektive zu bewerten ist. Bei einem KI-System in der Healthcare-Branche können also die Daten-Features wie zum Beispiel das Alter, Geschlecht, Vorerkrankungen oder Ähnliches zur Prognose eines Krankheitsverlaufs mittels KI ausreichen. Anderen Nutzern wird das nicht genügen. Mediziner oder auch Juristen möchten nachvollziehen, warum eine Entscheidung zustande gekommen ist. Verständlich, weil Ärzte für eine falsche Diagnose oder Behandlung zur Verantwortung gezogen werden können. Deshalb benötigen Mediziner genaue Informationen über die technische Funktionsweise des KI-Modells. Wurde ein neuronales Netz verwendet? Wurden Entscheidungsbäume erstellt?

Ein weiterer wichtiger Aspekt sind die Daten. Eine KI ohne Daten ist wie ein Koch ohne Zutaten – ziemlich nutzlos. Nutzer müssen darüber informiert werden, welche Daten gesammelt wurden. Wie wurden sie gesammelt? Wo wurden sie gespeichert? Darauf basierend muss die Entscheidung nachvollziehbar sein. Das ist allein aus der Natur der KI ziemlich schwierig. KI ist eben nicht deterministisch. Das heißt, du bekommst für die gleiche Berechnung möglicherweise verschiedene Ergebnisse. Und genau das stellt Forscher und Entwickler auch heute noch vor große Herausforderungen.

Darüber hinaus sind KI-Modelle typische Blackbox-Modelle. Warum genau ein Ergebnis entsteht, ist schwer nachvollziehbar. Dieses Thema wird immer wichtiger. Um das Vertrauen in KI-Systeme zu steigern, müssen wir die Nachvollziehbarkeit und Erklärbarkeit von KIs fördern. Jegliche nützliche Information muss ein KI-Unternehmen mit dem Nutzer teilen, und KI-Modelle müssen auf ein verständliches Maß heruntergebrochen werden. Andernfalls werden schnell Fragen laut: Warum wurde diese Krankheit durch das KI-System bei mir erkannt? Warum muss ich nun diese Medikamente einnehmen, obwohl sie bei mir schwerwiegende Nebenwirkungen auslösen? Warum hat das KI-System mir den Kredit verweigert?

Glücklicherweise ist eine solche Nachvollziehbarkeit von KI nicht erst seit heute ein wichtiger Aspekt, dem sich Forschungs- und Branchenverbände intensiv widmen. So hat beispielsweise die Bitkom schon im Jahr 2019 den umfassenden Leitfaden »Blick in die Blackbox: Nachvollziehbarkeit von KI-Algorithmen in der Praxis« herausgebracht, der konkrete Anwendungsfälle aus der Praxis vorstellt, in denen der Entscheidungsprozess von neuronalen Netzen nachvollziehbar gemacht wurde (Beerlink, 2019).

Technische Maßnahmen gegen Propaganda und Desinformation

In einer Welt voller KI-Lösungen, die wie Pilze aus dem Boden schießen, brauchen wir geeignete Gegenmaßnahmen. Es wird nicht nur an uns liegen, KI-generierte Inhalte zu erkennen, sondern wir müssen Unternehmen und kreative KI-Lösungen entwickeln, die uns bei diesen potenziellen Problemen helfen. Ich kann zum Beispiel einen Bleistift nehmen und meinen Nachbarn damit angreifen. Ich kann ihn aber auch verwenden, um ein Liebesgedicht an meine Frau zu verfassen und ihr eine Freude zu bereiten. Die Parallele ist die künstliche Intelligenz – sie ist nicht per se schädigend. Wir sind es, die verantwortungsvoll und akzeptabel mit ihr umgehen müssen.

Mit KI-Lösungen, die zum Beispiel künstlich generierte Bilder erkennen, wird ein erster Schritt in die richtige Richtung gemacht. Eine KI-Bildgenerierung kann die eigene Kreativität steigern. Sie kann aber eben auch für Propaganda und Desinformation zweckentfremdet werden. Eine KI-Lösung wie etwa *DALL·E* sollte ein technisch passendes Gegenstück entwickeln, mit dem es möglich ist, die Herkunft des Bildes als KI-generiert zu klassifizieren. Solche Deepfake-Detektoren sind bereits vorhanden, wie beispielsweise Sentinel. Facebook arbeitet aktuell an einem KI-Verfahren, welches mittels Reverse Engineering die Ursprungsquelle des Bildes ermitteln kann.

Dies ist eine der besten Methoden, um KI-generierte Inhalte zu erkennen: ein KI-System, das KI-Desinformation aufspüren und entlarven kann, eine Taktik, um effektiv gegen politische KI-Propaganda und persönliche Diffamierung in Deepfake-Videos vorzugehen. Es ist ein Anfang, der die Tür zur richtigen Richtung aufstößt.

Sensibilität und Bildung fördern

Die Förderung von Aufklärung über KI ist einer der wichtigsten Schritte, um in dieser Welt voller Gefahren, die durch KI ausgehen, auch das Potenzial auszuschöpfen und die Chance zu ergreifen, selbstbewusst unsere Zukunft zu formen und mitzubestimmen. Die KI-Kompetenz in unserer Gesellschaft wird und muss sich weiterentwickeln. Dieses Buch ist ein Schritt in diese Richtung, wir brauchen aber in der breiten Gesellschaft das Know-how über die grundlegende Funktionsweise von KI-Systemen, deren potenzielle Gefahren und Vorteile. Nicht zu vergessen die ethischen Implikationen, die mit der Nutzung dieser Technologie mit einhergehen. Eine Sensibilisierung und gezielte Aufklärung in diese Richtung bedeuteten auch, die Anwendungsbereiche zu verstehen und Konsequenzen nachzuvollziehen. Es ist von entscheidender Bedeutung, gesellschaftliche Auswirkungen wie die des Arbeitsmarktes, der Umwelt und vieles mehr wirklich zu verstehen. Nur dann können wir auf Basis dieses gesellschaftlichen Konsenses eine rege Debatte führen, um Grenzen und No-Gos zu definieren.

Hilfreich für diese Sensibilisierung sind die Medien. So wie KI-generierte Inhalte in sozialen Medien verbreitet werden können, müssen Institutionen und zum Beispiel öffentlich-rechtliche Rundfunkanstalten ausgewogen über diese Thematik berichten. In den letzten Jahren bewegen wir uns dort mit den Reportagen von ARD und ZDF in die richtige Richtung. Darüber hinaus benötigen wir aber eine digitale Inklusion. Wir bereits in den vorherigen Kapiteln beschrieben, werden im Rausch der KI-Übernahme besonders ältere Menschen, die bereits heutzutage Schwierigkeiten haben, in der Welt der Technologie klarzukommen, vernachlässigt. Wir müssen auch diesen Menschen den Zugang zu Informationen ermöglichen und KI-Systeme in barrierefreier Form zur Verfügung zu stellen.

Eine weitere Form der hilfreichen Aufklärung wird durch die X-Funktion namens Community Notes ermöglicht. Dort können verifizierte Nutzer einem Post einen Kontext geben, der hilfreich ist, um den Inhalt in einem gesamten und relevanten Rahmen zu betrachten. Solch eine Funktionalität in den sozialen Medien kann genutzt werden, um KI-generierte Inhalte durch die Schwarmintelligenz zu markieren. Dieser Zugriff auf verteiltes Wissen und die Kompetenz, KI-generierte Inhalte zu erkennen, kann uns gegenseitig in der Welt der künstlichen Intelligenz helfen.

Wir Menschen sind einzigartig. Wir brauchen eine neue Art der Aufklärung, die uns klar von der KI abhebt und uns verdeutlicht, wer wir sind und was uns einzigartig macht. Wir verhalten uns nicht immer richtig, machen Fehler und sind häufig irrational! Das muss uns in der Debatte der KI und in der Sensibilisierung dieser Thematik zunehmend bewusst werden.

Arbeitsplätze werden menschlicher

Wirtschaft, Effizienz, Innovation. Genau das sind in unserer heutigen Welt die Eckpfeiler von Erfolg. Und in diese Welt hinein bringt KI einen frischen Wind. Die Monotonie von routinemäßiger – ja teilweise stupider – Arbeit, der gleichmäßige Rhythmus, in dem Menschen ihr maximal mögliches Pensum einfach nur ableisten, verwandelt sich in eine kreative Atmosphäre, in der Menschen mehr kommunizieren, neue Ideen mit Verspieltheit ausprobieren und sich entfalten. Die Arbeit erledigt nun die KI. »Der Mensch muss im Zentrum stehen und nicht die Maschine«, bringt es der National Technology Officer von Microsoft Schweiz, Dr. Marc Holitscher, auf den Punkt (WeLytics, 2019).

In einer Welt, in der KI nicht nur ein technisches Werkzeug, sondern ein positiver integraler Bestandteil heutiger Arbeit ist, steht eines fest: Diese Welt schafft Raum für die Weiterentwicklung von Menschen, für die Förderung ihrer Fähigkeiten, für Arbeit, die nicht als Arbeit wahrgenommen wird, und für eine viel höhere emotionale Intelligenz.

Das GOODBOT-Projekt geht einen Schritt weiter. Es dient der Einführung einer moralischen Maschine in die Arbeitswelt in Form eines Chatbots, der auf Menschen in bestimmten Situationen, zum Beispiel wenn sie persönliche oder psychische Probleme oder gar Selbstmordabsichten haben, angemessen reagiert. Ziel ist es, dass es Menschen durch ein Gespräch mit diesem Bot gut beziehungsweise sogar besser als vorher geht (Bendel, 2019).

Organisationen, die KI auf die geschilderte Art willkommen heißen, sind jene, die Menschen anziehen und sich künftig im internationalen Wettbewerb durchsetzen werden.

Eine grüne Zukunft dank KI

Das Geniale an allem ist doch, dass die Entscheidung bei uns Menschen liegt. Wir entscheiden, wie unsere Zukunft mit KI aussieht. Es liegt an uns, wie wir unsere Zukunft mit KI gestalten. Und ich sehe, dass die Chancen enorm sind. Die Chancen überwiegen, und die Risiken sind beherrschbar und werden durch die EU und Ethikräte der Länder bereits adressiert. Ich bin sogar fest davon überzeugt, dass wir uns aktuell mehr um die KI-Risiken kümmern, als die Potenziale von künstlicher Intelligenz auszuschöpfen.

Die Synergie zwischen Technologie und Nachhaltigkeit ist von entscheidender Bedeutung, nicht nur für jeden Einzelnen von uns, nicht nur für Unternehmen, sondern für die Menschheit als Ganzes. Im Kontext der Nachhaltigkeit liegt der große Schatz, den künstliche Intelligenz uns bietet. Und dieser wird bereits gehoben.

Die Fusion innovativer KI-Technologien mit menschlicher Nachhaltigkeitsbemühung eröffnet grenzenlose Möglichkeiten für eine grünere Zukunft. Diese Symbiose zwischen Technologie und Nachhaltigkeit ist für den gesamten Planeten von entscheidender Bedeutung.

Grüne Energie mit KI

In den windgepeitschten Küstenregionen erzeugen Windenergieanlagen saubere Energie. Große Herausforderungen sind Energieausbeute und Wartungskosten. KI-Algorithmen analysieren riesige Datenmengen, von Windgeschwindigkeiten bis hin zu Turbinenleistungen, um nicht nur die Effizienz der Turbinen zu steigern, sondern auch den Energieertrag zu maximieren und den Verschleiß zu minimieren.

KI reduziert Ausfälle und Wartungskosten der Windenergieanlagen dank vorausschauender Wartung der Bauteile wie etwa der Rotorblätter. Damit das funktioniert, übermitteln Hochleistungssensoren die Zustandsdaten der Bauteile an die KI. Die KI wiederum sagt für jedes Bauteil das Datum voraus, an dem es gewartet oder ausgetauscht werden muss. Das ist nur eine der vielen Anwendungen, bei denen künstliche Intelligenz dazu beiträgt, unseren Planeten grüner zu machen.

Die Rettung der Ozeane

In den unermesslichen Tiefen der Ozeane, wo die Natur in ihrer reinsten Form existiert, gibt es eine stille, aber drängende Bedrohung für Meeresbewohner und in letzter Konsequenz auch für uns Menschen: Plastikmüll. KI gibt in dieser Dunkelheit der Verschmutzung eine glänzende Hoffnung in Form von Technologie, die unsere Ozeane retten könnte. Ganze Drohnen-Armeen suchen die Gewässer nach Plastikmüll ab. Die KI unterscheidet nicht nur Plastik von anderen Objekten wie Muscheln, Quallen oder Algen, sondern erstellt auch Landkarten von Hotspots, die die Konzentrationen von Plastikmüll in Echtzeit anzeigen. Diese Landkarten sind nicht nur eine Bestandsaufnahme des Problems, sondern auch der Schlüssel zur Lösung. Denn die KI analysiert die Bewegungen der Plastikströme und ermöglicht es den Wissenschaftlern und Behörden, die Quellen des Plastikmülls zurückzuverfolgen. So können wir nicht nur den Müll aus dem Ozean entfernen, sondern auch die Quelle allen Übels ausfindig machen, eliminieren und diejenigen zur Verantwortung ziehen, die für diese Verschmutzung verantwortlich sind.

Pottwale sind gefährdet. Mensch und Klimawandel beeinflussen ihr Wanderverhalten. Verirrte Pottwale sind nahezu immer dem Tod geweiht. Eine beeindruckende Eigenschaft der Wale ist, dass ihre Flosse einzigartig ist, wie eine Art Signatur. Mit KI erkennen wir die Wale anhand der Flosse wieder und schützen sie.

Die Fischbestände haben sich in den letzten 40 Jahren halbiert. Ursachen sind Klimawandel, Überfischung und Umweltverschmutzung. Der letzte Puzzlestein für das Klimarätsel liegt in den Lofoten. Lösen kann es KI. Das Ozeanobservatorium *Lofoten-Vesterålen (LoVe)* befindet sich westlich von Hovden Vesterålen in Nordnorwegen, im ökologischen, geologischen, ozeanografischen Hotspot. Hier treffen Kaltwasserstrom und Warmwasserstrom aufeinander. Neben Unmengen von Fischen kommen hier Orcas, Schwertwale und Buckelwale zusammen. Die Lofoten sind das wichtigste Laichgebiet für Kabeljau.

Das Rätsel aber ist komplex: Wie wirkt sich der Klimawandel auf das Ozeanleben aus? Dazu liefert der Hotspot in Lofoten unglaublich wertvolle Daten und damit den letzten Puzzlestein zur Lösung. Das Ozeanobservatorium LoVe hat ein System aus Meeresbodenkabeln und Sensoren installiert, um Daten zu sammeln: pulsierende Geräusche, Strömungsrichtung und -geschwindigkeit sowie Biomasse. Allerdings kann diese Petabytes an Daten kaum ein Mensch analysieren. KI dagegen schon. Zusammen mit dem Observatorium LoVe haben wir ein System für den Artenschutz entwickelt, das diese Daten analysiert, visualisiert und Anomalien im Ozean erkennt (Alaitwni et al., 2021).

Noch wissen wir nur wenig, aber aus der kontinuierlichen Analyse der Echtzeitdaten über die Meeresumwelt in Nordnorwegen erwarten wir Erkenntnisse für notwendige Maßnahmen. Das Institut gibt Empfehlungen an die Regierung, wobei es nicht um das Verbieten oder Unterbrechen von Fischerei geht, sondern darum, die Belastungsgrenzen des menschengemachten Drucks auf unsere Erde zu ermitteln. Wir müssen aufpassen, dass wir nicht über diese Grenze hinausgehen, sondern der Natur Raum für Erholung geben.

KI für den Schutz großer Dickhäuter

Die weitläufigen Savannen Afrikas waren der ungestörte Lebensraum von Elefanten. Heute kämpfen diese majestätischen Tiere um ihr nacktes Überleben. Und der Rückgang der Elefantenbestände in Afrika ist alarmierend: Alle 30 Minuten wird ein Elefant durch Wilderei getötet, und während 1979 noch 1,3 Millionen Elefanten durch die Savannen streiften, sind es heute lediglich 400 000. (Aktionsgemeinschaft Artenschutz, 2022)

Dieses erschreckende Ausmaß der Wilderei treibt die bedrohte Spezies an den Rand der Auslöschung. Doch KI ist eine mächtige Waffe beim Schutz der Tierwelt. Ein vielversprechendes Projekt, finanziert durch Microsofts *AI for Earth*-Initiative, ist das Elephant Listening Project (ELP). KI-basierte Abhörgeräte erkennen die Elefantengeräusche sowie die der Wilderer und informieren unmittelbar die Ranger über die Standorte (Newton, 2018).

Einen ähnlichen Tierschutz leistet digitale Technologie für Nashörner und andere Arten. Beispielsweise fungiert eine mit *Nvidia Jetson* (ein programmierbares KI-Modul) ausgestattete Drohne als Wildtierdetektor und schützt gefährdete afrikanische Spitzmaulnashörner vor Wilderern.

Künstliche Intelligenz ist ein unverzichtbares Werkzeug im Kampf um den Erhalt der Artenvielfalt, denn KI schafft eine ganz neue, zuverlässige und effektive Art und Weise, wie wir Ökosysteme überwachen und schützen. Der Einsatz von KI im Artenschutz ist nicht nur eine Möglichkeit, sondern eine zwingende Notwendigkeit, um die biologische Vielfalt unseres Planeten für zukünftige Generationen zu bewahren. Ich sehe in der Verheiratung von technologischer Innovation mit dem Artenschutz den Schlüssel zur Bewältigung einer der dringendsten Herausforderungen unserer Zeit.

Ein Ende des Waldsterbens

Künstliche Intelligenz schützt unsere Wälder. Sie erkennt anhand von optischen Satellitenbildern das Waldsterben. Eine rote Verfärbung auf der Karte signalisiert den Borkenkäferbefall beziehungsweise das Austrocknen und Absterben eines Baumes. Das von der Österreichischen Forschungsförderungsgesellschaft (FFG) unterstützte Projekt AIDForHeRi schützt auf diese Weise mithilfe von KI ganze Fichten- und Kiefernwälder (Bensa-Cruz, 2023).

Der Amazonas-Regenwald ist die »grüne Lunge« der Erde, die im Rekordtempo schrumpft (*DER SPIEGEL*, 2023). Auch hier analysiert KI Satellitenbilder und dient dem Schutz dieses so wichtigen und einzigartigen Waldes. KI schützt den Amazonas-Regenwald vor Zerstörung, indem sie den Bau illegaler Straßen sowie die Abholzung frühzeitig erkennt, illegale Rodungen aufgedeckt und Gebiete mit hoher Abholzungswahrscheinlichkeit identifiziert. Künstliche Intelligenz hilft den Behörden, gegen den Raubbau an diesem einmaligen Schatz und Lebensraum für viele Arten dieses Planeten vorzugehen. Imazon heißt ein solches Projekt, das sich in Zusammenarbeit mit Microsoft mittels KI aktiv für eine nachhaltig gesunde grüne Lunge unserer Erde einsetzt und für die indigenen Gemeinschaften, die den Regenwald schützen und bewahren.

Das gilt genauso für unsere Wälder. In Europa prangern wir die Abholzung des Amazonas an und setzen uns für deren Schutz ein. Das ist gut und wichtig. Unglaubwürdig machen wir uns allerdings damit, dass wir auf unserem Kontinent selbst viel zu viele alte Buchen schlagen, sogar in Nationalparks. Wohlgemerkt sind fünf deutsche Buchenwälder UNESCO-Weltnaturerbe.

Intelligente Kreislaufwirtschaft

Wir nähern uns rasant den Grenzen unserer Ressourcen. Irgendwann ist die Erde unweigerlich aufgebraucht. Es ist keine Frage des »Ob«, sondern des »Wann«.

Wir müssen auf geschickte und intelligente Weise Verbrauchtes in den Pool unserer begrenzten Ressourcen zurückführen. Und genau hier ist künstliche Intelligenz ein großer Hoffnungsträger. KI bringt Hoffnung und Lösungen für die Vision einer Zukunft, in der wir Abfall minimieren und Ressourcen optimal nutzen. KI ist in der Lage, den Lebenszyklus von Produkten zu überwachen und zu optimieren, und zwar von der Beschaffung nachhaltiger Materialien über die Optimierung von Herstellungsprozessen bis hin zur Verlängerung der Produktlebensdauer.

Ein ganz konkretes Beispiel ist die intelligente Abfallverwaltung, bei der KI Abfälle sortiert, verarbeitet, Materialien effizient recycelt und wieder in den Produktionskreislauf einbringt. KI reduziert damit nicht nur die Abfallmenge, sondern verringert auch den Bedarf an neuen Rohstoffen.

KI sagt außerdem die Nachfrage von Produkten präzise vorher und verringert somit Überproduktion und Verschwendung. Die KI-basierten Prognosemodelle helfen Herstellern, die richtige Menge der tatsächlichen benötigten Produkte herzustellen.

Künstliche Intelligenz ermöglicht das Design von Produkten mit hohem Rezyklatanteil und daher mit einer hohen Kreislauffähigkeit. Das ist besonders wichtig für die Kreislaufwirtschaft von Kunststoffverpackungen. Denn Verpackungen bilden global betrachtet mit Abstand den größten Teil an Kunststoffabfällen.

Für eine saubere Zukunft ist KI der Wegbereiter für eine nachhaltige Kreislaufwirtschaft mit innovativem Recycling, mit zirkulären Lösungen und klimaneutralen sowie kreislauffähigen Produkten.

KI im Dienst der Bienen

Das Bienensterben ist eine ernsthafte Bedrohung für unsere Ökosysteme. Und es geht nicht darum, dass wir uns zum Frühstück Honig auf die Semmeln schmieren können. Es geht darum, dass Bienen als Hauptbestäuber vieler Pflanzenarten fungieren, was für die Erhaltung der biologischen Vielfalt und für die globale Nahrungsmittelproduktion unerlässlich ist.

Künstliche Intelligenz übernimmt eine entscheidende Rolle, um das Problem des Bienensterbens anzugehen. KI ist eine – wenn nicht die – innovative Lösung zur Überwachung und zum Schutz der Bienenpopulationen. Intelligente Überwachungssysteme für Bienenstöcke nutzen KI, um Daten zu sammeln und zu analysieren, die von verschiedenen Sensoren innerhalb und außerhalb der Bienenstöcke erfasst werden. Diese Sensoren messen Parameter wie die Klangfrequenzen und Flugaktivität der Bienen. Die KI erkennt in den Daten Muster, die auf Probleme wie Krankheiten, Parasitenbefall oder Umweltstressoren hinweisen. Früherkennung ist entscheidend, damit Imker schnell reagieren.

Es gibt noch einen anderen enormen Dienst, den KI unseren Bienen erbringen kann: Künstliche Intelligenz macht die Ursachen des Bienensterbens messbar und liefert Antworten auf die Frage, wie wir Bienen retten können.

Die Ursachen für das Bienensterben sind bekannt: Pestizide, Monokulturen, Krankheitserreger und zerstörte Lebensräume. Unklar dagegen ist, welche Auswirkung die Gestaltung landwirtschaftlich genutzter Flächen auf die Bienen hat (Thiemann, 2022). KI-gestützte Forschung kann wertvolle Einblicke in die komplexen Beziehungen zwischen Bienen und ihrem Ökosystem liefern – eine Grundlage für bienenfreundliche Landwirtschaft, für nachhaltigere Praktiken zur Bienenhaltung und für neue Strategien zur Stärkung der Resilienz von Bienen gegenüber klimatischen Veränderungen und anderen Umweltherausforderungen.

Das Prinzip zur KI-gestützten Erhaltung von Biodiversität ist übertragbar. Eine große Gefährdung ist auch das Aussterben von wild lebenden Insekten jeder Größe, von der winzigen Mücke bis zum größten Nachtfalter. Unter ihnen gibt es sehr spezialisierte Arten, die auf ihre Partnerpflanzen angewiesen sind.

Tiersprachenentschlüsselung für die Regenerierung der Ökosysteme

Menschen verstehen Tiersprachen. Das wäre ein revolutionärer Fortschritt in der gesamten Menschheitsgeschichte. Und KI ebnet uns Menschen den Weg dahin.

Künstliche Intelligenz ist mittlerweile so weit, dass sie die Tiersprache entschlüsselt und uns das Tor zu einer ganz neuen Welt öffnet: das Verstehen von und Kommunizieren mit Tieren in deren Sprache (Parshley, 2023). Dies wird die Art und Weise, wie wir über nicht-menschliche Wesen denken, empfinden und mit ihnen interagieren, grundlegend verändern und zu einem besseren gegenseitigen Verständnis führen.

Die Biorobotik hat es sogar geschafft, das Insektenverhalten zu dechiffrieren und zum Beispiel den Schwänzeltanz von Bienen zu imitieren. Der Juniorprofessor für Informatik an der Freien Universität Berlin, Tim Landgraf, sagt: »Das Gehirn von Honigbienen ist nur stecknadelkopfgroß – und doch zeigen die Tiere komplexe kognitive Leistungen und haben ein Kommunikationssystem, das Wissenschaftler seit etwa 70 Jahren zu verstehen versuchen« (Gaschler, 2019). Dieser Durchbruch kann Insekten zu einem bestimmten Flugverhalten animieren.

Ähnlich bahnbrechende Fortschritte gibt es für die Entschlüsselung der niederfrequenten Sprache von Elefanten. Und dank des Projekts CETI (Cetacean Translation Initiative) werden wir bald die Klickkommunikation von Pottwalen verstehen. Das ist die Vorbereitung eines interaktiven Chatbots, über den Menschen mit Tieren, ob Haus- oder Wildtiere, kommunizieren können.

Ich hoffe nur, dass wir Menschen diesen Fortschritt nutzen, um die Natur zu heilen, und nicht, um sie weiter auszubeuten und beispielsweise für die Präzisionsfischerei oder Wilderei zu nutzen. Künstliche Intelligenz kann für Wilderer gefährdete Tiere lokalisieren und ihre Rufe nachahmen lassen, um sie anzulocken. Die potenzielle Schattenseite der Manipulation von Tieren über Sprache ist immens – das zeigt die lange Tradition der ausbeuterischen und militärischen Nutzung von Tieren (Schesswendter, 2022).

Die Bioakustik birgt ungeahnte Möglichkeiten, geschädigte Ökosysteme zu regenerieren. Meeresbewohner wie Fische und Korallen reagieren auf Geräusche, die denen gesunder Riffe ähneln. Diese Entdeckung können wir nutzen, um degradierte Ökosysteme wiederzubeleben (Schesswendter, 2022). Es ist ein junges Forschungsgebiet und wir stehen noch ganz am Anfang. Das Ausmaß von Durchbrüchen in dieser Forschung mit KI ist enorm.

Ein besseres Verständnis der Kommunikation von Meeresbewohnern oder anderen Tieren ist entscheidend für Schutzmaßnahmen. Sie ist vor allem entscheidend angesichts der Bedrohungen durch menschliche Aktivitäten wie Schifffahrt und industrielle Fischerei. Beispielsweise führt das menschliche Verständnis der Pottwalkommunikation dazu, dass wir die Auswirkung von Lärmverschmutzung besser beurteilen können, also unnatürliche und schädliche Geräusche durch Schiffsverkehr, seismische Untersuchungen und industrielle Aktivitäten, die das Ökosystem der Meere stören. Wir hätten dann die Möglichkeit, passgenaue Gegenmaßnahmen zu entwickeln.

Noch weiter gedacht, wäre die Analyse der Tierkommunikation ein weiterer Grundstein für ein Frühwarnsystem ökologischer Anomalien oder Katastrophen. Mit anderen Worten: Tiere würden uns verbal mitteilen, wenn etwas nicht stimmt und sich eine Katastrophe anbahnt, und dies so frühzeitig, dass wir Menschen ganz gezielt darauf reagieren können.

Apps für einen grüneren Planeten

Um dazu beizutragen, dass unser Planet grüner und unsere Welt nachhaltiger wird, musst du keineswegs jahrelange Forschung betreiben oder einen Tauchschein machen, um bei Projekten für den Korallenriff-Wiederaufbau mitzuwirken. Es gibt eine Reihe von Apps, die jedem Einzelnen Nachhaltigkeitstools an die Hand geben.

Die Suchmaschine-App *Ecosia* nutzt die Einnahmen aus Werbung, um Bäume zu pflanzen. Jede Suche mit *Ecosia* trägt zur Aufforstung bei und unterstützt Umweltprojekte. Die App *Too Good To Go* bekämpft Lebensmittelverschwendung, indem sie Nutzern ermöglicht, überschüssiges Essen von Restaurants und Bäckereien zu einem reduzierten Preis zu kaufen. Eine bessere Klimazukunft beginnt mit dir, »A Better Climate Future Starts With You« ist der Slogan von *Oroeco*, einer App, die den persönlichen CO_2-Fußabdruck misst und wertvolle Tipps zu Reduzierung gibt, indem sie das tägliche Verhalten in Bereichen wie Reisen, Ernährung und Energieverbrauch analysiert. Nachhaltigkeit spielerisch gestalten ist der Ansatz von *JouleBug*, einer Plattform, auf der Nutzer ihre umweltfreundlichen Aktivitäten verfolgen und dafür Belohnungen und Abzeichen erhalten. Die Mode-App *Good On You* bietet Bewertungen zur Nachhaltigkeit von Kleidungsmarken und hilft Verbrauchern, ethischere und umweltfreundlichere Kaufentscheidungen zu treffen. *Litterati* ist ein Onlineprojekt, in dem Nutzer per App Müll fotografieren, den sie aufsammeln und entsorgen. Die

Bilder wertet *Litterati* aus, um die Art des Mülls zu identifizieren und Daten zu sammeln, die für die Müllvermeidung nützlich sind.

Das ist nur eine Auswahl von Anwendungen, mit denen jeder Einzelne sich für einen grüneren Planeten einsetzen kann. Es gibt zahlreiche weitere Projekte und Plattformen. Ich bin passionierter Taucher, vom Ozean und der Unterwasserwelt begeistert und arbeite bei KI-Projekten für den Artenschutz oder die Bekämpfung der Flussblindheit mit. Und auch Tauchgänge bieten die Möglichkeit, Müll zu sammeln. Wenn du Tauchen interessant findest und noch keinen Tauchschein hast, möchte ich dich an dieser Stelle motivieren und herzlich einladen, damit vielleicht noch in diesem Jahr anzufangen.

All die genannten Chancen der künstlichen Intelligenz für eine bessere Welt sind nur ein Bruchteil, eine kleine Auswahl von Beispielen. Es gibt wesentlich mehr, und ich wollte mit diesen Beispielen die Augen für eine positive Welt öffnen, in der sich KI in den Dienst unserer Heimat, nämlich unserer einzigartigen Erde, stellt. Die Verantwortung, KI ethisch und zum Wohle aller einzusetzen, liegt in unseren Händen. Möge dieses Schlusskapitel nicht nur als eine Darstellung dessen dienen, was möglich ist, sondern auch als Aufruf zum Handeln, um eine Zukunft zu gestalten, in der Technologie und Menschlichkeit in harmonischem Einklang stehen und unsere kostbare Erde schützen und bereichern. Letztendlich liegt es an uns, die Richtung zu bestimmen, in die diese außergewöhnliche Reise geht.

Über den Autor

Eldar Sultanow ist IT-Stratege bei einer der weltweit führenden Beratungsgesellschaften für Digitale Transformation. Der Informatik-Guru ist auf Digitalisierung und KI spezialisiert und bringt über 20 Jahre Erfahrung in Sachen Softwareentwicklung mit. Sultanow beschäftigt sich viel damit, wie man KI für gute Zwecke, zum Beispiel im Hinblick auf Nachhaltigkeit, Klima- und Artenschutz, einsetzen kann.

Danksagung

In diesem Moment der stillen Reflexion, während ich die letzte Seite dieses Buches umblättere, erfüllt mich ein tiefes Gefühl der Dankbarkeit. Das vorliegende Buch ist nicht nur das Ergebnis meiner eigenen Reise und Erkenntnisse, sondern auch das Resultat der unermüdlichen Unterstützung und Inspiration von vielen bemerkenswerten Menschen.

Zuerst möchte ich meiner Familie danken, deren Glaube an mich und an meine Vision einen wichtigen Grundstein für dieses Projekt ausmacht. Euer ständiger Zuspruch und eure bedingungslose Unterstützung haben mir die nötige Kraft gegeben, das Buch zu schreiben.

Danke, lieber Ulf-Gunnar Switalski.
Was soll ich sagen? Ulf, ohne dich gäbe es das ganze Projekt nicht. Ich erinnere mich noch an unsere erste Videokonferenz, an den Startschuss zu diesem Buch. Danke, dass du mir das hier ermöglicht hast und mich bei diesem großartigen Projekt begleitest.

Danke, lieber Redline Verlag.
Ein Buch mit Verlag ist sehr viel mehr als ein Kunstwerk mit Rahmen. Danke, dass ihr mir diesen Rahmen gebt. Vielen Dank für die sehr hilfreichen und für ein solches Projekt erfolgskritischen Hinweise. Vielen Dank für euer Vertrauen dafür, dass ihr mir das Buch möglich macht, für das Lektorat und die Gestaltung.

Danke, liebe Andrea Hoffmann.
Für dein Korrekturlesen, liebe Andrea, bin ich dir so unendlich dankbar, dass damit alles gesagt ist. Daher bin ich Jörg Pees auch einen Riesendank schuldig, denn ohne ihn wären wir hierzu nicht zusammengekommen.

Danke, liebe Kora Alice Lejko.
Du hast nicht nur großartig Korrektur gelesen, sondern mich immer wieder zu einem Perspektivenwechsel eingeladen, was von unschätzbarem Wert für mich ist. Trotz deiner vielen Aufgaben, die du eh schon hast, schien mir, es sei für dich selbstverständlich, dieses Buchprojekt so sehr zu unterstützen. Für deine außergewöhnliche Hilfsbereitschaft bin ich dir extrem dankbar.

Danke, lieber Jaskaran Singh.
KI im Kontext von Ethik ist ein schwieriges Thema, wenn nicht sogar das schwierigste. Der inhaltliche Austausch mit dir zu genau diesem Thema, deine Impulse und Unterstützung sind von unschätzbarem Wert. Ein ganz großer Dank dafür an dich, lieber Jaskaran.

Danke, lieber Rolf Schmiel.
Rolf, dein Mentoring ist eine Pflichtveranstaltung für Nerd-Typen wie mich. Ohne dich hätte ich bis heute weder das Speaking- noch das Medienbusiness verstanden. Dabei war die Antwort so einfach und doch gleichzeitig so schwer. Dein Satz geht mir nicht mehr aus dem Kopf: »Eldar, das ist keine Informatik, das ist People-Business.«

Danke, liebe Jessica Fritz.
Liebe Jessica, danke für deinen wertvollen Input, vor allem zu den Themen rund um Cyberkriminalität und Desinformation mit KI. Trotz deines überfüllten Terminkalenders hast du mir bei diesem anspruchsvollen Thema geholfen.

Danke, lieber Björn Radde.
Lieber Björn, KI im Marketing, im Metaverse und für Contenterstellung sind spannende Themen, bei denen ich eine Menge von dir lernen durfte. Obwohl du in deiner Rolle eh kaum Zeit hast, hast du dir immer wieder welche für mich genommen. Dafür bin ich dir sehr dankbar.

Danke, liebe Jessica Lichtenberg.
JINGSI, ohne Buch keine Bühne, ohne Bühne kein Buch. Ohne dich wäre ich auf der Bühne nicht der, der ich bin. Du hast dieses »Henne-Ei-Problem« gelöst, mich fit gemacht und mir gezeigt, wie ich meine Botschaft so rüberbringen kann, dass andere sie verstehen. Unendlich großen Dank dafür.

Liebe Leser und Leserinnen
Nicht zuletzt danke ich euch, den Leserinnen und Lesern, die sich auf diese Reise mit mir begeben haben. Euer Interesse und eure Neugier sind der wahre Motor für Veränderung und Fortschritt in unserer Gesellschaft.

Danke an alle anderen.
Für die Unterstützung, sei es das Rücken-frei-Halten, das Ermutigen oder jede andere Form der Handreichung, bin ich jedem dankbar. Danke, dass ihr an mich und dieses Projekt geglaubt habt.

Quellen

[1] Accelerista. (19. November 2018). *Lexus ad created by AI.* YouTube. Abgerufen am 4. November 2023, von https://youtu.be/a2_smFoqQUg

[2] Aktionsgemeinschaft Artenschutz. (30. November 2022). *Alarmierender Rückgang der Elefantenbestände in Afrika.* Aktionsgemeinschaft Artenschutz. Abgerufen am 8. November 2023, von https://www.aga-artenschutz.de/elefanten.html

[3] Alaitwni, M., Mian, S., & Sultanow, E. (3.November 2021). *Ocean Data and AI for species conservation.* Capgemini. Abgerufen am 7. November 2023, von https://www.capgemini.com/insights/research-library/seeing-the-invisible-how-artificial-intelligence-senses-the-oceans-health/

[4] Baron, O. (6. April 2018). *Wie Trader mit KI-Einsatz ganz groß Kasse machen.* stock3. Abgerufen am 15. November 2023, von https://stock3.com/news/ki-wie-trader-ganz-gross-kasse-machen-5834436

[5] Becker, M. (2019). *Das digitale Narrativ: Wer schreibt es und was steht drin?.* Rainer Hampp Verlag.

[6] Beerlink, K. P. (2019). *Blick in die Blackbox: Nachvollziehbarkeit von KI-Algorithmen in der Praxis.* Bitkom. Abgerufen am 20. Oktober 2023, von https://www.bitkom.org/Bitkom/Publikationen/Blick-in-die-Blackbox-Nachvollziehbarkeit-von-KI-Algorithmen-in-der-Praxis

[7] Bendel, O. (2019). Das GOODBOT-Projekt. In: *Handbuch Maschinenethik* (S. 375–393). Springer Fachmedien Wiesbaden. 10.1007/978-3-658-17483-5_24

[8] Bensa-Cruz, A. (21. August 2023). *Kranke Wälder: Künstliche Intelligenz gegen Borkenkäferbefall.* Futurezone. Abgerufen am 11. November 2023, von https://futurezone.at/science/aidforheri-kuenstliche-intelligenz-maschinelles-lernen-wald-borkenkaeferbefall-oesterreich/402561956

[9] Berliner vorwärts Verlagsgesellschaft mbH. (6. Juni 2023). KI-Kennzeichnungspflicht: Was dafür und dagegen spricht. *Vorwärts.* Abgerufen am 20. Oktober 2023, von https://vorwaerts.de/artikel/ki-kennzeichnungspflicht-dafuer-dagegen-spricht

[10] Bette, K.-H. (2004). *X-treme: zur Soziologie des Abenteuer- und Risikosports.* Transcript.

[11] Bild. (8. Juli 2023). Fake-Aktivistin sammelt angeblich Strand-Müll. YouTube. Abgerufen am 5. November 2023, von https://youtu.be/fgKfo98ogH4

[12] Bioethikkommission beim Bundeskanzleramt Österreich. (2019). Roboter in der Betreuung alter Menschen: Stellungnahme der Bioethikkommission. *Jahrbuch für Wissenschaft und Ethik,* 24 (1), 355–384. 10.1515/jwiet-2019-0015

[13] Blain, L. (17. August 2023). *Toilet-cleaning robot makes us feel better about all this AI business.* New Atlas. Abgerufen am 7. November 2023, von https://newatlas.com/robotics/toilet-cleaning-robot-somatic/

[14] Briggs, J., & Kodnani, D. (26. März 2023). *The Potentially Large Effects of Artificial Intelligence on Economic Growth.* Goldman Sachs. Abgerufen am 2. August 2023, von https://www.gspublishing.com/content/research/en/reports/2023/03/27/d64e052b-0f6e-45d7-967b-d7be-35fabd16.html

[15] Brooks, M. (11. April 2023). Future Love: How AI Companions Will Capture Our Hearts. *Psychology Today.* Abgerufen am 9. Mai 2023, von https://www.psychologytoday.com/au/blog/tech-happy-life/202304/future-love-how-ai-companions-will-capture-our-hearts

[16] Buse, U. (6. November 2005). *Die Stadt der Cyber-Gangster . DER SPIEGEL.* Abgerufen am 7. Juni 2023, von https://www.spiegel.de/panorama/die-stadt-der-cyber-gangster-a-056e79fa-0002-0001-0000-000042983337

[17] Buse Herz Grunst Rechtsanwälte. (15. Januar 2023). *Werbung richtig kennzeichnen auf Instagram, TikTok oder YouTube.* BUSE HERZ GRUNST Rechtsanwälte. Abgerufen am 20. Oktober 2023, von https://www.kanzlei.law/medien-und-wirtschaftsrecht/wie-muss-ich-als-influencer-auf-instagram-co-werbung-markieren/

[18] CHIP. (7. Mai 2016). 640 KByte sollten genug sein: Die größten Technik-Irrtümer der Geschichte. Abgerufen am 11. Mai 2023, von https://www.chip.de/news/640-kB-sollten-genug-sein-Die-groessten-Technik-Irrtuemer-der-Geschichte_92787690.html

[19] Cook, J. (24. August 2018). SEER: Simulative Emotional Expression Robot Mirrors Human Faces. Hackster.io. Abgerufen am 13. Mai 2023, von https://www.hackster.io/news/seer-simulative-emotional-expression-robot-mirrors-human-faces-595babf12629

[20] Cornillon, E. (2016). *What's next for AI – Creativity.* IBM. Abgerufen am 9. Mai 2023, von https://www.ibm.com/watson/advantage-reports/future-of-artificial-intelligence/ai-creativity.html

[21] Dave, S., Das, J., & Ghosh, S. (Hrg.). (2022). *Advanced Nanomaterials for Point of Care Diagnosis and Therapy.* Elsevier Science. 10.1016/C2020-0-02584-3

[22] *DER SPIEGEL.* (10. März 2023). Brasilien: Amazonas-Regenwald schrumpft im Rekordtempo. Abgerufen am 8. November 2023, von https://www.spiegel.de/wissenschaft/natur/brasilien-amazonas-regenwald-schrumpft-im-rekordtempo-a-d03e1e1d-77eb-4ee9-a4f2-8a9195dc8dbf

[23] *DER STANDARD.* (19. Juli 2023). «Ich bin entsetzt«: Bild-KIs sexualisieren Frauen weiterhin stark. Abgerufen am 7. August 2023, von https://www.derstandard.de/story/3000000179609/ich-bin-entsetzt-bild-kis-sexualisieren-frauen-weiterhin-stark

[24] Deutscher Ethikrat. (2020). *Robotik für gute Pflege: Stellungnahme.* Deutscher Ethikrat. https://www.ethikrat.org/publikationen/publikationsdetail/?tx_wwt3shop_detail%5Bproduct%5D=130

[25] *Deutsches Ärzteblatt.* (26. August 2021). Anti-Parasiten-Forschung von Gates-Stiftung gefördert. Abgerufen am 17. November 2023, von https://www.aerzteblatt.de/nachrichten/126707/Anti-Parasiten-Forschung-von-Gates-Stiftung-gefoerdert

[26] Dial, M. (2023). *Heartificial Empathy: Putting Heart into Business and Artificial Intelligence* (2nd ed.). https://www.minterdial.com/books/heartificial-empathy/

[27] *Die Welt.* (1. Juli 2016). Selbstfahrender Tesla übersieht weißen Lkw vor Wolkenhimmel. Abgerufen am 27. Oktober 2023, von https://www.welt.de/wirtschaft/article156727084/Selbstfahrender-Tesla-uebersieht-weissen-Lkw-vor-Wolkenhimmel.html?cid=socialmedia.email.sharebutton

[28] dpa. (11. März 2018). Social-Media-Sucht: Jugendliche finden nachts kaum Schlaf. Nordbayern. Abgerufen am 13. Mai 2023, von https://www.nordbayern.de/region/nuernberg/social-media-sucht-jugendliche-finden-nachts-kaum-schlaf-1.7329591

[29] Driesen, G. (20. November 2022). Adaptive learning: Reduce study time by more than 30%. *aNewSpring.* Abgerufen am 21. Oktober 2023, von https://www.anewspring.com/articles/adaptive-learning-reduce-study-time

[30] Elyoseph, Z., Hadar-Shoval, D., Asraf, K., & Lvovsky, M. (26. Mai 2023). ChatGPT outperforms humans in emotional awareness evaluations. *Frontiers in Psychology*, 14. 10.3389/fpsyg.2023.1199058

[31] Eul, A. (12. Dezember 2017). *Stoppt die Sexroboter! EMMA.* Abgerufen am 7. Juni 2023, von https://www.emma.de/artikel/stoppt-die-sexroboter-334973

[32] Feller, M. (30. September 2022). News – »BeReal« – Was steckt hinter dem Hype um die Social Media App? Landesmedienzentrum Baden-Württemberg. Abgerufen am 13. Mai 2023, von https://www.lmz-bw.de/landesmedienzentrum/aktuelles/aktuelle-meldungen/detailseite/bereal-was-steckt-hinter-dem-hype-um-die-social-media-app

[33] Feurer, S. (28. März 2023). Bei dieser Firma ist eine KI der Chef – und erzielt massive Erfolge. *CHIP*. Abgerufen am 26. April 2023, von https://www.chip.de/news/Firma-hat-eine-Kuenstliche-Intelligenz-als-CEO-und-feiert-Erfolge_184718603.html

[34] FOCUS online. (31. Oktober 2018). WWF-Bericht: Seit 1970 haben Menschen 60 Prozent der Tiere ausgerottet. Abgerufen am 19. November 2023, von https://www.focus.de/wissen/natur/alarmierender-bericht-globales-massensterben-seit-den-70er-jahren-haben-wir-60-prozent-der-tiere-ausgerottet_id_9820110.html

[35] FOCUS online. (12. Juli 2023). Als Alejandro Graue aus dem Urlaub kam, machte die KI seinen Job. Abgerufen am 2. August 2023, von https://www.focus.de/finanzen/alejandro-graue-ging-in-urlaub-als-er-wiederkam-hatte-ki-seinen-job-uebernommen_id_198903095.html

[36] Fritz, J. (19. Oktober 2023). KI-Konzepte veranschaulicht durch Analogien. LinkedIn. Abgerufen am 19. Oktober 2023, von https://www.linkedin.com/posts/jessica-fritz-vde_wissen-ki-kaesnstlicheintelligenz-activity-7120639543958982656-L6Ed

[37] Fritz, M. (10. Januar 2023). Von Japan lernen: Japans Lösung für den Fachkräftemangel. *WirtschaftsWoche*. Abgerufen am 22. Oktober 2023, von https://www.wiwo.de/erfolg/management/von-japan-lernen-japans-loesung-fuer-den-fachkraeftemangel/28912718.html

[38] Gaschler, J. (29. April 2019). Biorobotik: Schwänzeltanz mit dem Bienenroboter. *Tagesspiegel*. Abgerufen am 5. November 2023, von https://www.tagesspiegel.de/wissen/schwanzeltanz-mit-dem-bienenroboter-4060816.html

[39] Generative AI. (Mai 2023). Mindblowing first-ever Car commercial by Mercedes-Benz AG shot completely in a game engine. LinkedIn. Abgerufen am 4. November 2023, von https://www.linkedin.com/posts/genai-works_mindblowing-first-ever-car-commercial-by-activity-7063446479243268097-Oa44

[40] gettishow. (10. Februar 2023). Kind strangers sing Happy Birthday. TikTok. Abgerufen am 20. November 2023, von https://www.tiktok.com/@gettishow/video/7198696435368430894

[41] Gluschak, S. (8. November 2016). E-Mail-Betrug: Der große Raubzug der Nigeria-Connection. *Süddeutsche Zeitung*. Abgerufen am 8. Juni 2023, von https://www.sueddeutsche.de/digital/cybercrime-so-zockt-die-nigeria-connection-ihre-opfer-ab-1.3237960

[42] Greenberg, A. (14. August 2013). How A ›Deviant‹ Philosopher Built Palantir, A CIA-Funded Data-Mining Juggernaut. *Forbes*. Abgerufen am 7. Juni 2023, von https://www.forbes.com/sites/andygreenberg/2013/08/14/agent-of-intelligence-how-a-deviant-philosopher-built-palantir-a-cia-funded-data-mining-juggernaut/

[43] Haldner, C. (3. Mai 2023). Zukunft des Arbeitslebens: »Schreiner haben ein sehr hohes Risiko, ersetzt zu werden«. T-Online. Abgerufen am 22. Oktober 2023, von https://www.t-online.de/finanzen/aktuelles/arbeitsmarkt/id_100170016/zukunft-der-arbeit-schreiner-haben-ein-sehr-hohes-risiko-ersetzt-zu-werden-.html

[44] Handke, K. (22. August 2020). Robot-Influencer verdienen auf Instagram Millionen – der Bestverdienende sogar 353 Mal so viel wie ihr. *Business Insider*. Abgerufen am 10. August 2023, von https://www.businessinsider.de/wirtschaft/instagram-robot-influencer-verdienen-millionen/

[45] Holland, M. (30. November 2021). »*Xe*nobots«: Von KI entworfene winzige Bioroboter können sich nun vervielfältigen. Heise. Abgerufen am 27. Juli 2023, von https://www.heise.de/news/Xenobots-Von-KI-entworfene-winzige-Bioroboter-koennen-sich-nun-vervielfaeltigen-6279786.html

[46] Horton, A. (21. Juni 2023). Marvel faces backlash over AI-generated opening credits. *The Guardian*. Abgerufen am 11. November 2023, von https://www.theguardian.com/tv-and-radio/2023/jun/21/marvel-ai-generated-credits-backlash
[47] Hume AI. (2023). Facial Expression. Abgerufen am 21. Mai 2023, von https://hume.ai/products/facial-expression-model/
[48] Hundertmark, S. (27. Oktober 2023). Generative AI zur Steigerung der persönlichen Nähe zum Patienten. Abgerufen am 10. November 2023, von https://www.sophiehundertmark.com/generative-ai-zur-steigerung-der-persoenlichen-naehe-zum-patienten/
[49] Hüther, G. (25. Oktober 2022). Keynote Prof. Dr. Gerald Hüther: »Wer nichts unternimmt, verliert seine Lebendigkeit«. YouTube. Abgerufen am 9. Mai 2023, von https://youtu.be/EPusBDzUDog
[50] Kannenberg, A. (3. Februar 2020). Virtueller Stau auf Google-Maps als Kunstwerk. Heise. Abgerufen am 26. Oktober 2023, von https://www.heise.de/news/Virtueller-Stau-auf-Google-Maps-als-Kunstwerk-4651651.html
[51] Kapur, S., & Maes, P. (2018). AlterEgo: A Personalized Wearable Silent Speech Interface. In: A. Kapur (Hg.), *Iui'18: 23rd International Conference on Intelligent User Interfaces* (S. 43–53). Association for Computing Machinery. 10.1145/3172944.3172977
[52] Kramper, G. (17. Januar 2021). Virtuelle Supermodels nehmen echten Influencern Follower und Einnahmen ab. *Stern*. Abgerufen am 10. August 2023, von https://www.stern.de/wirtschaft/virtuelle-supermodels-nehmen-echten-influencern-follower-und-einnahmen-ab-30002786.html
[53] Krempl, S. (6. Juni 2023). Manipulationsgefahr: EU-Kommission fordert rasch Kennzeichnung von KI-Inhalten. Heise. Abgerufen am 20. Oktober 2023, von https://www.heise.de/news/Manipulationsgefahr-EU-Kommission-fordert-rasch-Kennzeichnung-von-KI-Inhalten-9179211.html
[54] Krug, C. (8. November 2023*). Generative AI im Gesundheitswesen wieder mehr Zeit für Patienten | Miriam Rauch* [Podcast]. Unf*ck Your Data. Abgerufen am 10. November 2023, von https://open.spotify.com/episode/00ddPowvq2GU8anJDpGcjw?si=6093211c43644a90
[55] Leitmeyer, F. (8. August 2023). Die neuen Bestseller-Autoren sind keine Menschen: KI überschwemmt Amazon. *Frankfurter Rundschau*. Abgerufen am 9. August 2023, von https://www.fr.de/wirtschaft/amazon-bestsellerliste-autoren-verlage-ki-buecher-zr-92440304.html
[56] Li, C., Wang, J., Zhang, Y., Zhu, K., Hou, W., Lian, J., Luo, F., Yang, Q., & Xie, X. (20. Oktober 2023). Large Language Models Understand and Can be Enhanced by Emotional Stimuli (5). arXiv. Abgerufen am 5. November 2023, von https://arxiv.org/abs/2307.11760
[57] Ludwig, P., & Rinkewitz, J. (2018, 14. Mai 2018). Google Duplex: im Spannungsfeld von Ethik und Wirtschaft. Abgerufen am 21. Mai 2023, von https://vintin.de/google-duplex-im-spannungsfeld-von-ethik-und-wirtschaft/
[58] Mahdawi, A., & Chalabi, M. (2017, 26. Juni 2017). What jobs will still be around in 20 years? Read this to prepare your future. *The Guardian*. Abgerufen am 21. Mai 2023, von https://www.theguardian.com/us-news/2017/jun/26/jobs-future-automation-robots-skills-creative-health
[59] Makarius, E. E., Mukherjee, D., Fox, J. D., & Fox, A. K. (November 2020). Rising with the machines: A sociotechnical framework for bringing artificial intelligence into the organization. *Journal of Business Research*, *120*, 262–273. 10.1016/j.jbusres.2020.07.045
[60] Merrill, R. A., Cao, C., & Primack, B. A. (2022). Associations between social media use, personality structure, and development of depression. *Journal of Affective Disorders Reports*, 10, 1–7. 10.1016/j.jadr.2022.100385

[61] Mirata, V., & Bergamin, P. (5. Juni 2023). Role of organisational readiness and stakeholder acceptance: an implementation framework of adaptive learning for higher education. *Education Tech Research Dev*, 71 (4), 1567–1593. 10.1007/s11423-023-10248-7

[62] Misselhorn, C. (21. März 2021). Künstliche Intelligenz und Empathie – Maschinen, die Gefühle zeigen. Deutschlandfunk Kultur. Abgerufen am 7. Mai 2023, von https://www.deutschlandfunkkultur.de/kuenstliche-intelligenz-und-empathie-maschinen-die-gefuehle-100.html

[63] Morell, V. (November 2001). Wer erbaute die Pyramiden? *National Geographic*. Abgerufen am 8. Juni 2023, von https://www.nationalgeographic.de/geschichte-und-kultur/wer-erbaute-die-pyramiden

[64] Müller, V. C., & Bostrom, N. (2016). Future Progress in Artificial Intelligence: A Survey of Expert Opinion. In V. C. Müller (Hrg.), *Fundamental Issues of Artificial Intelligence* (S. 555–572). Springer International Publishing. 10.1007/978-3-319-26485-1_33

[65] Newton, M. (20. September 2018). Die lauschende KI, die Wildhütern hilft, Afrikas Waldelefanten zu schützen. RESET.org. Abgerufen am 8. November 2023, von https://reset.org/die-lauschende-ki-die-wildhuetern-hilft-afrikas-waldelefanten-zu-schuetzen-09192018/

[66] Nguyen, P. (4. Mai 2022). Schwarz und weiß, Felsen, Schaum, einfarbig. Pexels. Abgerufen am 13. November 2023, von https://www.pexels.com/de-de/foto/schwarz-und-weiss-felsen-schaum-einfarbig-12016194/

[67] Nida-Rümelin, J., & Weidenfeld, N. (2020). *Digitaler Humanismus: Eine Ethik für das Zeitalter der Künstlichen Intelligenz*. Piper.

[68] Nolan, B. (2023, 16. März 2023). The latest version of ChatGPT told a TaskRabbit worker it was visually impaired to get help solving a CAPTCHA, OpenAI test shows. *Business Insider*. Abgerufen am 3. Juli 2023, von https://www.businessinsider.com/gpt4-openai-chatgpt-taskrabbit-tricked-solve-captcha-test-2023-3

[69] ntv. (8. August 2023). Hochschwangere wegen KI-Software irrtümlich festgenommen. Abgerufen am 11. August 2023, von https://www.n-tv.de/der_tag/Hochschwangere-wegen-KI-Software-irrtuemlich-festgenommen-article24311751.html

[70] NVIDIA. (29. Mai 2023). WPP & NVIDIA Partner to Build Generative AI-Enabled Content Engine on Omniverse Cloud. YouTube. Abgerufen am 4. November 2023, von https://youtu.be/diJxEbo7TFw

[71] O'Leary, D. E. (25. März 2019). GOOGLE'S Duplex: Pretending to be human. *Intelligent Systems in Accounting, Finance and Management*, 26 (2), S. 46–53. 10.1002/isaf.1443

[72] Palmer, S. (2023, 11. Juni 2023). »Bekommen Sie keine Kinder, wenn Sie noch keine haben«, warnt KI-Experte Mo Gawdat. Euronews. Abgerufen am 11. Juni 2023, von https://de.euronews.com/next/2023/06/11/bekommen-sie-keine-kinder-wenn-sie-noch-keine-haben-warnt-ki-experte-mo-gawdat

[73] Parshley, L. (31. Oktober 2023). Tierkommunikation: KI könnte uns endlich mit Tieren sprechen lassen. *Spektrum der Wissenschaft*. Abgerufen am 5. November 2023, von https://www.spektrum.de/news/tierkommunikation-ki-koennte-uns-endlich-mit-tieren-sprechen-lassen/2195670

[74] Parth, C. (20. Juni 2022). Was die Stimme über unseren Gesundheitszustand verrät. Envivas. Abgerufen am 17. Juni 2023, von https://www.envivas.de/magazin/gesundheitswissen/stimme-und-unser-gesundheitszustand/

[75] Paulsen, N., & Moritz, J. (4. Januar 2022). Neujahrsvorsätze: 69 Prozent nehmen mit Hilfe digitaler Anwendungen erfolgreich ab. Bitkom. Abgerufen am 16. Oktober 2023, von https://www.bitkom.org/Presse/Presseinformation/Neujahrsvorsaetze-Abnehmen-mit-digitalen-Anwendungen

[76] Paulsen, N., Wöstmann, L., & Klöß, S. (27. Mai 2020). Social-Media-Nutzung steigt durch Corona stark an. Bitkom e.V. Abgerufen am 28. Mai 2023, von https://www.bitkom.org/Presse/Presseinformation/Social-Media-Nutzung-steigt-durch-Corona-stark-an

[77] Perrigo, B. (18. Januar 2023). OpenAI Used Kenyan Workers on Less Than $2 Per Hour: Exclusive. Time. Abgerufen am 9. September 2023, von https://time.com/6247678/openai-chatgpt-kenya-workers/

[78] Petereit, D. (24. August 2021). Wenn dein Chef eine KI ist, hast du mehr Stress und weniger Freude an der Arbeit. T3N. Abgerufen am 26. April 2023, von https://t3n.de/news/arbeit-chef-kuenstliche-intelligenz-algorithmen-1400414/

[79] Placido, D. D. (25. April 2023). ›Avengers‹ Director Joe Russo Has A Bleak Vision Of Hollywood's AI-Generated Future. *Forbes*. Abgerufen am 11. November 2023, von https://www.forbes.com/sites/danidiplacido/2023/04/25/avengers-director-joe-russo-has-a-bleak-vision-of-ai-generated-movies/?sh=3e3ca13b774c

[80] Primack, B. A., Shensa, A., Sidani, J. E., Escobar-Viera, C. G., & Fine, M. J. (2020). Temporal Associations Between Social Media Use and Depression. *American Journal of Preventive Medicine*, 60 (2), S. 179–188. 10.1016/j.amepre.2020.09.014

[81] Reuter, M. (27. Mai 2021). Künstliche Intelligenz: China testet Gefühlserkennung an uigurischer Minderheit. Netzpolitik. Abgerufen am 7. Juni 2023, von https://netzpolitik.org/2021/kuenstliche-intelligenz-china-testet-gefuehlserkennung-an-uigurischer-minderheit/

[82] Rodriguez, R. V., & Kannan, H. (11. April 2023). Rethinking the Future of Singularity State with Critical Thinking. SwissCognitive. Abgerufen am 18. Mai 2023, von https://swisscognitive.ch/2023/04/11/rethinking-the-future-of-singularity-state-with-critical-thinking/

[83] Roocks, P. (2009). Ende und Neuanfang der Menschlichkeit im Licht der Automatisierung. Abgerufen am 8. Juni 2023, von https://www.p-roocks.de/wordpress2/wp-content/uploads/essay.pdf

[84] Rose, I. (16. Juni 2023). The workers already replaced by artificial intelligence. BBC. Abgerufen am 2. August 2023, von https://www.bbc.com/news/business-65906521

[85] Rudolph, M. (2021). *Der Weltgeist als Lachs*. Matthes & Seitz Berlin. https://www.matthes-seitz-berlin.de/buch/der-weltgeist-als-lachs.html

[86] Russell, S. (2019). *Human Compatible: Artificial Intelligence and the Problem of Control*. Penguin Publishing Group.

[87] Schesswendter, R. (4. November 2022). Mit Tieren sprechen dank KI: Expertin warnt vor Risiken. t3n. Abgerufen am 5. November 2023, von https://t3n.de/news/mit-tieren-kommunizieren-ki-expertin-warnt-1509794/

[88] Schneider, J. (24. März 2023). Trump, Putin und Co.: Wie KI für Fake-Bilder missbraucht wird. ZDF. Abgerufen am 8. Juni 2023, von https://www.zdf.de/nachrichten/panorama/deepfake-fotos-viral-trump-putin-xi-afd-100.html

[89] Schneider, J., & Klein, O. (22. September 2023). KI-Fake klaut ZDF-Moderator die Stimme – das steckt dahinter. ZDF. Abgerufen am 14. November 2023, von https://www.zdf.de/nachrichten/digitales/ki-fake-sievers-heute-journal-100.html

[90] Schneider, S. (11. August 2023). Miese Aktien-Falle: Tagesschau-Sprecher von KI-Betrügern missbraucht! BILD.de. Abgerufen am 14. November 2023, von https://www.bild.de/regional/hamburg/hamburg-aktuell/miese-aktien-falle-tagesschau-sprecher-von-ki-betruegern-missbraucht-85000994.bild.html

[91] Schrager, A. (10. April 2023). Opinion: AI-proofing your career starts in college. Phys.org. Abgerufen am 9. Mai 2023, von https://phys.org/news/2023-04-opinion-ai-proofing-career-college.html

[92] Stahl, B. C. (2021). *Artificial Intelligence for a Better Future: An Ecosystem Perspective on the Ethics of AI and Emerging Digital Technologies*. Springer International Publishing. 10.1007/978-3-030-69978-9

[93] Stenner, P. (2. Juli 2021). Emotionale KI: Berechnete Gefühle. Netzpolitik. Abgerufen am 14. Mai 2023, von https://netzpolitik.org/2021/emotionale-ki-berechnete-gefuehle/
[94] stern.de. (21. März 2023). »Stereotype bedienen«: AfD rechtfertigt Verwendung abstoßender KI-generierter Bilder. Abgerufen am 25. Juli 2023, von https://www.stern.de/politik/deutschland/afd-rechtfertigt-verwendung-abstossender-ki-generierter-bilder-33336818.html
[95] tagesschau.de. (16. April 2023). Bundesinnenministerium will KI-Einsatz regulieren. Abgerufen am 20. Oktober 2023, von https://www.tagesschau.de/inland/ki-regulierung-103.html
[96] Deutsche Telekom. (3. Juli 2023). »ShareWithCare«: Telekom sensibilisiert für verantwortungsvollen Umgang mit Kinderfotos im Internet. Abgerufen am 8. Juli 2023, von https://www.telekom.com/de/konzern/details/share-with-care-1041638
[97] Thiemann, T. (10. Juni 2022). Künstliche Intelligenz macht Bienensterben messbar | 21 grad. Abgerufen am 11. November 2023, von https://www.vaillant.de/21-grad/wissen-und-wert/kuenstliche-intelligenz-macht-ursachen-des-bienensterbens-messbar/
[98] Torres, C. (17. Mai 2018). Facebook: The Cleaners Dokumentation zeigt, wie Menschen auf den Philippinen unsere sozialen Medien aufräumen. *Spiegel.* Abgerufen am 7. Juli 2023, von https://www.spiegel.de/panorama/facebook-the-cleaners-dokumentation-zeigt-wie-menschen-auf-den-philippinen-unsere-sozialen-medien-aufraeumen-a-00000000-0003-0001-0000-000002389766
[99] Uminski, R. (28. April 2020). Wenn Künstliche Intelligenz menschliche Emotionen analysiert und versteht. *DIGITALE WELT Magazin.* Abgerufen am 14. Mai 2023, von https://digitaleweltmagazin.de/wenn-kuenstliche-intelligenz-menschliche-emotionen-analysiert-und-versteht/
[100] Vienažindytė, I. (13. August 2021). *Deutsche fast 25 Jahre ihres Lebens online.* NordVPN. Abgerufen am 13. Mai 2023, von https://nordvpn.com/de/blog/studie-online-lebenszeit/
[101] von Hobe, N. (5. September 2023). Dieser Roboter putzt Toiletten innerhalb von Sekunden. t3n. Abgerufen am 7. November 2023, von https://t3n.de/news/roboter-putzt-toiletten-sekunden-1574136/
[102] Vosoughi, S., Roy, D., & Aral, S. (9. März 2018). The spread of true and false news online. *Science*, 359 (6380), 1146–1151. 10.1126/science.aap9559
[103] Wakefield, J. (26. Mai 2021). *AI emotion-detection software tested on Uyghurs.* BBC. Abgerufen am 7. Juni 2023, von https://www.bbc.com/news/technology-57101248
[104] Weiß, Y. (15. April 2023). »Intellectual Playfulness«: Die unterschätze Superkompetenz und wie wir sie stärken. LinkedIn. Abgerufen am 9. Mai 2023, von https://www.linkedin.com/pulse/intellectual-playfulness-die-untersch%C3%A4tze-und-wie-wir-wei%C3%9F
[105] WeLytics. (1. August 2019). KI und Emotionale Intelligenz. WeLytics.AI. Abgerufen am 18. Mai 2023, von https://www.welytics.ai/blog/2019-08-01-emotionaleintelligenz/
[106] Wintermann, O. (22. Dezember 2017). Digitaler Darwinismus: Die künstliche Intelligenz hilft dir im Wettbewerb auf dem Arbeitsmarkt. piqd. Abgerufen am 14. Mai 2023, von https://www.piqd.de/dashboard/digitaler-darwinismus-die-kunstliche-intelligenz-hilft-dir-im-wettbewerb-auf-dem-arbeitsmarkt
[107] Wright, J. (24. Mai 2021). ›AI‹ is being used to profile people von their head vibrations – but is there enough evidence to support it? The Conversation. Abgerufen am 18. November 2023, von https://theconversation.com/ai-is-being-used-to-profile-people-von-their-head-vibrations-but-is-there-enough-evidence-to-support-it-160566
[108] Wu, J. (2019, 17. Dezember 2019). Empathy in Artificial Intelligence. *Forbes.* Abgerufen am 13. Mai 2023, von https://www.forbes.com/sites/cognitiveworld/2019/12/17/empathy-in-artificial-intelligence/?sh=866144632704
[109] Yamamoto, C., & Blume, G. (10. Januar 1992). Roboter statt Ausländer. *taz. die tageszeitung.* Abgerufen am 24. April 2023, von https://taz.de/Roboter-statt-Auslaender/!1687677/

Stichwortverzeichnis

N

O

P

R

S

T

V

W

X

Y

Z